行思教育

——培育时代新人的探究与实践

郑巧贤　著

西北大学出版社

·西安·

图书在版编目（CIP）数据

行思教育：培育时代新人的探究与实践 / 郑巧贤著.
西安：西北大学出版社，2025. 6. -- ISBN 978-7-5604-
5689-8

Ⅰ. G622.0

中国国家版本馆 CIP 数据核字第 2025L06P29 号

XING SI JIAOYU

行思教育

——培育时代新人的探究与实践

郑巧贤 著

出版发行　西北大学出版社

（西北大学校内　邮编：710069　电话：029-88302621 88303593）

http://nwupress.nwu.edu.cn　E-mail: xdpress@nwu.edu.cn

经　销	全国新华书店	
印　刷	陕西日报印务有限公司	
开　本	787 毫米×1092 毫米	1/16
印　张	19	

版　次	2025 年 6 月第 1 版	
印　次	2025 年 6 月第 1 次印刷	
字　数	291 千字	

书　号	ISBN 978-7-5604-5689-8	
定　价	58.00 元	

本版图书如有印装质量问题，请拨打 029-88302966 予以调换。

序一

行思教育的诗意生长

真正的教育，是由一个个教学和管理的细节构成的，这些细节背后凝结着教育人对培育未来新人的热情与思考、责任与担当、智慧与价值。阅读郑巧贤的《行思教育——培育时代新人的探究与实践》，让人感受到的是一位从教36年的教育人内心始终燃烧的激情火焰。书中展现的是一所新学校的成长气息、一群教育者的赤诚之心，以及一场关于教育本质的深刻思考；书中不仅记录了一所学校的从无到有、从探索到深耕的历程，更凝聚着一位校长对教育理想的坚守与创新。

这是一所年轻学校的成长史。作为一所建校仅有5年的新学校，玄武路小学的成长史堪称一场教育管理艺术的生动实践。郑巧贤校长与年轻团队以"破"与"立"的勇气，构建起独具特色的管理模式：在"自主管理＋制度引导"的平衡中激发个体活力，在"自上而下＋自下而上"的对话中凝聚集体智慧，在"团队协作＋管理相长"的互动中培育教育生态。书中那些看似平凡的细节——对上学放学的精心安排，一次教研活动中迸发的灵感火花，课间操时师生同乐的欢快场景，教师笔记里流淌的育人感悟——恰如散落的珍珠，被管理的金线穿成璀璨的项链。这种将教育理想转化为日常行动的能力，让新生学校快速完成了从"物理空间"到"精神家园"的蜕变。这不仅是校史的注脚，更是一首关于教育本质的哲思长诗。书中没有宏大的叙事，却以"一沙一世界"的细腻，揭示了教育最深邃的命题：如何在流动的时光中，让每个生命找到扎根的力量与翱翔的勇气。

这是一个育人团队成长的心灵史。这本书中记录了大量的工作场景，现场感很强。从开学典礼上飘扬的第一面校旗，到教师创作的校歌旋律；从实践作业中闪现的思维火花，到社团活动里绽放的个性光彩……每一个教育场景都被赋予了专业而温暖的注脚。在文字之间，我们读到一群教师生机勃勃的工作状态，在《满眼的爱》一篇中，郑校长深情写道："老师们也如春暖花开，似万物复苏，内生动力，互相鼓励，共同成长，让人满心欢喜，满怀感动，校园内满眼的爱，满心的力，满园的情。"这段话精准描摹出教育者在内生动力驱动下的觉醒与蜕变。这种成长不是单兵突进的个人秀，而是在互相激励、共同创造的氛围中形成的群体进化。当管理者将目光对准这些真实的教育瞬间，展现的不仅是管理智慧，更是一份对教育本质的虔诚守望。

这是一所新学校的课程建构史。玄武路小学提出"行思教育"理念，在"行为习惯养成"与"思维品质培育"的双轨并进中，学校构建起"慧德、慧智、慧体、慧美、慧技"五大课程体系，还设计了特色类、社团类、活动类、专题类四类校本课程，形成"国家课程校本化、社团课程多样化、综合课程主题化"的立体框架。这个系统既包含特色类课程的创新突破，又注重活动类课程的生活浸润；既有社团课程的自由探索，也不失专题课程的深度聚焦。通过习惯养成模式，学生从规范认知到自主管理，逐步成长为有责任感的小公民；而"思维DNA"课程则通过问题导向、合作探究，让课堂成为思维碰撞的舞台。短短几年的课程实践，既呼应了"双减"背景下减负提质的诉求，又为学生的全面发展提供了科学路径。

这是一位校长的精神成长史。郑巧贤校长不仅是管理者，更是教育思想的践行者与传播者。郑校长是一位学习力强、勤奋笃行、善于思考的教育管理者，在书中，她对《学记》中"教学相长"的智慧、对苏霍姆林斯基"爱的教育"的哲思信手拈来，而且十分关注当下教育理论的前沿成果，她的"个人学习精进"章节，记录了从暑期教师培训到数字化转型的探索足迹，体现了"以学促教、以研提质"的治校理念。而"年终成长报告"则以数据与案例为支撑，反思教育实践中的得失，为同行提供了可借鉴的经验。阅读过程中，让我们自然产生阅读《帕夫雷什中学》《第56号教室的奇迹》《夏山学校》等经典时的体验。郑巧贤校长在后记中也写道："那些看似平凡的日常——教师手把手的悉心指导、走廊里随时发生的'微教研'、不断修改优化的育人策略——恰是教育变革最真实的注脚。"

《行思教育》的魅力，在于作者用具体的教育叙事揭示了教育的根本特质：教育既是传承，更是创造；既是规范，更是超越。郑巧贤校长与玄武路小学的故事，拒绝成为教育理论的注脚，而是以鲜活的实践叩击教育本质：真正的教育，不是流水线上的标准化生产，而是让每颗星辰都能找到自己的轨道；不是修剪枝丫的园艺，而是培育森林的生态。

王彬武

2025 年 5 月 8 日

序二

行思教育：新时代新学校治理现代化突围的法宝

进入新时代以来，党和国家出台了一系列关于教育改革发展的新部署、新要求。新时代新教育，新教育需要新作为。新时代新学校如何探索并确立自己的办学治校思想？如何落实立德树人根本任务，培育时代新人？如何以教育家精神铸魂，打造适应教育形势的高素质专业化教师队伍？如何坚持五育并举，构建学校育人新体系？如何培育新学校的文化体系？如何从传统教育转到"数智教育"，实现从数字赋能到数智融合？校长如何在办学治校中追求从幸福的教育到教育的幸福？

郑巧贤校长的新著《行思教育——培育时代新人的探究与实践》真实记录了一位校长如何在一所新建学校探索办学治校的历程，实现从新建到新型的发展历程。作者以新时代国家对教育新部署、新要求为统领，以教育规律为依据，以日记体形式、朴实无华的语言、真挚的情感回答了上述问题，给我们展现了一所新建学校的成长轨迹，是新时代推进学校治理现代化探索的一个样本。通读全书，个人觉得有以下几个特点：

一是理念的时代性。全书紧扣新时代党和国家最新的教育政策部署，紧扣陕西省和当地教育发展实际，提出了行思教育的框架结构，即"党建领航擎行思、教育质量固行思、教师队伍涵行思、全面发展濡行思、数智赋能强行思、后勤保障护行思、累累硕果靓行思"。其中贯穿着新时代党的教育方针，贯穿着党和国家提出的诸如"党建引领""为党育人、为国育才""五育并举""强教必先强师""数智赋能""质量立校"等理念和要求，体现了观念上的与时俱进，同时也体现了作者作为校长的政策理论水平，是教育政治属性在校长身上的集中体现和践行。

二是内容的全面性。全书整体展现了校长办学治校的方方面面：从疫情时的封校管理到健康校园管理，从学校矛盾破解到教育文化引领高质量发展行动方案，从思政教育到数智赋能，从学习方式变革到思维好课堂，从课堂观察到深耕课例研修，从日常学习到学生成长，从个人心路历程的再现到心流致远的哲思，等等。再现了作者多年来办学治校的所思、所悟、所感、所行，为我们呈现了一所新建学校成长的点点滴滴，既有行思教育的学理性陈述，也有行动上探索的实践路径，还践行了在个人成长上学习精进的实践进路。这种较为全面的内容，为我们全面了解一所学校的成长与发展提供了范例。

三是语言的可读性。本书以日记体的形式，全景式记录了作者5年多来在一所新建学校办学治校的全貌。一篇篇日记体的短文，一句句字斟句酌、真挚平易的文字，无不流露着作者对教育及学校的真挚情感，对办学的精深思考和对学生的深深爱意。通读全书，没有晦涩难懂的高深理论，也没有高高在上专家学者式的说教，更没有"功成名就式成功校长"的指点，但字里行间能够感受到，作者对自己学校事业的挚爱，对探索学校治理本真的执着，对教育未来发展的矢志不渝。

当然，作为作者的一种办学治校历程的全景再现，本书在思想升华提炼上、逻辑结构的系统化上、内容的体系化凝练上、语言的精准化表述上等，还有进一步提升的空间。但瑕不掩瑜，作者这种敢于展现的精神，以及办学过程中的探索与实践，具有重要的参考和借鉴价值。此书无疑是同类学校管理者推进学校治理体系和治理能力现代化、促进个人精进的好的读本之一。

杨令平

2025 年 5 月 5 日

引　言

　　教育，这一人类历史上最古老而又最永恒的实践活动，承载着无数先贤的智慧与期望，如同一条源远流长的河流，穿越历史的沧桑，滋养着一代又一代人的生命。

　　教育的目的是促进人的发展，促进人类的发展。教育的本质是提高生命的质量，提升生命的价值。教育让人自然生命延长，社会生命拓展，精神生命增值。正如古希腊哲学家苏格拉底所言："教育不是灌输，而是点燃火焰。"教育的目的不仅仅是让学生掌握知识，更重要的是激发他们的好奇心和求知欲，培养学生独立思考、解决问题的能力。这种智慧的力量，能够让学生在面对复杂多变的世界时，始终保持清醒的头脑和坚定的信念。教育承载着塑造品格、培养情操的使命。一个人的品格和情操，往往决定了他的人生轨迹和社会价值。教育应当注重培养学生的道德品质和人文素养，让他们学会尊重他人、关爱社会、珍视生命。这样的教育，才能培养出具有高尚品格和广阔胸怀的优秀人才，为社会的发展进步贡献力量。

　　教育的灵魂又是什么呢？笔者认为，教育的灵魂在于培养学生的思考能力、创新意识和人文精神。教育不仅是一种技术手段，更是一种文化传承和价值传递的过程。让学生感受到创新意识和实践能力的重要性，让他们在不断探索和实践中实现自我价值和社会价值。

人文精神是教育的灵魂所在。在教育教学中，我们要注重人文精神的培养和传承，让学生在掌握知识的同时，也能够领悟到人生的真谛和价值。这种人文精神，能够让学生在面对困难和挑战时，始终保持坚定的信念和勇气，不断追求真理、追求美好。

　　总之，教育的本质在于遵循教育规律，尊重人的生长规律，尊重生命、提升价值、开发潜能。让我们用科学的教育观、人才观、教学观、质量观为学生的健康发展、终身学习、走向社会奠定坚实的基础，为培养出具有高尚品格、广阔胸怀、创新精神和实践能力的优秀人才而努力奋斗！

目　　录

第三章　学习方式与课堂观察之思

第四章　个人读书学习之思

第五章　个人年终成长报告

第一章
行思教育实践概述

著名教育家叶圣陶先生说："什么是教育，简单一句话，教育就是培养习惯。"美国心理学家威廉·詹姆斯说："播下一个行为，收获一种习惯；播下一种习惯，收获一种性格；播下一种性格，收获一种命运。"这就是说，习惯可以决定一个人一生的命运。因此学校立德树人的"撇"就是培养"习惯"即"行思教育"之"行"。

党的十八大以来，国家多次提及创新人才培养。党的二十大报告重申教育创新、科教兴国的关键命题，要求全面提高人才自主培养质量，着力造就拔尖创新人才，聚天下英才而用之。习近平总书记提出："要更加重视人才自主培养，更加重视科学精神、创新能力、批判性思维的培养培育。"培养创新人才的关键是培养创新思维。当代著名教育家顾明远先生说，教育的本质就是培养思维，因此学校立德树人的"捺"就是培养"思维"即"行思教育"之"思"。

行就是行为、行动、习惯，思就是思维、思想、思考。让我们细细品悟，感悟行思教育的内涵品质。

未央区玄武路小学位于汉城湖畔，大风阁下，2020年成立，现有5个年级29个教学班1300余名学生，73位教师。学校围绕"党建领航，文化铸魂，教师提能，课程支撑，课堂提质，评价牵引，德育夯基，数智赋能，安全护航"全方位立德树人，办老百姓家门口的好学校，打造"行思教育"玄武品牌。

一、党建领航擎行思

1. 品牌引领笃行思

学校以"德玄武备，行思铸魂"（12335）党建品牌引领学校内涵发展，发挥党组织把方向、管大局、作决策、抓班子、带队伍、保落实领导作用，围绕"一个核心、两个建设、三驾马车、三个抓手，五个工程"品牌内涵，为党育人、为国育才。

一个核心——全面贯彻党的教育方针；

两个建设——领导班子建设与教师队伍建设；

三驾马车——习惯，思维，数智；

三个抓手——学校文化，道德教育，教学质量；

五个工程——文化锻造工程，课程强基工程，课堂固本工程，教师培源工程，数智赋能工程。

2. 文化铸魂塑行思

学校建校伊始,秉持"思维"学校教育 DNA,以"德玄武备"为教育哲学,以"乘思维翅膀,助生命腾飞"为教育理念,培养"有理想、有本领、有担当"的时代新人,笃守"言行有矩、学思无涯(校训),向上向善、慎思慎为(校风),因材施教、顺天致性(教风),思维慧智、习惯聚成(学风)"的"一训三风"。玄武路小学的教育教学工作在全体师生实践中迭代升级,从 1.0 到 2.0,到今天 3.0"习惯+思维+数智"行思教育的"三驾马车",形成德正行思、智慧行思、体强行思、美润行思、劳健行思的五育融合教育教学实践,做有灵魂的教育,办有温度的学校。

3. 管理效能启行思

建构党建德育铸魂、教育教学固本、后勤督导保障的三维管理体系,采取"四导向"(目标导向+问题导向+成长导向+结果导向),"四结合"(自主管理+制度引导,自上而下+自下而上,团队协作+管理相长,效率优先+过程优化),"五层级"(校长:思想与方向→副校长:策略与路径→中层:方法与举措→教师:执行与行动→学生:行为与显现)管理模式,落实常规管理、课程研发、课堂改革、科研保障、社团助力、教师成长、习惯养成"七维度"运行机制,科学管理引领学校良性发展。

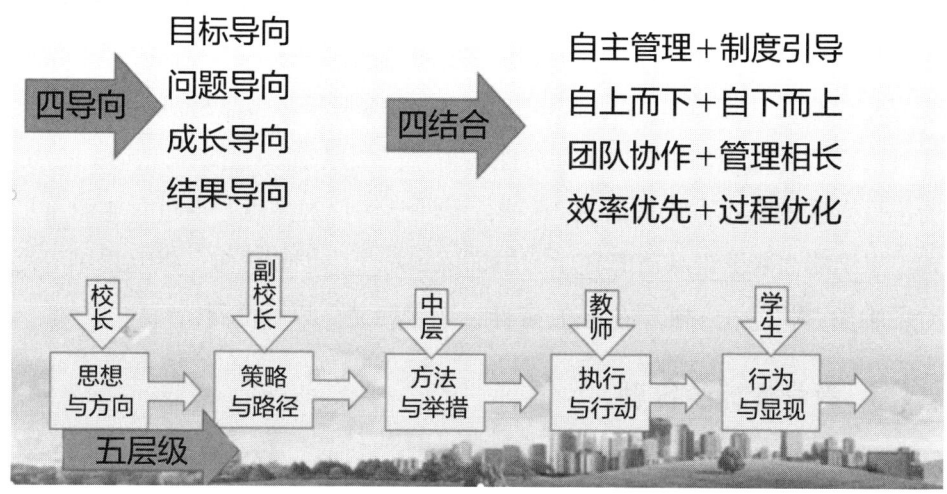

二、教育质量固行思

1. 课程支撑筑行思

学校基于"思维 DNA"建构"慧德、慧智、慧体、慧美、慧技"五育课程，以"三个课堂"为实施载体，立足学生创新素养和实践能力培养，以思启慧、以行立身，通过德正行思、智慧行思、体强行思、美润行思、劳健行思的"行思合一"课程体系，使学生会学习、会思考、会生活、会做人，成为"有理想、有本领、有担当"的时代新人。形成国家课程校本化、社团课程多样化、综合课程主题化的"行思教育"课程逻辑。聚焦课堂改革"新常态"，倾力打造课后作业"新样态"，赋能课后服务"新生态"（周一阅读绘本日，周二思维绽放日，周三户外活动日，周四缤纷社团日，周五多彩艺体日），启智润心、培根铸魂，发挥课程育人作用，落实立德树人。

2. 深耕课堂立行思

行思课堂以学习目标为导向、自主学习为根基、多元互动为根本、学习单应用为根脉、质疑释疑为主旨、师生评价为引擎、当堂检测为策略，集"三性合一"（知识性＋个性＋创造性）与"三级联动"（主动＋互动＋能动）为出发点和落脚点，学校研制10项行思课堂评价观测点，促进学生思维形式、思维能力、思维品质等在学习中训练，对学生创新思维、批判思维等高阶思维涵养积淀，根植学生核心素养，以思启慧，以行立身。

3. 教学设计绘行思

教学设计是课堂教学的"牛鼻子"，教师备课要立足学生视角，厘清学习目标、学科素养、思维训练点、预设生成、交流互动、检测评价、作业设计等，促使学生思中学、做中学、动中学，提高课堂效率，提升教育质量。

三、教师队伍涵行思

1. 教师提能润行思

"成长型思维"是教师发展的理论依据，"四课读写"（课标＋课程＋课堂＋课题＋阅读＋写作）是教师提升素养的路径，从而锤炼专业素养的"五能"（行思教案设计能力、行思课堂调控能力、行思教育反思能力、信息技术应用能力、团队协作科研能力）。教师课题参与率100%，每人每年撰写"一周得思"2万多字，课题研究、课堂实践、教学反思、经典阅读、专业写作等引领教师践行教育家精神，做专家型、研究型、教育家型教师。

2. 人人评优惠行思

每学期定期举行行思课堂评优活动，教师人人上课，自由组合跨学科融合，各学科教师充分发挥学科特点与优势，创新教学方式，深度融合，展现灵动丰富的行思课堂。教师之间积极听课，利用线上和线下同步评课，根据评议结果，构建学校教学标兵、教学能手、教学新秀等骨干教师体系。

3. 集体备课砺行思

"三新"背景下，"双线"集备：集体备课系统创新应用，突破时空限制。教师不仅可在不同地点、时间与本校教师深度交流，更能突破校际壁垒与校外教师研讨，拓宽备课视野，做到资源共享。系统实时互动功能让教师迅速便捷加入备课讨论群，实时查阅并交流彼此创意想法与修改意见，备课发起人可随时查阅并精准采纳建议，对初稿、二稿进行修订直至生成终稿。系统自动记录功能将优质备课资源有序整合，生成校本资源，实现高效教研生态的构建与完善，为行思教育高质量内涵发展提供强劲教研支持。

四、全面发展濡行思

1. 德育培源浸行思

深化德育管理，拓展德育空间，以"规矩＋规律"为德育导向，形成"课程育人、文化育人、行为育人、管理育人、活动育人、协同育人"言行有矩、育人有律"六育"德育体系。行为育人、习惯养成三部曲：一是由"知"到"行"的认知规范；二是由"行"到"惯"养成习惯；三是由"惯"到"范"行为评价。

2. 丰富活动育行思

课后服务与社团活动聚焦课堂改革"新常态",赋能课后服务"新生态",社团艺术类、实践类、益智类、运动类四大类涵盖航模、围棋、绘画、口才、篮球等 15 种 21 个班,课后服务形成周一阅读绘本日、周二思维绽放日、周三户外活动日、周四缤纷社团日、周五多彩艺体日。启智润心,培根铸魂,立德树人。

3. 评价牵引提行思

评价以德为先、能力为重、全面发展。学生评价五育融合,依据 5 个一级指标、15 个二级指标、80＋N(各学科教师自定)个三级指标;班级评价根据文明入校、文明礼仪、文明用餐、文明课间、文明集会等 5 个维度进行评价。通过"教师看板"能清楚看到教师对学生的每一项评价,家长也能及时看到各学科教师对学生有针对性的评价,了解学生在校的详细情况。进一步做到关注过程,看见成长,落实五育融合和立德树人。

五、数智赋能强行思

学校致力信息技术与教育教学深度融合,充分运用希沃设备从数智管理、数智课堂、数智教研、数智评价、数智研修,全方位数智赋能行思教育内涵发展。从点状变革到系统重置,从追求一时的变化到实现长期的累积,孕育蓬勃的行思教育精神气象。教师云课件被 240 个城市获取 2200 多次。希沃信鸽指数领先全省 99.8%学校,赋能"行思教育"高质量内涵发展。未来,我们将全面实现"一键晓学情,一屏观校园"管理目标,着力构建"行思教育"玄武品牌,智慧育人,育智慧人。

六、后勤保障护行思

安全第一，共同防范。坚守"一个宗旨"（安全为先）、"两个核心"（校门口、校园餐），关注"三个群体"（学生、教师、家长），构建"四重防线"（教育、管理、排查、整改），坚持"五个落实"（意识落实、人防落实、技防落实、物防落实、沟通协调落实），实现"十项预防"（防火、防盗、防欺诈、防交通事故、防水患、防侵扰、防心理问题、防食物中毒、防疾病、防伤害）。后勤管理致力于"优质运转、保障安全、促进发展"，门卫保安作为行思教育的窗口形象，做到常规维护、保障安全、后勤支持等，急学校之所急，满足师生所需，为师生安全、工作、学习保驾护航。

七、累累硕果靓行思

"千淘万漉虽辛苦，吹尽狂沙始到金。"4 年来，学校先后荣获"陕西教育扶智平台"应用第四批试点学校、西安市新优质学校、西安市思维型教学实验学校、西安市智慧校园、西安市 2023 年数字化转型典型案例学校、西安市减负提质示范学校、西安市三八红旗集体、践行教育家精神——身边的好学校等；教师获得各级各类奖项与荣誉 300 余项；学生获得各级各类奖项与荣誉 600 余项；家长赠送锦旗 120 余面。

教育之树，根深则叶茂；改革之舟，风正则帆扬。未来，玄小人将继续以咬定青山的姿态备好课，以脚踏实地的作风上好课，以矢志不渝的立场育好生；共同打造"行思教育"玄武品牌，做有灵魂的教育，办有温度的学校。

第二章
行思教育管理之思

　　学校管理细碎而繁杂，管理就是发现问题、思考问题、解决问题，管理就是引领教师、发展教师、培养教师、成就教师，管理就是发现儿童、看见儿童、基于儿童、成长儿童，管理就是定位学校、设计学校、发展学校、创建学校。在管理中思考，在思考中管理，学校发展的每一天每一周都在思考，思考复盘是为了对学校管理的再认识、再思考、再提升……

　　静心回眸学校发展中的管理实践，开启思维碰撞之旅，洞察心灵深处的领悟！

一、新优质，新样态

2020 年 8 月，承载诸多人期望与关注的玄武路小学，通过全体教职工坚持不懈的努力，办学第一年就赢得了家长与社会的高度称赞。

2021 年 8 月，团结向上、砥砺奋进的玄小大家庭注入了新鲜的血液，管理团队为学校软件与硬件再提升，教学成果《有灵魂的教育》如期付梓。暑期大家都在为有效的培训、新学期开学的准备、教学质量的提升、国家"五项管理""双减"政策落实、课后服务的开展、学校的发展等事项出谋划策、献计献策、商榷研讨。

8 月 23 日，全体教师返校以来，教室布置、办公室调换、家长会、开学报名、课后服务实施……特别是高难度、大容量、分板块、有创新的教师培训，学思级迎新，新优质学校评估……管理团队的各司其职与相互协作，教师团队的以老带新与团队协作，每个人都在用自己的行动与力量诠释着今年的玄小着实比去年的玄小更加规范有序，更加朝气蓬勃，更加向上向善……

1. 培训心得，各有见地

从参加培训的新教师自我介绍时的语言风格中，就能感受到各位新慧师的玄小之缘。8 月 29 日晚，我细心品读了每位教师的培训心得，深感欣喜，甚是欣慰。语言率真、见解独到、真实感受、满腔热忱、教育初心、职业规划、自我改变、真诚表白……玄武路小学学思级的老师们一如既往地自我剖析、互相欣赏、取长补短、自我加压、守正创新……让我暑期的辛苦劳顿与开学前的焦灼疲惫荡然无存，顿感修改数次培训执行案的安荣老师与认真准备培训内容的每位老师都是玄小发展的建设者、管理者、参与者、引领者……看到了一群有思想、有爱心、有责任、有担当、有梦想的未来"教育家"型教师。

2. 迎新迎检，团队力量

8月29日的迎新工作，在赵丹老师策划下，在全体玄小人的通力合作中，全体教职员工用自己的责任与担当发现美、传播美、欣赏美、创造美……更有宾妍琰与杨柳的默默付出，让仅有600名学生的玄小，开办的迎新公众号"开启智慧之旅，梦想从此起航"，很短时间内就突破了1300人次的阅读量。

9月3日的新优质学校迎检，整理档案、撰写报告、布置会场、收集作品……时间紧、任务重，但在玄小管理团队与教师的协作下，一切提前准备到位，井井有条。评估当日，参评的校长好奇地问我："平日进校工作那么忙，你是如何管理玄武路小学的？"我说老师自主管理，参评的校长疑惑不解，小学怎么可能？我说采取"四导向"（目标导向＋问题导向＋成长导向＋结果导向），"四结合"（自主管理＋制度引导，自上而下＋自下而上，团队协作＋管理相长，效率优先＋过程优化），"五层级"（校长：思想与方向→副校长：策略与路径→中层：方法与举措→教师：执行与行动→学生：行为与显现）管理模式，参评的校长频频点头。这或许就是"成功的团队没有失败者，失败的团队没有成功者"这句话的深刻道理。

3. 课后服务，实践中完善

课后服务是落实中办、国办印发的《关于进一步减轻义务教育阶段学生作业负担和校外培训负担的意见》。这是党中央、国务院从为党育人、为国育才的战略高度，坚持以人民为中心的教育理念，克服功利化、短视化教育行为，为落实立德树人根本任务、发展素质教育，保障每个儿童的健康成长做出的重大决策。在贯彻落实中秉持"效率优先、过程优化"主旨，以"目标导向与问题导向"为原则，以"优秀源于细节，成功源于过程"为理念，开学三天，做到了在实践中不断优化，在优化中不断完善。

开学第二天，针对第一天出现的问题，及时进行调整：

（1）一年级班主任，在中午放学时，提前5分钟到教室确认放学学生并整队，11：25 带出校门，并将学生带到距离校门较远处（10 米之外）与家长交接，防止家长在门口拥堵。

（2）中午陪餐与协助管理要求不变。

（3）下午的慧智课从 15 分钟调整为 10 分钟，留出 5 分钟用于做眼保健操，第一节课从 35 分钟调整为 40 分钟（眼保健操由班主任负责，第一节课上课老师在眼保健操结束前进入教室）。

（4）课后服务第一节 16：00—16：50，第二节 17：00—17：50，室外上课的老师，在走出教室前要让孩子整理好书包，17：45 带回教室，将用餐孩子送至用餐教室，17：50 组织所有孩子出教室整队放学。

（5）课后服务第二节课以游戏和活动为主，不能出现书写任务。下午放学后如家长没有特别要求，学生可不用背书包回家。

（6）晚餐由餐饮公司老师监管，各班老师将就餐孩子送到就餐教室，即可离校。

（7）本周课后服务第二节放学均由班主任和上课老师一起组织。

（8）请班主任再次强调早晨到校时间为 8：15，不要让孩子早于 7：50 到校，要求孩子在家用完早餐后再到学校。提醒家长放学时及时来接孩子，没人接的孩子由老师带回学校并和家长联系，保证每个孩子安全到家。

第三天，根据第二天出现的问题再次通知：

（1）课后服务放学时学生人数多，请通知家长，从西边接到孩子要去东边的，或者从东边接到孩子要去西边的，请从其他班放学队伍旁边（靠近马路边）绕行，不要阻塞其他班孩子放学的通道。

（2）请班主任放学时停留几分钟，制止本班家长从学生放学通道中穿行，以确保放学通道畅通；班主任带领本班家长未接的学生返校时，也请绕过放学通道。

（3）通知家长一定要按时来接孩子，第二节课后的服务课以后组织放学的老师不一定是班主任，如不按时来接，存在安全隐患。

（4）餐饮公司已将午睡枕发给孩子们，请通知家长利用周末时间给午睡枕绣上（或写上）班级、姓名，以免丢失。

集众智、合众力，课后服务定会一天比一天规范有序、从容顺畅。

4. 一周一思，团队创作

北京师范大学教授肖川在《教师为什么要写作》中指出：优秀教师大多是善于写作的人，写作有助于教师的专业成长。写作有助于提升阅读品质，写作有助于丰厚文化底蕴，写作有助于训练思维，写作有助于提升口头语言表达质量，写作有助于提升对作品的鉴赏力，写作有助于形成积极的人生态度，写作有助于提升教育智慧、丰富教育情怀，写作能带给我们成就感。

"潮平两岸阔，风正一帆悬。"诚挚希望玄小教师们热爱写作，坚持"一周一思"写作，"我思故我在"，真切享受玄武路小学独有的教师成长"玄妙秘籍与宝典"。当有朝一日，你所教的"慧智少年"毕业时，你一定是一位卓尔不凡的"教育家＋作家"型教师，一定能成为一个有成就感、幸福感的人。

2021 年 9 月 5 日

二、直击心灵的归途

今天，振奋人心的喜讯从大洋彼岸传来。经中国政府不懈努力，孟晚舟以不认罪的方式获得了释放！孟晚舟在归国包机上写的《月是故乡明，心安是归途》感言，刷爆了朋友圈，泪目了所有人，振奋了民族精神。

无论是看视频还是读文章，让人潸然泪下、热泪盈眶，字字句句直击心灵、叩问灵魂，想象孟晚舟与父亲及国内的亲人见面的场景，"喜极而泣"便跃然纸上。

......

近乡情更怯，不觉间泪水已模糊了双眼。在中国共产党的领导下，我们的祖国正在走向繁荣昌盛，没有强大的祖国，就没有我今天的自由。往事一幕幕闪过眼前，恍若隔世，却又历历在目。过去的1028天，左右踟蹰，千头万绪难抉择；过去的1028天，日夜徘徊，纵有万语难言说；过去的1028天，山重水复，不知归途在何处。"没有在深夜痛哭过的人，不足以谈人生"，一次次坠入深渊，又一次次闯入暗夜，曾让我辗转难眠，更让我刻骨铭心。

泪水抱怨化解不了愁苦，伤春悲秋翻越不过泥泞，与其困顿挣扎，不如心向阳光，冲出阴霾。有些风浪，难免艰险，唯有直面才能扬帆远航；有些抵达，难免迂回，历尽波折终会停泊靠岸。无数次奔跑，无数次跌倒，唯有此次让我倍感坚强；无数次出发，无数次归家，唯有此次让我热泪盈眶。万家灯火总有一盏给我温暖，浩瀚星河总有一颗给我希望，感动于心，感激于情。

我们祈祷和平，幸运的是，我们生在一个和平的时代；我们崇尚伟大，可贵的是，我们生在一个伟大的国家。成长在改革开放时期的我，亲眼看到、亲身经历了共产党领导下的中国和中国人民是如此伟大，全体同胞数十年如一日地艰苦奋斗，让我们的祖国走向繁荣富强，人民迈向共同富裕，为世界的和平与发展做出巨大的贡献。感谢亲爱的祖国，感谢党和政府，正是那一抹绚丽的中国红，燃起我心中的信念之火，照亮我人生的至暗时刻，引领我回家的漫长路途。

感谢亲爱的家人们，与我一起经历风雨，见证岁月，安放我所有的喜乐苦悲。是你们的遥遥相伴，陪我越过层层山丘；是你们的默默守护，带我跨出丛丛荆棘。感谢亲爱的伙伴们，有一种浪漫叫并肩作战，有一种纯粹叫全力以赴，有一种果敢叫奋不顾身，回首此间，满是静水流深的情义和雷霆万钧的担当。感谢亲爱的同事们，虽然分别已久，你们的真挚鼓励和持续坚守，让我们始终风雨同舟，艰难征程波澜壮阔，赤诚初心历久弥坚。感谢所有关心我的你和你们，就算素未谋面，你们的浓浓情意、切切问候和深深祝福，如一道彩虹，斑斓了坎坷路途上的一隅天空。

午夜梦回，最是心底那一轮明月，那一江春水，那一缕乡愁，亦是我滞留他乡三年每分每秒的心灵归宿。……

启示一：信念与信仰的力量。

长路漫漫志弥坚。相信强大的祖国，坚守华为的梦想。"没有在深夜痛哭过的人，不足以谈人生"，如此的刻骨铭心，自己日常工作与生活中的困难与问题简直微不足道。一定要有"越是艰险志越坚""乌蒙磅礴走泥丸"的精神与气魄。不一样的玄小，汇聚着一群志同道合有梦想有追求的教师。

启示二：才者，德之资也；德者，才之帅也。

任正非曾经面对美国的威逼利诱直接放出狠话："我已经做好永远见不到女儿的准备。我绝对不会牺牲大家的利益去换取孟晚舟的自由。华为离开谁都可以继续向前走，包括我自己。"任正非、孟晚舟为国为民为事业，不畏艰险、勇往直前的精神，永远值得我们学习。他们德才兼备，让人仰之弥高、钻之弥坚。

启示三：使自己强大是解决一切问题的最好办法。

"美国政府炮制这一事件绝不是出于什么法律原因，真正目的是要打压中国高技术企业、阻挠中国科技发展。"这次孟晚舟回国，不是加拿大放人，是美国签了 DPA，是美国通知加拿大放人。中国以实力为孟晚舟事件争取一个良性结局。大到国家，小到个人，我们更要脚踏实地发展自身，培养具有中国精神、国际视野的创新人才，才能更好地应对和美国的这场持久较量。中美博弈，依然道阻且长！就像《人民日报》所言："轻舟虽晚，终回家国。"暗夜虽长，终迎破晓。这次"胜利"，是送给新中国即将到来的 72 岁生日最好的礼物！

2021 年 9 月 25 日

三、变与不变

世间万物不是亘古不变，总在变与不变之间兜转迂回，曲折前进。正如以前培训时和大家分享的"这个世界唯一不变的就是变化，应对变化的最佳策略便是积极拥抱变化"。下面，回顾本周工作与生活中的变与不变。

周二的星级验收，在宾妍琰的精心安排与老师们的密切协作下，从准备档案资料、汇报材料、师生问卷到听课观课、部室检查、拍照引导等各项工作细致周到、有序推进，但在实际验收的当天，李九虎与唐敏互相变换了听课角色，看似简单"我发挥得更稳定"的上课人的改变，不变的是同志间深厚、真挚的情谊与对学校验收的深切责任感、荣誉感；当日检查组观摩了"4 节全课＋8 节走课"，临时改变的走课，唐敏、王丹、刘蓉、李淼、杨柳等交替改变的人员，不变的是 12 个班级的精神面貌与好像有谁在无形中指挥着教师团队，大家在各自的岗位上圆满地完成了验收任务。

本周的跑操也在体育教师的不断改进中调整优化，变的是对各个班老师与学生的要求，不变的是对跑操作用、效果的完善与追求。

随着隆冬的来临，第二节课后服务时天空变得越来越黑、气温也变得越来越冷，不变的是老师们依然执着地坚守在工作岗位以及班主任同家长的有效的沟通，还有家长此刻申请加入课后服务，老师婉言告知家长，下学期开学加入。

何斯琪与徐晨参加西安市教科院"金韵之秋"班主任论坛暨西航三校"名校＋"第七届班主任论坛并分别在西航三校上课，深刻体验到了自己与团队付出后的"幸福心流"。同样是上课，变的是地点与学生，不变的是课堂的主旨与追求，尊重学生、以生为本，知识载体、培养思维、习惯养成、培根铸魂。

本周变化最大的就是自己的身体，从周一的嗓子不舒服、周二周三的声音沙哑到周四的失声、流鼻涕，直至周五感冒的症状日益加重，面对不断变化的身体症状，好几个朋友介绍说吃药、打点滴好得快，自己一直坚持用中药治疗，内心笃定不变的是身体与病菌的抗争。吃水果、喝金银花、三九感冒灵、姜葱汤、艾灸、泡温泉、天天泡脚、不间断喝水、睡觉……在增强自身免疫力的同时感冒症状明显好转，今天明显感觉走过低谷、声音和身体走向恢复期，所有的感冒病毒都有一个过程，在自己能够承受的范围内自身免疫"慢就是快"，偶尔的感冒也是一次身体的排毒，变的是身体的症状，不变的是增强体质、强身健体的意志与决心。

正如斯里兰卡名言："世界上一成不变的东西，只有'任何事物都是在不断变化的'这条真理。"

针对教育，课堂改革也好、评价改革也罢，"五项管理"也好、"双减"落实也罢……无论是何种政策、何种改革的怎样变化，遵循教育规律、尊重孩子成长规律是永远不变的，做有灵魂的教育、办有温度的学校是玄小教育人永不懈怠的追求。

2021 年 12 月 5 日

四、学养与健康

学问，是一个人的知识和学识；学养，是体现在一个人身上的整体气质和品质，是学识和修养的综合体现，其内涵有自律、自强、自创、自省……有学养的人一定会有学问，但有学问的人却不一定有相应的学养。

本周的工作与生活中的诸多人与事，深刻思考后"学养"与"健康"两个关键词扑面而来。

1. 平稳交接的善思 3 班

上周六得知徐晨"喜有二宝要静养"，为徐晨高兴之余，班级的平稳过渡还是内心最大的担心。周一早上 7 点多到三楼办公室，徐晨依然早早开始一天的工作，满脸写着遗憾与不舍，我告诉她王玥老师本周一边办理原单位的手续一边与她交接工作。下午 3 点徐晨与王玥已见面并明确了交接事项。早操、上课、自习、班级群……在两个人的互相交流与沟通中进行着。令我意外的是周四早上两人同时出现在我办公室："王老师可认真了，学得很快，班级管理与学生相处很好""徐老师给我教得很细致，她身体这样，让徐老师明天就休养""我今天再上最后一节课"……突然间，从她们两人身上散发出的素质、素养、涵养、修养等气息弥漫了我的办公室，她俩离开后，我细细品味了许久。

2. 井然有序的教学常规

李凡与宾妍琰老师同时外出培训，调课上课、值周巡查、升旗跑操、课后服务……在赵丹老师的带班下一切井井有条，周四的燃气安全培训独具特色，三个组的教研活动干货满满……这不是一两个人的认真与优秀所能保障的，一定是优秀的团队与一群人日常的磨合与信任。

3. 学习力与实践力

宾妍琰周四返岗，一边投入语文上课与安全培训，一边把学习来的新理念转化为学校思维教育和课程设计的路径策略并在教研组安排下学习交流。周二向上向善精进群转发的"陕西省中小学优秀作业管理设计与'双减'政策解读论坛"视频，宋飞奔的学习笔记，我仔细阅读，认真学习，又全程观看了论坛的回放。我想，这样的学习力、领悟力、执行力或许就是学校与个人未来发展的动力源与压舱石。

4. 课题的结题准备

周三得知2019年度市级规划课题准备结题，要进行现场论证。第一时间找来安荣老师与数学组"三剑客"商议安排，大家纷纷行动，因为有平日的资料收集与积累，所以此时的归类与整理工作得以顺利进行。每一次的积淀与学习或许不会直接受益，但它一定在某个时间以另外一种形式回馈与增值。

5. 放假再治疗的王娜

敬业的王娜被检查出身体抱恙，却告诉医生要拖到放假治疗，分明感受到她对教育和学生的热爱之情，但是，我还是严肃地建议她立即治疗。这样的老师实在是学生的福气、玄小的幸运。健康是人生最大的财富，更是一个人成长发展的根本。加油，王娜，风雨过后彩虹依然。

一个人的学识与修养至关重要，一个人身上真正闪耀的品质是善良，是学养，是见多识广的格局与涵养。糊涂人透支健康，聪明人投资健康，智慧的人储蓄健康。从自身做起，玄小家人一起读书、写作，运动、健身，养成健康的生活方式——积淀学养，储蓄健康。

2021 年 12 月 12 日

五、从学校停课到西安封城

上周六由于学校有 C 类师生，因此接到停课一周的通知。周日下午至周一早上接到教育局 7 次关于学生是否到校与核酸检测的通知，疫情的发展态势可见一斑。好在宾妍琰提前的预判与方案，老师们快速调整心态，开启了玄小线上教学与疫情防控阻击战。

疫情的发展超乎我们的想象，更加意外的是 12 月 23 日的西安封城。历史与现代交汇的大西安按下了暂停键，每个人、每个家庭、每个单位、每个小区都按照防疫要求，或封控，或管控，或防控，一时间，"西"望你我，"安"然无恙；"加"强防疫，"油"我做起；等等，在手机上刷屏。从集中核酸检测到小区定点检测，从检测系统故障到市民理解配合，从小区第一次核酸检测时的人员难以按时到位到第二次检测时半天时间内学校统计超过90％的师生按时核检……在确保线上教学的基础上，班主任既安排学生又安慰家长，宾妍琰既网课协调又总结上报，李凡安排通知与核酸上报；吕登辉边居家隔离边上报税务报表；赵丹的志愿者协调与王郑墨的贫困生补助；不知王娜的身体恢复得怎样，却看到她早已投入班级管理与数据汇报中……每一位玄小人都用自己的方式为疫情防控尽职尽责。

封城是专家的研判，西安存在隐匿性传播，出现一定规模的社区传播，自 12 月 9 日出现病例以来，累计 485 例，本周西安进入病例高峰期，20 日42 例，21 日 52 例，22 日 63 例，23 日 49 例，24 日 75 例，25 日 157 例，看着不断增长的病例，就能理解封城、一轮一轮核酸筛查的必要，以及医护人员、志愿者、下沉机关干部、社区工作人员担负的责任……坚守抗疫一线的工作人员、"大白小白"是西安这个冬天最美的"瑞雪"。我们积极按照要求居家办公、不聚集、不外出，核酸检测自觉排队，做好家长工作，上好网课，及时检测核酸并统计数据上报，就是对抗疫的最大支持。

本周我三次去单位，干净的马路、静谧的校园、寂静的城市，在沉淀、在等待、在酝酿，居家增加了独处、阅读、运动、做家务的时间。参照其他城市封城的情况，必须做好持久抗疫的心理准备。一是按照要求积极做好核酸检测的统计；二是科学安排网课内容与时间（有趣有料，短时有效，多实践操作少概念理论）；三是学生家庭情况复杂，作业布置与评价尽量分层分类；四是对个别特殊家庭的学生实行单独交流、弹性评价，切不可一刀切；五是作业反馈与评价尽量对学生激励＋鼓励＋勉励，我们学校都是一、二年级小学生，保护学生好奇心、求知欲、好习惯尤为重要，毕竟疫情之下，更要注重学生的身心健康与全面发展。

2021 年临近尾声，不知为什么，师生的身影总在我脑海浮现，隔屏道一声：你安然，我欣慰！ 2022，我们共同期待！

当你不被外界的信息洪流影响，不再自我消耗和纠结，独立思考，真正内心平和与安静，你才能把大部分精力用在专业上。当你内心简单又坚定的时候，才有能量追求事业上的精进。

2021 年 12 月 26 日

六、满眼的爱

气温回升，春归校园。开学第二周，繁杂的工作温暖而有序地展开，听课、上课、社团活动、课间操、课后服务、教研活动、开学典礼、防疫卫生检查、寒假实践作业展览……老师们也如春暖花开，似万物复苏，内生动力，互相鼓励，共同成长，让人满心欢喜，满怀感动，校园内满眼的爱，满心的力，满园的情。

1. 课堂——生命成长的殿堂

我静心沉浸课堂，听了 8 节课，每节课都有值得我学习之处、思考之点。充满生命力的课堂，学习方式的改变，学生担当的小老师角色，指令同学、调控课堂、质疑碰撞，教师的组织者、学习者、引导者、倾听者角色，让课堂成为师生生命共生共长的殿堂。

我全身心投入上课，课后深刻体会到：对学生的了解程度、对课件与教学内容的充分准备对教师上好课是何等重要。第一节课熟悉学生、熟悉课堂，第二节课有了冯老师的座次表与班级约定的辅助，课堂上自己从容了许多，学生专注了许多，课件与教具的介入，学生兴趣盎然。想让学生守纪律、有责任感，最好的方式是赋予他挑战性任务，给予他明确的责任，让他帮助同学或者督促他人。全情投入的课堂在意犹未尽中下课了，课后一个男同学走上讲台，拉起我的手，在手背上一个"西式亲吻"，我内心的惊喜直到晚上回到家还没消减。纯真的情感，稚嫩的表达，这是只有上课与学生生命共振共长才能独享的幸福与

快乐。

周四与唐敏、王玥一起听李九虎老师的《开满鲜花的小路》，李老师对学生质疑的引导、对学习方式的训练、对学习兴趣的激发、对重点词句的理解，可谓群体共鸣、深入骨髓、潜入灵魂，特别是对"最美礼物"的升华表述，孩子们脑洞大开，谷爱凌、钟南山、消防员、守边战士、白衣天使、朋友、颜色……学生尽情地探究、思考、体验、展示、分享，更精彩的是李老师在评价中与学生的真情互动，让课堂知识和社会生活相融合，产生了智慧的沟通和情感的交流。我强烈地感受到孩子们通过自己的参与体验了学习的快乐，脸上洋溢着自信、幸福、灿烂的笑容。那一刻，李老师的幸福与快乐，我们听课的三人互相传递的同时，也享受这份生命成长的快乐与幸福。这样的课堂，阳光照到每个孩子身上，每个人都体验到成功的快乐，享受思维碰撞的火花，沉浸在生命成长的幸福之中。

2. 团队——攻无不克的力量

繁杂的课后服务退费工作还在进行，精品社团的实施让课后服务管理的难度再提档升级。社团的教师、人数、地点、计划，课后服务的重组、优化，教师课时的调整、人员的调配、学生的核对……课后服务、社团活动、托管用餐、正常放学，宾妍琰与杨柳的反复排兵布阵，虽然我的建议被宾妍琰的"简单粗暴"坚决否定，但打心底钦佩宾妍琰的管理理念与行事风格，她总以自己的切身感受考虑事情，反复尝试，优化安排。经全体老师再三商议、完善预设，周四首次社团活动井然有序地进行，跟踪拍摄、大屏展示、视频号推送也按时开展……

开学典礼的组织协调与颁奖宣传，寒假作业的实践布展与学生参观……有安排者，有响应者，有参与者，一群默默奉献的玄小教师让春天更多彩、春光更明媚。团队的力量，攻无不克，战无不胜。

3. 爱心——教育闪耀的光芒

周三下午是善思级的户外活动日，操场南边的学生在白辰旭老师的组织下热火朝天地做游戏，操场北边二班的廖明浩独自一人在画画，我走到他身边时，他已经画好了《咏柳》与《村居》的诗配画，同他聊几句后，他自信而又流利地诵读给我，在我惊喜之际，他拿起彩笔"三下五除二"——一个爱心天使、简笔雪人跃然纸上。户外活动时间快结束时，我问他："你是自己回教室，还是站队跟同学一起回？"他说站队一起回，随后立即收拾好本子与彩笔站进了队列。面对此情此景，不由想起了廖明浩同学刚进学校时的场景，想起了他在教室上语文课的情景，想起了他给刘蓉老师说他长大想当画家的场景……没有爱就没有教育。这不仅仅是所有老师因材施教、顺天致性的教育理念，更是老师们爱心呵护、爱心唤醒、爱心陪伴的力量。白辰旭与学生携手相搭从操场走回前院，一个"慧智娃"对赵丹总是深情依恋，宾妍琰老师购买"五万粒"太阳花种子赠送给学生，让学生"春种一粒粟"。教师间的自发听课、自觉交流，自主成长……满眼的爱，满心的爱，感动着我，激励着我，感谢你们——慧智博爱的玄小老师。

4. 课程——立德树人的载体

课程是启智润心、培根铸魂的载体，是学校内涵发展、品质创建的灵魂。身为蓬勃生长、突破成长团队的领路人，对课程的建构有了初步的架构，以"乘思维翅膀，助生命腾飞"思维 DNA 为核心，以"慧德、慧智、慧体、慧美、慧技"五育并举为五大领域，以"社团类、特色类、活动类、专题类"实践参与四种类别为载体，和老师们一起"教中做、做中研、研中思、思中构、构中建"构建校本课程，在学校的创建与发展中，成就学生，发展学生，成长自我，完善自我。

2022 年 2 月 27 日

七、提升都是从解决麻烦开始

今天的题目是从刘润老师的"一切创新，都是从解决一个麻烦开始"演化而来。

细思个人的成长，家庭的和谐，单位的管理，国家的进步，社会的发展，无不遵循这样的道理。

今天主要谈谈我对个人成长与单位管理的认识。

阅读雷瑞林的"一周一得"感受颇深。学生作业乱画、不认真听讲、不进行朗读打卡，这些都是让老师头疼的麻烦事，雷老师的"靠近""表扬""互助"三招"攻心"策略，凝聚着自己的教育智慧，值得我们学习借鉴。

本周上课，学生的学习态度、参与程度、课堂纪律、习惯养成虽有进步，但是还有张晓旭等几名同学，要么随意抢答，要么爱做小动作，要么与身边的同学说话。为了改变这种现象，下周的备课，在做好课件的同时，准备给每个同学发放"学习单"，让学生根据自己的课堂表现填写，效果如何只有实践方能知晓。

学生在课间的安全隐患，值周总结的格式化与泛化，教工外出活动的细节安排与礼仪引导……管理中的问题与漏洞亟待解决。如何让更多的老师互相听课学习，发挥评优课对老师教学的提升作用，延长组内评优课的时间与空间，变换校级评优课的评价与界定；如何让值周监督成为学生安全的保障与优良习惯养成的加油站，值周教师责任的明确，值周时段与任务的界定，班主任工作量化管理办法的制定；学校工会组织的建立等相关事项的改良与完善。解决以上问题与麻烦，便是学校强化管理、提能增效的重要途径。

问题或麻烦是进步的引发器，发现问题或麻烦是提升的助推器，解决问题或麻烦是成长的鉴别器。

成功的底层逻辑，就是让自己有用。有用，才能解决教育教学中的各种麻烦。而创新，都是从解决一个个麻烦开始；成长提升，也都是从解决问题与麻烦开始，你越长越大，是因为你解决了越来越多、越来越大的问题与麻烦。

仲春时节，万物勃发。让我们直面问题，不怕麻烦，在解决个人与集体的问题与麻烦中步入成长提升之旅。

2022 年 3 月 6 日

八、学会与不确定性共处

本周"女神节读书协同活动"的调整与三次核酸检测的安排，强有力地诠释了挑战与变化无处不在。无论是日常的工作生活，还是国际时事都是风云莫测、瞬息万变，从容应对不确定性应成为当下不断修炼的生活方式。

1. 成长

提前两周就策划三八妇女节活动方案，2月份就早早预订了钟书阁；3月1日就和李凡老师去现场具体对接策划，在宾妍琰老师"阅读，遇见最美的你·慧智阅读"启动仪式暨"三八女神节·慧心分享"活动方案出炉时，我接到了3月5—10日去上海培训的通知，在为不能参与节日狂欢而遗憾的同时，继续细化方案；3月4日下午接到因上海疫情加剧、培训延期举行的通知时，心中一阵窃喜；3月7日获悉，本次活动特邀儿童作家"小酷哥哥"因其所在小区被封控不能到现场，下午全校停课做核酸；3月8日继续完善活动细节。变化不定的西安疫情，反复切磋的放假通知，在纠结与教育局的建议中，忍痛割爱地取消了精心策划的"读书协同"活动。遗憾与无奈的情绪无以言表，内心觉得空落落的。直觉告诉我，必须尽快调节心态。下班时，遇见宾妍琰和吕登辉，直言我的想法后，他俩表示理解与赞同，便有了玄小女神们今年特殊的网络节日际遇，不知老师们当日心情如何，只愿能给老师们"乌卡时代"的节日增加一丝开心与快乐，给生活增添一份喜悦与淡定。

2. 惊喜

3月8日，我荣幸地被评为"西安市三八红旗手"，有自己的努力，有组织的鼓励，意外的是好久未联系的马主编、主摄影、杨同事、金好友……纷纷打来电话表示祝贺，还有老师们与好友在朋友圈的祝贺，都让我感到满满的温馨与由衷的高兴。

我们的工作和生活中充满了不确定性，可能是机遇，可能是变化，也可能是一些不可抗力。面对这些突发事件的不确定性，我们要未雨绸缪，我们要积极去拥抱不确定性，让自己进入新的环境和场景，去面对新的问题，迎接新的挑战。要发挥自身的优势，找到自己在团队中的最佳位置与核心价值，在新环境里无数次的"第一次"体验中适应并且成长。

努力改变认知与变化共舞，积极锻炼能力与变化共处，在不断的磨砺与奋进中与不确定性共处。

2022 年 3 月 13 日

九、向上的团队，成长的力量

春和景明，惠风和畅。重返校园，再现两种耀眼的光芒——太阳的光芒和老师们努力的模样。

居家两周，被网课搁置的评优课，在杨晓莉、马卓、张琦的认真准备和周密安排下拉开帷幕，是评优课也是常态课，更是与同伴切磋琢磨的研讨课。

上课前不约而同地与同伴切磋，请教师傅，甚至三番五次地试讲、听课，再真诚地听取意见与建议……这种谦虚好学、勇于上进的精神是每个人成长与进步的原动力。杨晓莉的严谨自信，马卓的率真豪爽，张琦的真诚精进，再看宋飞奔上课的准备，同伴听课的谦逊……向上的团队，

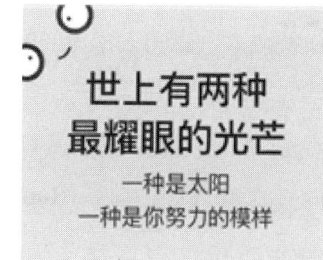

生长的力量，让我心生敬佩与欣喜。看似一个人上课，实则团队在切磋进步，我深谙其中蕴含的能量，这也与当下不少学校的教师抱怨"上班时间长、工作任务重、教研搞形式"的状况形成鲜明的对比。玄小教师所呈现的才是教育人最珍贵、最难得的教育样态。

大课间的改良，体育组的智慧，班主任的引领，其余人的跟进，不一样的状态，玄小团队的合作……

学生的成长与培养是复杂多变的，还有方方面面的日常管理问题，等待我们共同改进完善，只要大家目标一致、愿景一致，瞄准目标、紧扣问题，围绕成长、上下同心，就一定能不断提高办学质量，增强学生的综合素质。学校管理与上课一样，没有最好，只有更好。任何事情，只有想不到，没有做不到。疫情期间"逼"赵丹老师创作校歌，在几个人的共同努力下，歌词基本搞定，赵老师已经开始谱曲，让自己孩子试唱。她把歌词呈现给大家，

集思广益，聚集众智，让"慧智少年"成为玄小亮丽的名片。

慧智少年

一束破云的霞光
掠过慧思的时空
照耀慧雅的校园
唤醒慧智的少年
心怀朝阳与曙光
乘着思维的翅膀
编织人生之梦想
铺就生命正成长
玄小、玄小，智慧的摇篮
玄小、玄小，生命的航船

Rap：言行有矩，学思无涯
　　　向上向善，慎思慎为
　　　因材施教，顺天致性
　　　思维慧智，习惯聚成

生机盎然的春笋
蓬勃向上天地间
慧智少年心志远
心有抱负与担当
勇于挑战才无憾
吾辈自踔厉奋发
世界虽大，梦想不远
乘风破浪，勇往直前
慧智少年，祖国的未来
慧智少年，世界的明天

　　在疫情常态化的影响下，"双减"要求的质量立校、文化铸校、科研强校，关键是教师队伍建设。如果说办学理念是学校教育的"芯片"，那么教师团队便是学校教育的"发动机"。

　　"淘特"的发展给我们的启示：要做难而正确的事，难事越做越简单，若经常做简单的事，简单的事也会越做越艰难。

2022 年 4 月 3 日

十、创造历史的人

在本周工作中，深感玄小有巨大的潜能和成长的力量。原本确定标题是"潜能无限的玄小人"，读了宾老师的"得思"，觉得"创造历史的人"更能表达我的"得思"。

1. 精进不止的体育组

周三上午白晨旭的体育公开课让人耳目一新，从器材准备到场地布置，从准备活动到基本活动，从示范讲解到潜能生辅助，从活动组织到全员关注，从学生参与到学生状态……无不彰显体育学科的特点，无不展现白老师课前的充分准备与体育团队的切磋研磨，虽然前滚翻"蹬地、团身、提臀"的讲解还需完善，但丝毫不影响白老师扎实的专业技能与学生对她的无比喜爱。

周三下午户外活动的"武术操练习"，让上课后服务课的学生的精气神再上台阶。赵宇组织讲解，白晨旭、吕登辉协助示范，班主任巡回提示，学生认真练习，我也积极参与其中，真切地感受到"强身健体、锤炼品格"就在师生的一拳一态中，坚持下去，学生就能养成运动的习惯。

2. 意外之中的小感悟

周四上午 10: 00，在陕西师范大学举行"现代教学技术教育部重点实验室研究生实习实践基地"授牌仪式，没想到 8: 30 从单位出发还是迟到了，走进会场边道歉边就座，看着主持会议的胡教授，愧疚的我低头看表，发现迟到了 6 分钟，我默默地告诫自己，汇报时一定要先郑重道歉，更要严格守时。真诚的道歉，独特的介绍，大家的神态告诉我，意外的迟到已被理解，名不见经传的玄小原来如此。"现代教学技术教育部重点实验室研究生实习实践基地"签约的成功，是对玄小办学理念的褒奖与鞭策，是学校师生的荣耀与责任，也是学校未来发展的动力与资源，更是全体玄小教育人实现梦想的催化剂与新引擎。

周四下午例会前，学思五班学生发生了意外碰撞，马卓、赵宇、唐敏等教师及校医史亚萍齐心协力地协调处理，第一时间关注，第一时间送往医院，第一时间联系相关家长，第一时间反馈……学生放学后，当听到宾老师告诉我说孩子没有什么大碍时，我心安的同时，为他们几个处理突发事件的责任、速度、能力以及第一时间反馈情况给予点赞并深深感谢。突发事件并不可怕，关键是教师对突发事件要有应急处理的能力；学生犯错更不可怕，关键是应对错误有所认识，并自觉改正。

3. 激荡心扉的音乐课

周五早上，王婷老师的《火车开啦》音乐课的教学效果与学思六班同学的表现，犹如春雨润物沁心田，春风拂面荡心扉。灵动贴切的课件，音乐学科的特色问好，寓教于乐的知识，寓理于趣的学唱，赏心悦目的创编，兴趣盎然的互动……从课堂常规到学习方式，从"柯尔文手势"到节奏模唱，从教师范唱到情绪感悟，从音乐品赏到分段练唱，从师生互动到创编表演……一节课在孩子们阳光自信、声音洪亮的学唱表演中不知不觉地结束了。这样的课堂，孩子们陶醉其中。祝贺王婷跨越式的进步，更期待王婷飞跃式的成长。

2022 年 4 月 10 日

十一、在化解矛盾中提升管理能力

管理是一门艺术，内涵丰富，所谓管理就是"制度管理＋上命下行""人格影响＋上命下行""统筹协调＋各司其职""时时突破＋人人学习"……在全区上下"提质量、树品牌、创特色"的态势下，真正的有效管理尤为重要。

人在管理活动中具有双重身份，既可以成为管理的主体，也可以成为管理的客体。特别是面对学生和家长的教师，所处位置不同、时间不同、对象不同、身份不同，其双重身份的程度也不同。若能推己及人，己欲立而立人，己欲达而达人，秉持效率优先、过程优化的原则，便能提升管理效益。

管理是什么？管理是做事，管理是责任，管理是沟通，管理是协调，管理是服务，管理是期待，管理是理解，管理是改进，管理是帮助，管理是鼓励，管理是激励，管理是以心换心，管理是化解矛盾，管理是反思提升，管理是自我管理，管理是成就他人，管理是应对变化，管理是举重若轻，管理是激发每个人的善意善行，管理是无为而无不为……

在本周丰富多彩的活动中，为了让学生更深刻地体验校园生活的美好，老师们不辞劳苦地规划、设计、参与、辅导、组织、排练、摄影、布场、记录、播放、传播，每个人付出与参与的情况不同，有主动、有被动、有补台、有遗憾……环境与自主的唤醒至关重要，下周的庆六一活动参与的人更多，工作量更大，组织更复杂，更是展现与检验管理艺术以及团队凝聚力、战斗力的大好时机。期待每个人能够最大限度地发挥自己的主观能动性，提升自己的管理心态与管理能力，为培养心智自由、思维灵动的慧智少年而努力。

2022 年 5 月 29 日

十二、激发善意，向上向善

"同心喜迎二十大，启智慧艺向未来"庆六一合唱现场，没想到几位嘉宾顶着炎炎烈日从头至尾认真观看，未央宫街道办教育专干薛云霞感慨地说："学校在家长中口碑很好，咱们学校师生的精神面貌就是不一样。"那么我们学校师生是怎样的精神面貌呢？是教师脚步频频的舞台服务，是合作默契的师生主持，是丰富多彩、激情饱满的演唱风格，是慧智少年有条不紊、衔接紧凑的台风，是班主任情不自禁的手势引导，是全场热烈的节日氛围，是爱国情和报国志的自然流露，是全体玄小人表现出的"精、气、神"，是"向上向善"不同侧面、不同形式的纯真展现……

向上，即奋发进取，追求进步；向善，即为他人着想，有同情心和同理心，是明德惟馨、择善而从。向上是向善的前提和基础；向善是向上的具体体现和标志，是向上的动力源泉和崇高境界。

慧智少年正处于世界观、人生观和价值观从萌芽到初步形成的关键时期，具有很强的可塑性。在老师的引导下，他们用灵动的双眸、甜美的歌声、纯真的笑脸、质朴的童心，让向上向善的种子在慧智少年心中生根发芽。

今天听樊登讲《可复制的领导力②》中对善意的一段诠释丰富而深刻——西方管理学大师德鲁克说："管理的本质就是最大限度地激发和释放他人的善意。"什么叫善意？是带着大家一块儿去打扫卫生，还是让大家一块儿去捐款？这就是善意吗？其实并不是。"善意就是激发员工的成长型思维"，让员工看问题看得更长远，而不是只看当下。假如一个员工只看当下，他做任何事考虑的就是得失、加班费、公平不公平。但是如果这个员工能够稍微看得远一点，他就会想我学到了什么东西、我这样做符不符合道德、我的口碑怎么样，他就会有大家将来还会再见面的、来日方长等想法。你若能够想办法去激发员工的成长型思维，不把员工视作是自己的私人财产；你若在想到这个员工总有一天会离开你时，仍然希望这个员工离开你以后能够过得更好，员工才能够真切地感受到善意。固定型思维的人认为自己可以被度量被限制，很在意他人评价，急切地想证明自己；成长型思维的人积极正向，不会在意一时的得与失，更为关注自我成长因素，很少主动与他人比较，而是内观自己，深刻意识到自己仍有巨大的进步空间。

管理者激发员工善意，最核心的就是给他们终生成长的空间和可能性。

2022 年 6 月 5 日

十三、享受教育的美好

《礼记·学记》中说:"是故学然后知不足,教然后知困。知不足,然后能自反也;知困,然后能自强也。故曰:教学相长也。"

"教学相长"让我想到了"教育亦相长"。

周三下午户外活动时间,同以往一样,我到操场和同学们一起学习武术操,走到学思一班队伍后边,一名男同学(惭愧能认识人不知道名字)看我光脚穿凉鞋,或许是平日不光脚,或许是同学们都穿运动鞋,那名同学用担心的目光、关心的神态、质疑的语言问我:"校长,你穿凉鞋冷不冷?"意想不到的问题蒙住了我,我控制住自己的情绪,感谢孩子的勇敢与关爱:"今天天气热,早上到现在一点儿不冷,谢谢你的关心。"孩子质朴的眼神、稚嫩的言语,让我工作一天的紧张与疲惫在童真童趣的关心中荡然无存,回家的路上,回想起当时的一幕,心中就一阵阵喜悦。

周四上午第三节课后,赵欣怡来到我办公室告诉我学思四班薛玉珂等3名同学找我,当时正忙碌的我有些纳闷,请他们进来后才明白,同学们要把在美术课上制作的郁金香花送给我。收到慧智少年手工制作的精美的郁金香的那一刻,一股幸福涌上心头,感谢心中有我的小可爱,感谢精心培育他们的慧智老师。

当日下午放学,站在校门口目送孩子们回家,看到学思四班车陈葳蕤在队伍里似乎想和我说什么,懂事的孩子明白组织纪律,不能影响放学队伍,便默默地随着全班同学离开。谁知过了一会儿,我的身后传来"郑老师,郑老师"的叫声,转身果然看到车陈葳蕤手里捧着两枝漂亮的郁金香说:"郑老师,送给你!""真好看,我收下,谢谢你。"看着孩子那份真挚的爱与洋溢在脸上的喜悦,身为老师与校长的我,不仅是欣慰、感动、幸福、治愈,而且更加明白了宾妍琰老师为什么要坚持代语文课,她一直有当班主任的念头，也有对教育的双向思考。教师对孩子关心多、交流多、付出多、关注多、尊重多、鼓励多……爱出者爱返，福往者福来，孩子对教师也会关注多、交流多、敬爱多、回馈多……虽然他们人小事多，往往身不由己做出惹人生气的事，但是只要你尊重他、帮助他，说服教育也好，让其自省也罢，从内心不歧视、不嘲笑、不辱骂、不讨厌……就事论事，不翻旧账，事过以后孩子依然爱你如故，视你为亲人，因为他们纯洁无瑕的心灵能辨别孰是孰非。

享受教育的美好，我们就多了一种生活的诗意，就能从平凡中品味出幸福，从磨砺中体验到成长。读懂每一个孩子的脸庞，走进每一个孩子的心房，你会惊奇地发现，幸福从此熙熙攘攘。

正如德国哲学家雅斯贝尔斯所言："教育的本质意味着一棵树摇动另一棵树，一朵云推动另一朵云，一个灵魂唤醒另一个灵魂。"在与孩子们的相处交流中，并非只是我们教育孩子，而是在教育孩子的过程中，在影响与被影响中，互相温暖，彼此滋养，共同成长。我以为，这就是教育的美好，身为教育者，享受这份教育的美好，便是生命的最好赠与。

2022 年 6 月 12 日

十四、构建"五育"课程，落实立德树人

《义务教育课程方案和课程标准（2022 年版）》明确指出：全面贯彻党的教育方针，遵循教育及教学规律，落实立德树人根本任务，发展素质教育。坚持德育为先，提升智育水平，加强体育美育，落实劳动教育。聚焦中国学生发展核心素养，培养学生适合未来发展的正确价值观、必备品格和关键能力，引导学生明确人生发展方向，成长为德智体美劳全面发展的社会主义建设者和接班人。课程建设是实现五育并举、立德树人的关键举措。

1. 认识到位，树立"五育"课程育人理念

课程是实现教育的基本载体，课程开发是衡量一所学校教育水平的重要标志，也是学校教育质量的根本保障。现代课程之父泰勒强调，课程应关注"达到怎样的教育目标、怎样实现这些目标、怎样确定这些目标正在实现"等，要让课程的规划、实施、评价的每个环节都指向人的生命成长，指向学校教育哲学

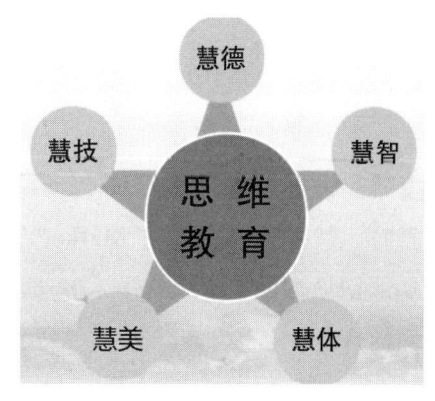

的追求。学校教师队伍追求"人格高尚，专业精湛，学养深厚，博爱慧智"，教育哲学追求"身心为先，品行为本，思维为魂，能力为重，习惯为基"。学校课程建设力求国家课程规范化、校本化，校本课程个性化、多样化。通过课程教育，发现学生闪光点并不断扩大人性的光亮，让学生在积极期许、充分激励的阳光照耀下，在体验成功中走向更大的成功。让更多的学生体验奋斗之后成长的喜悦，让更多学生身上的亮点在肯定与激励中闪烁光彩。

2. 设置到位，构建"五育"课程育人体系

校长的课程领导力与教师的课程开发力是学校内涵发展与品质提升的核心竞争力，学校基于"思维 DNA"与"乘思维翅膀，助生命腾飞"核心教育理念，教师"教中做，做中研，研中思，思中构，构中建"，形成"154"课程体系。"1"是国家课程全学科，"5"是校本课程的五大领域（慧德、慧智、慧体、慧美、慧技），"4"是校本课程的四种类别（特色类、社团类、活动类、专题类）。

特色类课程有学思维、绘本阅读、思维绽放；社团类课程有航模、围棋、情商口才、轮滑、硬笔书法、绘画、舞蹈、合唱、跳绳、古筝、足球、篮球；活动类课程有自己事情自己做、晨诵经典、多变大课间、趣味运动、节日欢歌、思维文化节、三跳一拔、争章达标、多彩语文、益智数学、灵动英语、研学旅行、假期实践等；

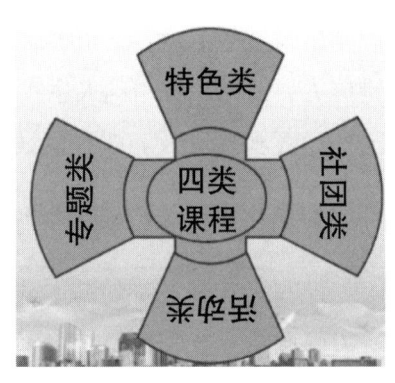

专题类课程有爱国主义、安全教育、经典文化、传统节日、环保教育、健康教育、慧智阅读、慧淘 Market 等。近两年的实践，"154"课程体系的育人功能初见端倪，浸润着学生健康成长，积淀着学生核心素养，涵养着学生家国情怀。

3. 实施到位，夯实"五育"课程育人阵地

国家课程是奠定共同基础的主体课程，地方课程和校本课程是国家课程的拓展与补充，满足不同学生的个性化需求，共同构成学校育人的完整课程体系。在"154"课程体系支撑下，开齐、开足、开好国家课程，使国家课程规范化、校本化，实施"思维好课堂"，转变学习方式与教学方式，让学生在"三性合一""三级联动"的质疑、交流、互动中习得知识、形成能力，培养思维与习惯，厚植素养与情怀，让课堂绽放思维之花，闪耀智慧之光，

滋养灵动之魂，以课堂的"提质增效"确保课后的"轻负高质"。五大领域的四类校本课程做到特色化、个性化、多样化、综合化实施，"学思维"进课表，其余课程利用课后服务、大课间操、专项活动、系列活动、班会队会、节日假日、集中培训、自主实践、社团活动、基地共建等多元化落实。目前学校的课后服务形成五大主题日：周一阅读绘本日，周二思维绽放日，周三户外活动日，周四缤纷社团日，周五多彩艺体日。这些活动深受学生的喜爱，既解决了家长的后顾之忧，又帮助学生培养兴趣、开拓视野，强健体魄、锤炼品质，促进学生健康成长、全面发展。

4. 评价到位，落实"五育"课程育人导向

《深化新时代教育评价改革总体方案》和《义务教育质量评价指南》要求，坚持以德为先、能力为重、全面发展，坚持因材施教、知行合一，提高学生的核心素养。学校过程性评价采取日常各学科纵向评价，期末终结评价采取"五育并举"全要素横向评价，学期评价项目涵盖慧德、慧智、慧体、慧美、慧技五大领域：慧德课程评价让孩子通过图片判断行为的对错，通过文明用语在日常生活的应用，培养学生良好的道德品质；慧智课程（语、数、英）评价有"最强大脑""一字开花""争分夺秒""机器人大作战""数学智多星""小小老师我来当，指读表演我最棒"等，不仅考查学生基本知识与基本能力，更考查理解运用与思维能力；慧体课程评价的"慧体小健将"通过立定跳远、前滚翻、折返跑等方式锻炼学生体质，强健学生体魄，培养学生运动习惯；慧美课程评价有"火眼金睛""奇思妙想""科达伊节奏""柯尔文手势""美妙歌声"等，考查学生想象力、思维力、音乐表现力等，培养学生发现美、鉴赏美、传递美的能力与素养；慧技课程评价让孩子系鞋带、系红领巾、扫地、擦桌子，从小培养学生劳动能力以及尊重劳动、热爱劳动，树立劳动最光荣、美好生活要靠劳动创造的人生观与价值观。

5. 反思到位，完善"五育"课程育人机制

一年多的实践探索，第一次无纸化多要素评价，课程的建设理论、育人

价值、规范实施等还需要进一步完善。

（1）办学理念、育人目标与课程实施的深层融合。"向上向善"校训深层内涵的价值取向，向上即进取，向上的目标、追求、意志、行动，奋发向上、追求进步；向善即崇德，善心、善意、善念、善举、善良，明德惟馨、择善而从。把向上向善的要求渗透到教育教学之中，融入社会主义核心价值观，使向上向善的种子在慧智少年的心中生根发芽。

（2）课程要素自身内涵与外延的厘清，课程层次关系间的独立与关联。国家课程、五大领域、四种类别、课程要素间的脉络关系。

（3）丰富课程内容，完善课程体系。通过师生和家长共同诵读《论语》，来传承经典文化，增强文化自信，让仁义礼智信支撑起向上向善的文化之魂。

课程是学校内涵发展、品质创建的基础。为了塑造学生高尚人格，积淀学生核心素养，培养学生弘毅精神，涵养学生家国情怀，我们需要哲学的思维、专家的视野、工匠的精神，深研细究，不断完善"五育"课程，为党育人、为国育才，办老百姓家门口的好学校。

2022 年 6 月 26 日

十五、爱与责任：玄小教育人的 DNA

校舍的改造，设备的采购，教师的配备，新生的扩班，班子的优化，品牌的创建，工作的创新，等等，我整个暑假都在思考，每一天都在求索。

为了使全体玄小教育人创建的思维品牌得到优化提升，我们从暑期《论语》诵读、新生领取通知书、新入职教师培训、全体教师培训、学思级入学、开学典礼等抓起，每一项工作都在行政领导和教师的智慧与行动中演绎着感动与希望。

1. 向上向善，文化浸润

"天下难事，必作于易；天下大事，必作于细。"为了赢得新生家长的支持，让新慧智娃早日熟悉学校的办学理念与校园文化，宾妍琰老师在手术后的恢复期为每一个学生精心准备了"开启小学旅程，遇见美好玄小"文化浸润宣传单，为新一届学思级学生与家长播下"向上向善的种子"。

2. 新师赋能，薪火相传

为使新入职的教师尽快了解学校办学理念，尽早融入学校文化，掌握班级管理方法，学会思维教案的撰写，更快地适应新的工作岗位，今年首次开展了新入职教师专项培训活动。目标明确，任务具体，人员确定，内容丰富……培训虽在暑假举办，但无论是在南京学习 20 日后才返回的李凡，康复中的宾妍琰，忙碌在校建工作中的吕登辉，党建德育工作中的赵丹，还是远在老家休假的宋飞奔、何斯琪、毛文婷老师，他们在接到工作任务后不谈困难、不推诿，只问要求与内容，加班加点创新完成。8 月 21 日培训当天，酷暑烈日，校建工地机器轰鸣，新加入的 16 位"小伙伴"在当时的善思四班完成了玄小教育人的"思维传承"，新、老教育人用自己的智慧担当，创造了玄小公关号在无学生参与的情况下 1 天的阅读量超过 1000 人次的纪录。

3. 责任在肩，行动扛起

8 月的高温伴随着学校教室改建与腾挪，设备招标与供货，器材搬移与规整，人员调配与落实，人事信息采集与上报，教学设备调配与安装，办公用品购置与发放，网络检测与维护，安全排查与保障……无法列清的工作，在吕登辉老师一天天的排列，一次次的梳理，一回回与同伴的坚持中一一完成：8 月 21—22 日，吕登辉、王郑塱、白晨旭、张博文、张果果、陈晓升把体育器材从北楼搬移到南楼并进行擦洗、归类和摆放；把教师宿舍的架子床拆卸后，一一从北三楼搬移至南二楼，再一个个安装好。38℃的高温，一个个都湿透了衣衫，胳膊累得抬不起。吕登辉老师嗓子沙哑了，第二天接着干……8 月 24 日乐思四班、五班的学生参与从北楼到南楼、从一楼到二楼，共三个班 150 余套桌凳的搬移和合唱台的搬移；8 月 26 日全体教师将美术室与乐思三班 100 余套桌凳进行搬移；开学前，王郑塱老师与体育组负责书本的领取与发放，善思级、乐思级对学思级报名工作的帮扶与传代……都是玄小劳动教育与价值的传递，是玄小教师爱与责任的传递，更是创造玄小历史与未来的传递……

4. 慧智迎新，首日典礼

精心策划的迎新报名遇到下雨＋核酸检测，9 月 1 日开学典礼遇到第一次到学校的学思级新生和家长的焦急等待，关切的目光，万般的担心……赵丹老师对工作安排方案不断修改，教师分工不断调整，行政团队急中生智，教师团队随机应变，校医史亚萍老师以身作则，大家群策群力，密切协作，使迎新报名与开学典礼顺利举行，特别是学思级 12 位班主任，用自己的废寝忘食与孜孜不倦为学思级新生带来了良好的入学体验。

5. 团队互补，持续精进

没有完美的个人，只有完美的团队。配齐配强行政领导，既明确每个人的分工与职责，又相互协调与配合，聚众智破难事。学生一日安全工作的落实，思维好课堂的深入与拓展，学生对经典《论语》的日常诵读，管理机制的完善与细化，保安后勤的进一步规范，等等，需要深入思考，逐步完善，细致落实。

教师是学校发展的根本动力，是提高教学质量、创建学校品牌的主力军。新学期要明确玄小教师的职业追求与教育哲学。

职业追求：人格高尚，专业精湛，学养深厚，博爱慧智。

教育哲学：身心为先，品行为本，思维为魂，能力为重，习惯为基。

让"向上向善，慎思慎为"体现于师生思想行为中，成为师生日常行事方式。

爱与责任——玄小教育人的 DNA，每周复盘——团队成长的赋能场。

2022 年 9 月 4 日

十六、突破发展与问题管理

新学期，新班子，新教师，新学生，新目标，新气象，新高度……回顾第二周教学、常规、社团、安全、卫生、节庆等系列工作，既有耐人寻味的欣欣向荣，也遇到了突破发展的细节问题。

1. 喜迎双节聚众智平日之功显学养

今年千头万绪的开学季难得中秋节巧遇教师节，为让日复一日平凡博爱的慧智教师感受职业的价值感、幸福感、获得感，真切体会教师的职业尊严，领导班子上周就商议庆祝活动的时间与地点、形式与内容、规模与范围、节目与彩排等。周一下午1：40的紧急会，各节目组加班挤时的排练，周三中午的全

体彩排，领导班子的分工协作。在诸多工作的准备与教育教学中，赵丹与杨沛岚老师还制作了短视频，与同事们分享"玖月奇迹"。

周四下午举办"迎接党的二十大，培根铸魂育新人"教师节庆祝活动，鲜花映师颜、童声悦师情、贺词润师心、《论语》悟师道、传承继师魂、初心照师路、凝心话师梦、铭心蕴师志等短小而紧凑的节目，生动而感人……

与会领导、嘉宾、新闻媒体无不为老师们阳光自信的精气神而动容，为教师表演中的引经据典、出口成章所折服，为师生别出心裁的演出而啧啧称赞。我校教师节高质量的视频与推文经长乐未央、未央教育、西安融媒、陕西电台等媒体的传播，可谓风生水起，玄小人也在不一样的双节中体验到了

教师职业的幸福和快乐。这离不开玄小每个人的默默付出与坚守，离不开每个人的平日积淀与智慧，离不开每个人的顾全大局与牺牲小我……这些隐性文化便是玄小源源不断发展的生命力、生长力，是玄小走向更高更远的资本与底气、能量与动力。

2. 精心协调社团日，发现问题尽早反思

为了尽量减少加班，遵照学校效率优先、过程优化的运转机制，学校领导班子选择在社团课后服务日举办教师节庆祝活动，包括社团的人数统计、分班协调、课程开设、教室安排、人员配备、学生引导、放学走向、合班统筹、家长对接等，看着宾妍琰与杨柳老师做出的三张安排表与统计表便能想象这项工作对"脑结构与脑神经"的促进，对后续"跟进与服务"的要求，或许是我们准备教师节，或许是学思级首次社团活动，或许是家长不清楚接送点，或许是社团新老师不明白学校的要求，或许是学生跟社团老师不熟悉，或许是有的社团分了两个班，或许是有些孩子是托管接送，或许是家长与接送的托管不清楚孩子上的是社团还是课后服务……周四下午社团放学，校门口的拥挤，家长接不到孩子的埋怨，社团个别老师的茫然，保安的焦急，个别家长挤到学生队伍接孩子，时不时出现的问题，值周的杨晓莉老师与几位学校领导竭力维护，似乎也只能询问情况……虽然时间久了点，好在每一个孩子最终都有了着落。

鉴于开学两周来频发的学生磕碰事件，以及近期发现的所有问题，周五下午的行政会分析研究问题，提出强化管理、解决问题的具体方案。

（1）针对社团问题。

①补充完善每个社团的放学导引牌；

②在东西两个接送点标注清楚每个社团的名称；

③周四下午 3: 00 召开社团教师安全专项会,与每一位教师签订安全目标责任书;

④在史亚萍、杨柳老师管理的基础上,每个社团增配一名玄小老师协助放学;

⑤班主任,特别是学思级班主任,电话通知社团的每一位学生和家长,明确告知周四放学各班队列的走向与接送地点。

(2)针对安全问题。

①重申学校一日安全巡查分工与职责;

②值周领导、值周教师、后勤安全巡查,班主任北楼巡岗,王安乐老师总巡查的"五位一体"安全保障机制,所有在岗人员佩戴安全守护标志。

(3)针对学思级课堂与一日常规问题。

①周二早上 8: 10 召开学思级班主任"棘手问题安排会",副班主任在教室晨检后组织学生早自习;

②行政领导分工包班,吕登辉协助体育组整顿队列与集会,其他一人一个班协助班主任建立在校一日常规;

③"慧智双师"工程日常践行,"智师"主动请教,"慧师"主动关注询问;

④所有学思级任课教师既进班,也进行常规习惯养成与学习方式训练,让学思级尽快建立常规,养成良好的学习生活习惯。

2022 年 9 月 4 日

十七、立足首善教育新高度，构建首善学校新品牌

8月28日，秋季开学工作会上，未央区教育局领导谈及改变未央教育现状、提高未央教育质量时，讲到创建未央首善之区首先要做到首善之教。

9月8日，未央区召开第38个教师节表彰会，李建新局长明确提出未央教育发展目标与重点任务：切实增强推进教育发展的使命感，紧盯教育资源总量不足、优质教育资源缺乏、教育改革力度不够、教育品牌竞争力不强等问题，要求各校真抓实干聚合力，聚力发展补短板，开拓创新求突破，构建学校教育品牌，塑造未央"首善教育"品牌，全力推进未央教育高质量发展，为未央国家中心城市首善区建设贡献教育力量。

9月16日，未央区召开2022年秋季教育教学工作会，总督学、基础教育科科长再次聚焦提升质量，唱响"首善教育"：落实立德树人根本任务，打造德育品牌；加强文化育人，打造书香校园；深化"双减"，着力课堂质量、作业质量、课后服务质量提升；加强学情分析，夯实教学常规，创建义务教育管理标准化学校；强化校本教研，开展教育教学大视导；建立教育集团动态孵化管理机制，培育生成新优质教育品牌……要求各校采取扎实有力举措，牢固树立质量意识，出实招、下实功、见实效，提口碑，赢民心，全力助推未央教育高质量发展，助力国家中心城市首善区教育高质量发展。

对于发展中的玄小，如何立足未央新机遇，基于思维教育落实首善教育，构建首善新学校？

1. "首善教育"研学与思考

19世纪，英国的惠灵顿公爵在滑铁卢战役中打败不可一世的拿破仑，留下一句迄今令世界教育界深刻反思的名言："当我在伊顿公学的操场上练习奔跑的时候，滑铁卢战役的胜负，其实就已经决定了。"这句话深刻地揭示

了基础教育对人的一生成长与发展，乃至对国家命运的影响和作用。我们该如何尊重教育规律，尊重人的发展规律，通过区域有效治理，实现区域教育公平优质，充分彰显教育道德本质和公益属性？首善教育，体现的是教育人不懈的追问与探索，体现的是局领导改善未央教育的气魄与担当。

2."首善教育"源流与内涵

"首善"最早出自汉代司马迁的《史记·儒林列传》："闻三代之道，乡里有教，夏曰校，殷曰序，周曰庠。其劝善也，显之朝廷；其惩恶也，加之刑罚。故教化之行也，建首善自京师始，由内及外。"这里的"首善"，是"首先实施教化而成为榜样"之意。清代毕沅在其所著的《续资治通鉴·宋哲宗元祐元年》中说："学校为育材首善之地，教化所从出，非行法之所。"可见"首善"不仅指向区域，更指向学校教育。

首善教育，顾名思义，第一，是把善放在首要位置的教育。第二，是以至善为核心的教育，《礼记·大学》开宗明义："大学之道，在明明德，在亲民，在止于至善。"第三，是走在善的道路上的教育，善是教育的宗旨，也是教育的手段与方法。

首善教育就是启智润心、培根铸魂，落实立德树人根本任务，是区域教育特色化、个性化、卓越化的具体实践。首善教育可从"三首""三善""三维"诠释与实践。

"三首"——首善教育之"首"，意即首先、首要和首创。所谓首先，即"立德为先"，就是把道德建设作为首善教育的先行之旨；所谓首要，即"树人为要"，就是把个人核心素养的培育作为首善教育的重中之重；所谓首创，即"创新为魂"，就是把超越自我、不断创新的精神作为首善教育的核心精神。

"三善"——首善教育之"善"，即善心、善学、善治。所谓善心，即"育人以心"，把育人的事业做到每个孩子的心上，心善则一切善，心能则一切能，此为首善教育的育人根本；所谓善学，即"达人以学"，会学则能学会一切，善学则能学得一切善，如此方能成人，此为首善教育的育人要义；所谓"善治"，即"群人以文"，即以文化人、以文会友、以友辅仁，以文化凝聚社会，以文明和谐社会，此为首善教育的育人目标。

"三维"——首善教育的区域实践，简称"三维"实践途径：学生维度即"全面发展＋个性特长"；学校维度即"教学质量＋办学特色"；区域维度即"教育公平＋优质均衡"。"全面发展＋个性特长"就学生发展而言，前者强调"五育并举"德智体美劳全面发展，后者强调根据每个学生的潜力，顺天致性，让学生成为自己，具有独特的个性和才能；"教学质量＋办学特色"就学校发展而言，前者强调学校教育应有一定的教学质量，确保学校的基础水平，后者强调学校教育要办出自己的特色，获得个性化的发展；"教育公平＋优质均衡"就区域教育而言，首先保证区域内每个公民平等受教育的权利，而后追求快速与优质发展。

3. "首善教育" 初探与实践

（1）确立"向上向善"的价值导向与追求。

向上向善，作为一种价值目标、价值取向和价值准则，是一种无形的力量。习近平总书记指出："人类社会发展的历史表明，对一个民族、一个国家来说，最持久、最深层的力量是全社会共同认可的核心价值观。"如果没有共同的核心价值观，一个民族、一个国家就会行无依归，无法前进。

向上，进取，奋发向上，追求进步；向善，崇德，明德惟馨，择善而从。

办学伊始，"向上向善"就作为学校的校训，树立向上向善的思想和理念，坚持以文化人、以文育人。师生都要明确向上向善的价值导向与追求。"人之初，性本善""上善若水，水善利万物而不争……居善地，心善渊，与善仁，言善信，正善治，事善能，动善时""虽不能至，然心向往之"……向上向善，是中华民族宝贵的精神财富，是促进社会发展进步的重要精神力量。

（2）激发"向上向善"的意愿与情感。

思想是行动的先导，情感是行动的源泉。激发师生形成向上向善的意愿和情感，让教师用自己高尚的人格、精湛的专业、深厚的学养、博爱的智慧做学生的引路人，影响学生，培养学生；让学生从内心深处认同向上向善，从行为举止彰显向上向善。以下是去年和今年教师参加培训后的心得感悟片段。

小学生具有很强的可塑性，正处于世界观、人生观和价值观从萌芽到初步形成的关键时期，每周的升旗仪式，"一训三风"（校训：言行有矩，学思无涯。校风：向上向善，慎思慎为。教风：因材施教，顺天致性。学风：思维慧智，习惯聚成）已成为玄小的固定内容，学科思政"向上向善"的渗透，教师用自己的学识、阅历和经验激发学生对真、善、美的向往之情，使向上向善的种子在慧智少年心中生根发芽，帮助学生扣好人生第一粒扣子。

（3）形成"向上向善"的行为与习惯。

向上向善，需要日常教育，重在实践养成。学校的德育活动、爱心义卖等都使凡人善举成为学生生活的常态，有利于营造向上向善的生活情景和校园氛围。

学校连续两年举办"童心汇聚，爱心传递"阳光关爱志愿行动和爱心义卖活动，每一次义卖都饱含学生的爱心与奉献，每次捐赠仪式都能感受到玄小学子爱心传递的温暖与责任。爱心义卖活动，不仅使慧智少年积极参与社会实践活动，而且通过活动综合育人、实践育人。慧智少年怀善念、知善意、明善心、行善举，用行动诠释了玄小"向上向善，慎思慎为"的校风，彰显了慧智少年"有理想，有担当，有本领"的时代风貌。

4."首善教育"的深化与思考

（1）书香校园。

①课后服务"绘本阅读日"是校本教学资源的进一步凝练与细化；

②师生共读《论语》持续推进，在教师"阅读微论坛"基础上，举办家长"亲子共读微论坛"；

③假期学生"共读书目"与"钟书阁"阅读基地的持续跟进与优化；

④中午"慧智课"全校各班级每日10分钟阅读的安排与落实；

⑤每个班建立"慧读角"，图书室每月为班级借阅50本课外读物，让学生随班阅读、随时阅读。

（2）办学思想。

①教育理念：乘思维翅膀，助生命腾飞。

②管理理念：学生至上，效率优先，过程优化，管理相长。

③管理机制：目标导向，问题导向，成长导向，结果导向；自主管理＋制度管理，自上而下＋自下而上，团队协作＋管理相长，效率优先＋过程优化。

④职业追求：人格高尚，专业精湛，学养深厚，博爱慧智。

⑤教育哲学：身心为先，品行为本，思维为魂，能力为重，习惯为基。

⑥教育信条：

我们坚信，培养思维是教育的核心；

我们坚信，每一个孩子都是充满希望的生命体；

我们坚信，每一个孩子都有成才的巨大潜能，每个人都有自我实现的不同的途径；

我们坚信，让儿童阳光自信地成长是教师的专业智慧；

我们坚信，让每一个生命都绚烂地绽放是教育最舒展的姿态。

思深方益远，谋定而后动。课程建设、课后服务、课堂改革、校本教研、教学质量等的进一步提升与优化，创建首善教育，创办首善学校，启智培慧，惠泽桑梓，为党育人、为国育才，为创建国家中心城市首善区、培养担当民族复兴大任的时代新人书写玄小教育人的奋进篇章。

2022 年 9 月 18 日

十八、事上磨炼，精进不休

事上磨炼，修行至要。王阳明曾说："人须在事上磨，方能立得住。"一个人做事的态度，决定着他的人生高度。

1. "两操"比赛

年轻的体育组、全新的学思级、青春的教师团队，在庆国庆"两操"比赛的筹划与实践中，因原方案反复修改，所有人都感觉时间紧张，原以为不可能的比赛，在师生和家长的通力合作下，善思级、乐思级的创意绽放，学思级的整齐规范，《孤勇者》的师生嗨场……一周的训练时间，学思级的蜕变，孩子们的热爱，家长的支持，老师的成长，一系列的问题在实践中解决……真正诠释了事上磨炼，活动育人。

2. 放学时间调整

由于一些学生第一次从社团放学，学思级家长、学生与社团老师互不了解而产生的迷茫与无助给予学校管理最真实的反馈，教导处立即完善修正，从做指示牌引导到社团辅助教师开会，从改变社团放学到回归班级策略，教师的参与从根本上解决了家长的顾虑与放学的无序。课后服务滞留学生与家长的对接，因家长的依赖与惰性导致保安对个别滞留学生的监管存在隐患，任课教师、班主任与家长的无缝对接在保障、规范作息的同时，消除了课后服务滞留学生的安全隐患。老师的辛勤付出赢得了家长和学生的称赞，为家校共育创造了条件。使学校管理工作在事情上磨炼、在问题中改进、在完善中规范。

3. 教学正常，要事叠加

创新课堂大赛，学生体检，核酸检测，安全排查，后勤补给，家长意愿，名校＋班主任论坛，一师一课，少队活动，公众号推文，各个部室的布置，意想不到的线上教学……每一项工作都需要合理安排，线上教学对于刚有点头绪的新入职的教师无疑又是一个全新的体验，看到"会飞的学思级"交流群后，不由得心生敬佩，确实要用"会飞"的速度与节奏适应变化莫测的现实。

4. 安全第一，警钟长鸣

省、市、区各级的安全检查与学校日常安全落实警钟长鸣，不能有任何闪失的学生安全使得学校的日常防护在不断的调整中优化细化，家长的"快递投诉"及时反馈了教育教学中的问题，真诚感谢家长以这种方式诚恳地给学校提出建议，教学楼防护网的加固，校园其他安全隐患的排查与消除，门口隔离栏的维修，后勤设施的保障，学生课桌椅的调整……越是千头万绪的工作，越需要头脑清醒地罗列记录、分类完成。唯有事上磨炼，才能真正精进提升。

"坐而论道，起而行之""不受烟火不成神，不受折磨不成人"，不经事、不经磨炼成不了有担当、有作为的教育者与管理者，"未有知而不行者，知而不行，只是未知"。在磨炼中成长，在挑战中成熟。你当下拥有的，都是五年前的选择；你今天的选择，决定了五年后你的生活。

2022 年 10 月 16 日

十九、向上向善的土壤

骨干教师示范课、首届家委会组建、学生课外活动、市级创新课堂大赛……丰盈充实的第十周如深秋般丰硕静美、硕果飘香。回顾一周的人和事、景与物，随眼所见或有意为之，玄小向上向善的空气和土壤随时浸润滋养着其中的每一个人。

1. 思维课堂，精进不止

语、数、英、体、音、美共 10 节示范课，学习目标与单元素养目标的突破，学生六人组合作的尝试，课堂约定与课间习惯的改良，学生自主探究学习的精细，上课教师学习卡的精心设计，听课教师听评课的积极主动，磨课评课的虚心好学……每每在听课中看到学生游刃有余、思维灵动的课堂，让人一天心旷神怡，向上向善的土壤促进教师快速成长，或许这就是向上向善的场域能量。

2. 首届家委会，惊喜不已

期待已久的家委会现在成立了，在准备过程中，想到玄小的学生大多数都是"分流学生"，总担心家长素质会如何呢？因此，特别注重用学校的特色、亮点来吸引家长，想以严、细、实的管理获得家长的肯定和支持。从家委会信息征询表的设计到家长信息的仔细分析，从班主任对家长的推荐到对拟提名家长的深入了解，从选举程序到拟提名家委会成员的预备会，从家委会章程的拟定到会议议程的屡次修改，从家长签到到入场就座位置的安排……赵丹老师对家长的内在素质与外在形象一直担心不已，意想不到的是，敬业会传递，尊重会传递，责任会传递，气质会传递……明显感觉到家委会主任李江龙先生两次见面截然不同，参会家长代表与家委会成员综合素质可圈可点，特别是李江龙主任的表态发言："我们充分信任学校和老师们，孩子在玄武路小学我们很放心。作为家委，我们会用实际行动看结果，履行好家委的职责，为学校发展、孩子成长保驾护航。在学校的引领下，家校共育，携手前行，创造玄小美好的未来！"令人振奋，让人钦佩，有这样的家委会支持，学校向上向善的土壤会更加肥沃。

3. 校园一隅，感动不已

周四午饭后，在办公室门口看到学思级几个同学趴在校园东边的花坛上写东西，好奇的我走过去了解，原来是安鑫瑶老师指导班里 10 名学生完成心理咨询调查问卷。安老师亲切地边读边让学生独自选择，虽然稚嫩的心灵不知道 A、B、C、D 的含义，但他们在安老师读完之后，都能选择自己真实的选项，甚至还直接讲出选择的理由。安老师耐心地逐个读题，学生们开心地一一选择，阳光洒在他们身上，闪烁着向上向善的光芒，那么温暖，那么美丽……

4. 评课态度，自责不已

周五听了杨晓莉、白晨旭老师的课，她们分别找我评课，在肯定优秀做法的同时，严肃地反馈问题：约定的作用、"周"的含义以及"封闭图形"的强调；"高抬腿"的高度与教师上课的站位等。交流结束后晓莉说："我们会反思，会改进，郑老师，你要开心。"顿然间，看着晓莉真诚的神情，不由自主开心地笑出了声。课后服务时在一楼遇见晨旭，她真诚的笑脸，亲切地叫我"郑老师"，使我突然觉得自己好"粗暴"，她到我办公室反馈课与方案，我简要说明问题就因开会让她回办公室。我想，或许是彼此默认对方内心深底的厚爱与真诚，无论是我的严厉，还是他俩的真挚，一定都是玄小向上向善土壤滋养的气息，透着清澈，散发着清香。

如果说玄小教育基因是思维，那么玄小教育土壤便是向上向善。

2022 年 11 月 6 日

二十、探索智慧教育，培育慧智少年

未央区教育局第八期"科技＋信息化，打造智慧校园"校长论坛，聚焦信息 2.0 时代教育的数字化、数据化、智能化校园，民主、开放、创新、共享、协作的互联网精神，将会让教育更有适切性，针对个体学习能力、兴趣特长，更加多元因材施教，培育全面、自由、个性的慧智少年。

1. 以文化智，打造智慧型校园文化

智慧创造文化，文化涵养智慧。办学伊始，学校贯彻落实习近平总书记关于教育的重要论述和全国教育大会精神，培养创新型人才；确立"思维"为学校教育 DNA，秉持"乘思维翅膀，助生命成长"核心理念，以"学思-善思-乐思-敏思-慧思-省思"为年级名，将"思维＋课堂""思维＋习惯""思维＋运动""思维＋阅读""思维＋教研"等思维教育（培养学生思维形式与思维品质）理念落实到日常教育教学行为中，采取 4455 运行机制，即 4 导向（目标导向＋问题导向＋成长导向＋责任导向），4 结合（自主管理＋制度管理，自上而下＋自下而上，团队协作＋管理相长，效率优先＋过程优化），5 主题（课堂、课程、课改、课题、课后），5 层级（校长：思想与方向→副校级：策略与路径→中层：方法与举措→教师：执行与行动→学生：行为与显现）。形成"慧心"理念文化、"慧思"行为文化、"慧智"制度文化、"慧美"物质文化，全体师生信守文化自觉、文化自信、文化自强，坚持做有灵魂的教育，办有温度的学校。

2. 以能赋智，塑造慧智型教师队伍

培养慧智少年，当以培养慧智型教师为先。只有慧智型教师才能实现智慧型教育，才能培养一流人才，实现"办好老百姓家门口的好学校"的承诺。

一是读书养智。叶澜教授说："具有教育智慧，是未来教师专业素养达到成熟水平的标志。"每一个生命都是一粒神奇的种子，蕴藏着不为人知的力量，而阅读能够唤醒这种蕴藏着的神奇与力量。教师通过阅读积淀文化底蕴，提高文化内涵，挖掘自身潜能，提高教书育人能力与立德树人有效性。读教育专著、经典文书、专业名著，亲子共读、师生共读、同伴共读，召开图书分享交流会。读有所悟、读有所得方能生成教育智慧，内化于心、外化于行。

二是写作益智。孔子云："言之无文，行而不远。"把思考和探索写下来，把我们的教育发现和经验写下来，这些有价值的成果就能产生广泛而深远的影响力和辐射力。著名特级教师李吉林说："有收获，就写下来。"李老师的"笔底春秋"使她成为教育大家，使"教育情境的诗篇"唱响大地。写下来，便是反思和总结的真实体现。写作，就是思考生活、积淀经验、重塑自我的过程。高万祥先生说："写作，是平庸教师与卓越教师的分水岭！"建校至今，全体教师积极写阅读心得、教学反思、培训感悟、教育随笔，逐步养成"读书、实践、反思、写作"的习惯，"每周一得"的撰写与分享已成为玄小教师教育工作状态与生活常态，目前撰写心得100余万字，认真坚持的老师专业水平与教育智慧有长足的进步，认识自己的价值，发现自己的能量，同时养成严格自律的生活和工作态度，养成严谨细致的工作作风和专业品质。相信持续五至八年后，一周得思会让我们教师的情感更趋于平静和宽容，使被动教书变成感受教育事业的乐趣；使我们由敬业型教师转变为专业型教师，工作方式从技巧型成长为艺术型的跨越发展。

三是培训赋智。为提高教师信息素养和信息化应用能力，加快学科教学与信息技术融合的步伐，每年暑期邀请希沃公司专家进行"希沃智慧黑板"培训。让每位教师掌握"智慧黑板"的操作技能、学科功能、授课方法与技巧，对希沃白板中的叠放、蒙层、思维导图、趣味课堂、多种便捷擦除方式等进行操作应用，通过不同学科特点进行趣味分类、选词填空、知识配对、PK 游戏等课堂活动，践行教育信息化。去年，对全体教师进行信息 2.0 培训，全面提升教师信息素养，塑造慧智型教师队伍。

3．以思启智，构建智慧型思维课堂

构建智慧课堂是智慧教育的主渠道，每年暑假量身定制"思维教育＋课堂教学＋学习方式＋教学常规"体验培训，为教师日常贯彻落实筑牢根基。立足"课堂"教育教学主阵地，构建优质"第一课堂"。开展"思维教学全过程评优活动""教师基本功""课堂教学技能"大赛。全学科教师从钢笔字、粉笔字、简笔画、朗诵和即兴演讲五大项目比赛到说课、上课、反思，全员全过程参加，践行深度学习，精湛教学技能，构建慧智型思维课堂。课堂采用"主动＋互动＋能动"，实现"教知识技能"与"教方法能力"、"教解答习题"与"教解决问题"、"学会知识"与"运用知识"、"被动接受"与"主动探究"、"个人学习"与"合作互动"的相辅相成与多元融合；同时落实"教、学、评"一体，从学生思想品德、思维品质、学习态度、努力程度等给予评价。例如，你真是个善于观察、善于思考的孩子！你的想象力真丰富，我要向你们学习！你每天听成语故事，这个习惯真好！把你学到的成语故事讲给同学们听！教师给予激励性、引导性、发展性评价，对于学生兴趣培养、习惯养成、思维启迪等产生深远影响。让课堂绽放思维之花，闪耀智慧之光，滋养灵动之魂。

2020年12月，玄武路小学被西安市教育科学研究院授予"西安市思维型教学实验学校"；2021年12月，被西安市教育局授予"西安市新优质学校"；2022年4月，被现代教学技术教育部重点实验室授予"现代教学技术教育部重点实验研究生实习基地"。

4．以德唤智，培育智慧型玄小少年

学校基于"乘思维翅膀，助生命腾飞"核心教育理念，形成"154"课程体系。"1"是国家课程全学科，"5"是校本课程五大领域（慧德、慧智、慧体、慧美、慧技），"4"是校本课程四种类别（特色类、社团类、活动类、专题类）。特色类课程有学思维、绘本阅读、思维训练营、思维阅读卡、思维日记等；社团类课程有航模、围棋、情商口才、硬笔书法、科学实验、轮

滑、绘画、舞蹈、合唱、跳绳、古筝、足球、篮球；活动类课程有自己事情自己做、晨诵经典、多变大课间、趣味运动、节日欢歌、思维文化节、三跳一拔、争章达标、多彩语文、益智数学、灵动英语、研学旅行、假期实践等；专题类课程有爱国主义、安全教育、经典文化、传统节日、环保教育、健康教育、慧智阅读、慧淘 Market 等。在"154"课程统筹下，开齐开足国家课程，构建"教、学、评"场域，学生在课堂习得知识与能力，培养思维与习惯，厚植素养与情怀，以课堂"提质增效"确保课后"轻负高质"。课后服务、大课间操、专项活动、班会队会、节日假日、自主实践、社团活动、基地共建等多元化落实其他课程，一年多探索实践、完善优化，学校课后服务形成五大主题日：周一阅读绘本日，周二思维绽放日，周三户外活动日，周四缤纷社团日，周五多彩艺体日。丰富多彩的课后服务活动，对培养学生兴趣特长、促进学生健康成长、保障学生全面发展起到积极的推动作用。

　　教育信息化既是必然趋势，也是趋势的必然。学校适应新形势，迎接新机遇，把工作切入点定位于推进数字化转型，让数据与数字服务教育教学。首先树立数字化思维，让全流程、全领域、全业务涵盖数字化，让智慧教育新生态在探索中构建，在构建中探索。以日常教育教学应用为抓手，实现线上学习与线下学习的随时切换和有效融合；教师与学生，学校、家庭、社区之间形成基于互联网思维的更加开放、更加人本、更加平等和更加可持续发展的教育新生态。

2022 年 11 月 13 日

二十一、寻找变化中的确定性

面对反复的疫情，学校在"3+2"的线上线下交替中度过了两周，在老师们辛苦的备课与直播陪伴中，赢得全体学生与家长的支持理解，大家用自己的心力与能力在波动起伏的疫情封控状态中，历练心态，寻找适应生活与工作的确定性。

周二走进6节数学课、16节语文课、3节英语课的直播课堂，看到学生与家长听课陪课率，直播功能的使用率，教师精心准备的课件，用心认真的讲解，悉心聆听的答疑，精心设计的自学讨论，适时恰当的评价……感悟到直播课的灵性与灵动，虽然还有个别班级的个别同学走神、说话，甚至在教共享 PPT 标画，等等，对于充满好奇心的六七岁孩子，这些都是正常现象，网络直播课对于师生、家长毕竟都是新增的压力与技能，从不会到摸索，从生疏到熟练，从嘈杂到规范，定会日益向好。

线上教学的适应使大家对于是否返校的变化多了一份淡定与从容，无论前天晚上是否通知复课，应该没有太大的不安，正如几位老师每天下班做好网课的准备，让无法到校的纠结变成线上线下的随时切换，看似变幻不定，实质就是到校就正常上班，不到校就线上教学。

两次跑操，白辰旭、苏果果老师训练学生，研究方案，协作分工，在班主任的积极配合下顺利完成。如何优化、细化、强化，给未来一个月的跑操提供了诸多完善与创新的机会，用全体师生的努力与智慧融汇成强健体魄、锤炼品质的向上向美的生命场域。

学思一班与乐思一班家校共育群，老师的敬业与平日细致入微的管理，面对封控老师的补位与调课，面对寒潮来袭的低温与寒冷，大家克服困难，步履匆匆，神色宁静，追补教学，迎接检查，查漏补缺……家长委员会为学生"中国红校服加绒裤"的及时发放，成为冬季校园暖心的阳光。

12月2日全市核酸检测的全面停止，而11月30日到12月2日每日西安285例、323例、393例病例的新增，社会面的递增与多点分散，面对此种情况，学校暂停线下教学，优化线上教学，守护学校师生健康安全屏障。

努力用我们每一天的认真赢得家长的理解与支持，用我们每一次的专业赢得家长的尊重与敬重，用我们每个人的努力为思维教育品牌奠基与赋能。

2022年12月4日

二十二、早（新学期如约而至，新征程开局良好）

鲁迅刻"早"字的故事，"早起三光，晚起三慌"的俗语众所周知；凡事是否趁"早"，深刻地影响事情的成功与否。

今年开学在未央教育转作风、提质量、干实事、比赶超的浓郁氛围下，早谋划、早布置、早到校、早报名、早规范、早优化……呈现开局即冲刺的良好态势。

2月1日，行政人员在寒假提前构思的基础上修订完成了本学期行事历；2月2日教研组长进行课后服务与学科教研优化研讨；2月3日全体教师依照前期下发的"开学工作安排"早打算、早准备，大家的共同努力，打扫卫生，更换花坛，布置展板，悬挂作品，场景设计……2月4日，立春、立德、立志、立学，在咨询、交流、反馈、家长会等报名工作做得有条不紊，并然有序。2月5日各教研组对课后服务内容进行科学改良，对作业与学科预习进行精心设计，对国家课程的校本化实施进行精心探讨。2月6日开学典礼如期举行，西安教育在线"我们开学啦"，西安发布"未央区玄武路小学装扮一新迎接师生回归、迎春'花种福袋'送学生开学典礼播撒希望"与学校公众号、视频号的推送宣传，赢得诸多家长与教育同仁阅读点赞。

接下来4天听了4节课，再次诠释课堂学习目标明确的重要性。杨晓莉老师课堂对学生"错误"的关注与引导，宋飞奔老师课堂对知识点迁移类推的强化，孙惠敏老师课堂上学生自主探究、合作交流的游刃有余，张琦老师对自己课堂的客观认知……课堂是教师的主战场，是提升教学质量的主渠道，更是启迪学生思维、培养学生习惯的主阵地。教师提升教学水平、精进课堂永无止境。

虽是第一周，课间活动在班主任的动员指导下，跳绳、踢毽子、打篮球、丢沙包等渐渐增多，课后服务、社团活动顺利进行，白晨旭老师（自己课后服务时苏果果立即补岗放学）开启了教师值周良好开端，几位教师午饭后进教室与托管交流、批改作业，学生用餐、午休的改良；被吕登辉老师"批评教育"后为赵菁老师"送花"的"慧智宝贝"……这都是循序改进、优化过程的教育故事，都离不开凡事"早"准备的井然有序，才能被关注、被发现，值得思考，值得回味……

2023 年西安除夕、元宵节举行了两场烟花燃放活动，前者拉开了"过年"序幕，后者为"过年"画上圆满句号。关于烟花爆竹的"禁"与"放"西安没有选择一禁了之，而是划分了限制燃放区域及时段，且由政府组织焰火集中燃放。谁都知道，"禁改限"对城市管理提出了更高要求。面对群众呼声与城市管理要求，西安努力在各方诉求之间找到"最大公约数"。事实证明，在绚丽宏大的烟花、欢腾热闹的现场、流光溢彩的科技、火树银花的浪漫背后，看到了烟花炸开那一刻传递给人们的欢乐，看到了西安城市管理水平在经历大考后的大提升；看到了西安历史、文旅、现代化交织的城市形象，看到了西安城市的实力与魅力以及未来潜力。让数千万乃至上亿人因此爱上了西安，爱上了这座城。似乎正如丘吉尔所言：能看得到多久的历史，就能看得到多远的未来。

复杂的城市管理尚能如此人性化，在情与理中找到环保安全和尊重民俗之间的平衡，而对于我们，找到应试教育与素质教育的平衡，把握"减负提质"的支点，就是我们教育人义不容辞的责任与担当。

新的学期，未央教育第一期校长论坛的主题是"如何提升公众满意度"，提高办学质量是提升公众满意度的不二法则。无论生活还是工作，都应"梯次循进，螺旋上升"，正如习近平总书记所言："讲好中国故事，讲好自己的故事，但决不能重复昨天的故事。"让生命在"日新"中成长，让生活在"日进"中绽放；让工作在"最大公约数"中精进；让"群众满意度"在急家长所急、想家长所想的"服务"中提升。

2023 年 2 月 12 日

二十三、好雨知时节，当春乃发生

春天到，冰雪融，雨水至。霏霏细雨，润泽天地。春天正带着对万物的爱意，温柔地临近。

1. 争分夺秒，基本功大赛

基本功大赛是校园本周最亮丽的风景，独具匠心的方案设计，临阵磨枪的全员参与，全情投入的现场绘画，行政人员的答题命制，即兴有序的思维答辩……无论是学校文化、办学理念，还是课标学习、常规管理，或结合教学，或结合班务，或结合教研，或结合自身，或结合学校实际，有理有据、引经据典，妙趣横生，彰显教育智慧，凸显教育情怀，无疑是玄小教师教育理念与综合素养的一场至美盛宴。沉浸于教师精彩答辩与风格迥异简笔画的同时，粉笔字与钢笔字的整体习练提升，是未来日常教育教学的必修课。特别是自己，粉笔字与钢笔字判若两人，遗憾自己没把当初在师范的绘画、习字、乐器等坚持下来，深谙"熟能生巧，巧能生慧"的真谛。不过亡羊补牢，犹未为晚。大家互相监督，践行"提笔即练字"，努力让钢笔字、粉笔字在"拳不离手，曲不离口"的习练中提升。

2. 言简意赅，数学常态课

周一随机走进李淼老师与善思五班《分草莓》的数学课堂，本课是上节有余数除法的延伸（数字变大）。李淼以旧知识复习检测引入新课，让学生自主探究，充分发挥学生已有基本知识与生活经验，培养学生迁移推理能力，积极利用小学生好奇、好探究、好秩序、好合作特点，组织学生自主、合作、探究学习，教师适时点拨、精讲补讲。教学重点"有余数除法方法与算理"，教学难点"试商"，在教师启发引导、学生实践中，方法的掌握、算理的理解如春风化雨、水到渠成。学生的科学精神、探究习惯以及用数学的眼光观察问题、用数学的思维思考问题、用数学的语言表达问题等素养在潜移默化中日渐涵养。

3. 信息素养，数字化校园

上周在王娜和飞奔的帮助下，我学着用希沃白板 5 上课现场拍照上传功能，本周深入了解学习，看到了希沃白板 5 诸多信息化助教助研功能，寻找到学校智慧校园的突破口，看到淑婷给学生做的"兑换卡"，看到 16 位教师常态使用，看到学校累计云点评 138267 次，看到学校超过全省 83％学校，看到教师提升信息化水平互相学习的巨大潜力。特别是 ChatGPT 的出现，教师团队信息化素养与学校数据库的建立势在必行。

4. 校长论坛，提升公众满意度

周六"提升公众满意度"校长论坛，一如既往的肃静、延时，改变以往的旧调重弹，看到了未央校长针对学校文化建设、课程建设、提升质量的深度思考，未央区组织部部长对公众满意度测评的深入解读，李局长对全区教育质量提升的擘画，教育局新成立"五育并举发展中心、学生健康数据发展中心"的初衷，未央教育发轫于内，发力于外。

春意浓，春光好，春风妙。愿我们牢记一年之计在于春的热烈期盼，把握最是一年春好处的美好光景，从现在开始，围绕"提升公众满意度"，以学生健康成长为中心，以提升家长满意度为主旨，持守"假如我是孩子，假如是我的孩子"出发点，持久做好"五项工程"（校园文化建设，教师队伍赋能，教学质量提升，课程体系构建，学生评价体系），汇聚星星之光，一起照亮未央教育的未来！

2023 年 2 月 19 日

二十四、研精覃思教科研，行远自迩提质量

著名教育家苏霍姆林斯基曾说："如果你想让教师的劳动能够给教师带来乐趣，使天天上课不至于变成一种单调乏味的义务，那你就应当引导每一位教师走上从事研究的这条幸福的道路上来。"实践证明，引领教师走上幸福的科研之路，是实现"科研强师、科研兴教、科研名校"办学目标的科学良方。

1. 学校教科研的意蕴

学校教科研以学校发展为本，用先进的教育思想武装教师，唤醒教师内在探究需要。通过研究学校发展实际问题，把教育变成自我成长的过程，精神享受的过程，克服职业倦怠，使学习研究成为教师的一种职业方式，使教育科研成为教师的一种生命状态，提升教师专业素养，提高学校教育质量。

"双减"政策和课后延时服务对教师专业素养要求更高，要求用教师的"增效能"实现学生的"减负担"。学校采取四导向（目标导向、问题导向、成长导向、责任导向）三结合（自主管理＋制度管理相结合，自上而下＋自下而上相结合，自主成长＋团队协同相结合）与"弹性上下班"管理，给予教师更多空间、更多时间、更多思考、更多自主……激发教师科研热情，让成长和发展成为教师的精神需求。

2. 学校教科研的切入点与做法

问题真实存在、经常发生、客观呈现，校园文化、课程建设、课题研究、课堂提质、教研活动、常规管理等都是教师教科研的切入点与发力点。

（1）校园文化为教科研立魂。

"德玄武备"核心价值观的"乘思维翅膀，助生命成长"的"思维教育"，

既是教育目标，承载对师生的期望与要求，又是教育过程，体现对师生的教育与滋养，更是教育哲学，诠释玄小教育人的教育价值与追求。以"生而不有，为而不恃，长而不宰"因材施教、顺天致性培育学生，以"人格高尚、专业精湛、学养深厚、博爱慧智"培养"有理想、有本领、有担当"时代新人。管理团队与教

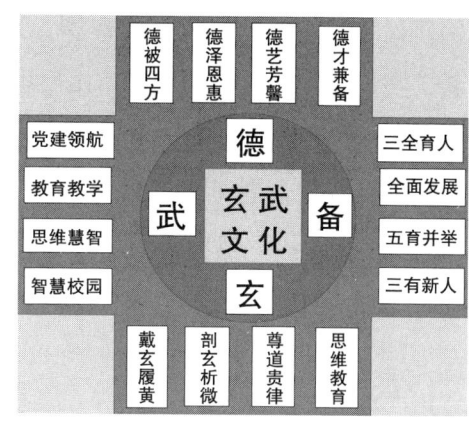

师深入理解"玄武文化"体系结构图，翻阅经典、寻找渊源、切磋琢磨，使学校文化流经每位教师的血液，穿越每位教师的足迹，渗透每位教师的思想深处，让文化教研成为学校教研文化的灵魂。

（2）课程建设为教科研立脉。

学校构建"154"课程体系。"1"是国家课程全学科；"5"是校本课程"慧德、慧智、慧体、慧美、慧技"五大领域；"4"是校本课程五大领域下的"特色类、社团类、活动类、专题类"课程体系，融合思维教育，以课堂育能力，以课程提素养，以实践塑品质，为教师教科研提供广阔的空间与丰富的资源，特别是国家课程校本化，各学科教研组都围绕学科特点带领全体教师进行有效的尝试与研究。

（3）课题研究为教科研立骨。

问题即课题，教学即研究，成长即成果。学校扎实开展校级、区级、市级、省级课题研究，从课题的申报、立项、研究、结题，全程跟踪，阶段交流，教师教学有引领、研究有时效。全校承担课题研究共 21 项，其中省级规划课题 3 个、市级规划课题 4 个、区级小课题 6 个、校级小课题 8 个，教师课题参与率 100％。

（4）教研活动为教科研立基。

潜心解决日常教学中的实际问题，让研究学习成为教师的工作习惯。每周教研活动针对课堂教学、作业设计、课标学习、学生活动、读书分享、课

例研讨、校本课程、家校共育等，开展个性化、差异化、梯队化融入和创新，实现日常切磋协同成长。用反思眼光审视教学，用深思远虑撰写得思、论文，每年 2 万余字的"一周得思"与论文，不仅提高教师理论水平，在总结反思过程中，教学行为更加规范，教学策略更具实效，教学质量更有保障。扎实有效的教科研活动，让教师的科研意识、科研智慧、科研能力在活动中磨炼、生成、积淀。

（5）专家引领为教科研立根。

专家引领能让教师领略到"登泰山而小天下"，做到"站在巨人的肩膀上"。走出去、请进来，让教师与名师对话，零距离与专家切磋，拓展教师研究的视野与格局。学校先后邀请胡卫平、李霞、马俊华、王晓纲、于红梅等各级专家、名师莅临学校指导课题研究与思维好课堂培训研讨。全体班主任参加全国种子杯班主任研训。有高度、有广度、有深度的专家指导，看到了教师研究的热情，看到了教师研究的智慧，看到了教师研究的能量。教师在参与课题研究、管理智慧、课堂实践、教学反思、专业写作等教育实践中不断超越自我，一步步向专家型、研究型、教育家型教师迈进。

3. 学校教科研设想与期待

加强科研管理，让管理成为教育科研的保障。尤其要加强课题的管理，学校自上而下形成教科研管理网络，各级课题落实到人，做到项项有人抓，时时有人问，使科研管理更规范、更有效。当教科研使更多教师成为"常思考的教育者""有课题的实践者"，使学校成为"有硬核竞争力""有特色的品牌名校"，教育科研便找到了它的价值，"心流"成为教师常态，幸福便成为"修饰语"；"高质量教育，高满意度民众"如影随形。因此，引领教师走幸福的教育科研之路，是校长义不容辞的责任，是学校提高教育质量的至臻利器，更是"办人民满意教育，建设教育强区"最强劲旋律。

2023 年 2 月 26 日

二十五、快乐与健康

1. 节日演出，快乐你我

为调节日复一日的繁忙工作，缓解师生琐碎的日常教学，激发"学生虐我千百遍，我待学生如初恋"的教育机智。工会精心策划的"人间最美三月天，巾帼携手绽芳华"庆祝三八节活动，各教研组忙里偷闲排练的节目，着实突破了我的情感阈值，惊艳于玄小教师的智慧与才华，没有老师创意不到，只有自己考虑不周。

看着一个小时的庆祝演出，能想象到老师们从节目的选取、排练，道具的准备，内容的推敲，队形的编排等的不易，每一个节目都耐人寻味，给人快乐，让人开心。

综合组的舞蹈串烧《踏浪》，活力四射、激情飞扬，璀璨的灯光，欢快的乐曲，灵动的舞姿，热烈奔放，舞出了玄小的活力与魅力；音乐组、美术组、体育组的新颖节目和表演潜力折射出玄小的实力与未来。

善思级语文组与学生一起精彩呈现的手势舞《有你就幸福》，其中的台词"我想，你是花吧；我想，你是太阳吧，你能治愈人心，带给人幸福……"说明老师们心中时刻有学生，既唱出了玄小师生内心的共鸣，也展现了充满爱意的玄小大家庭的主旋律。因为有了每一个人的默默奉献和辛苦付出，才有彼此的甜美幸福。

铿锵三人英语组妙趣横生的《百变英语》，巧妙诠释中国传统文化（方言）与中国走向世界以及让世界走进中国的国际国内现状，让人充分感受到学好英语的重要性。栩栩如生的画面，绘声绘色的表演，恰如其分的PPT解释，声情并茂的演绎，无不彰显英语组教学水平与表演才能的实力担当。

学思级语文组《心田上的百合花》朗诵，映射"会飞的学思级"近一年的心路历程，学生犹如一株株小小的野百合，一个个小小的"心灵"，老师为了心中那个美好的愿望——二百多名学思级慧智娃早日遵规守纪，茁壮成长，即使遇见个别"顽劣至极"的学生，也要"爱心呼唤、谆谆教诲"，让孩子们如盛开的百合般闪耀生命光辉，散发醉人的芬芳。激励玄小全体教师要胸怀使命，坚定信念，实现自己的人生价值。

乐思级语文组诙谐幽默的《我爱上班》，"我爱上班，上班使我进步；我爱上班，上班使我致富；我爱上班，上班使我快乐……"沉迷上班、无法自拔中，有快乐，有讽刺，有自由，有信任，有坦诚……或许这就是独一无二的玄小氛围，热爱生活，幸福工作，展现自我，快乐你我。谁的创意无限带给大家无尽的快乐？

数学组的合唱《爱》，给幸福，给甜蜜，用点点星光表达爱是永恒，爱是快乐，爱是积极向上的生活态度。轻快动听的歌声唱出了玄小人博爱慧智的教育哲学，点点星光，丝丝爱心，唤醒每一位玄小人对教育的追求，对生活的热爱，对家人同伴的热爱。

2. 健康四大基石——心情、饮食、睡眠、运动

（1）乐观心情。

人不能样样顺利，但可以事事尽心；不能左右天气，可以改变心情；不能选择容貌，可以展现笑容；不能预知明天，可以用好今天。所有这些的关键就是积极主动地调整自己的心态。遇到危机时我们要看到危机后面的转机；遇到压力时要看到压力后面的动力；遇到挫折时要看到挫折后面的成长；遇到成功时要看到成功后面的失败。

（2）均衡饮食。

吃当地、当季的食物，五谷为养、五果为助，五畜为益、五菜为充。

（3）充足睡眠。

上：上床时间要固定。下：起床时间要固定。动：每天要运动一小时。静：睡前尽量安静。数羊不如数呼吸。

（4）适度运动。

有氧运动，运动比不动好，室外比室内好。慢跑、跳绳，健美操，瑜伽……特别是春季，万物生发的季节，运动到微出汗，效果最佳。

我们要以自身健康为己任，合理膳食，充足睡眠，适量运动，良好心态，善待友情，善待同事，善待工作，与天地相参，与日月相伴，健康快乐每一天！

2023 年 3 月 12 日

二十六、厚植健康校园，奠基幸福人生

未央区教育局第三期校长论坛"推进健康校园建设，赋能学生健康成长"昨天如期举行，专家报告、学校分享、局长讲话无不传递健康校园的举足轻重。陕西银海精微眼科医院有限公司西安未央银海精微眼科门诊部医师呼延建辉通过人生物性成长过程中生长发育、认知发育、生殖发育间的互相关系，从本质上阐述了当下青少年近视率、肥胖率、未婚率、不育率、同性恋率等偏高现象的原因。教育局局长所作的有关学校健康教育、健康体系、健康逻辑"命题作文"，让"健康校园"成为学校领导和教师必须思考的关键词。

1. 健康意蕴

健，有力有气，肌肉饱满，体格健壮。康，古代汉语对道路的描述，一条道称"一，一以贯之"，两条道称"歧，有了分歧，歧路亡羊"，三条道称"三岔口"，四条道称"衢"，五条道称"康"，六条道称"庄"。健康的人不仅有力有气，而且身体经络或脉络四通八达。

2. 健康守护

（1）视力守护：守护孩子眼睛就是守护孩子的心灵，教育学生均衡饮食，控制肉、蛋、奶的摄入，每天看书写字提醒"一拳、一尺、一寸，头正、肩平、足安"的同时，随时矫正；增加学生户外运动；不用台灯，多看教室的绿植与远处；定期为学生进行视力检测，同时做好检测结果的分析与反馈。

（2）加强锻炼：上好体健课、体育课，把教会学生如何吃东西、如何学习作为体健课的达成目标；把学生是否出汗作为体育课的达成目标；把《第九套广播体操》《向快乐出发》《快乐崇拜》《光明向未来》的轮换训练到有序更替作为百变大课间的达成目标。将跳绳、跑步、足球、篮球、乒乓球、羽毛球等体育项目，从教会到勤练，再到常赛，让每天无体育不课间、无体育不教育、无体育不快乐成为学生一日上学的达成目标。

（3）户外课外活动：持续改进周三户外活动日，从组织优化到内容创新，让学生、教师劳逸结合。上周三大课间《快乐崇拜》师生锻炼学习，微出汗刚刚好。学生课外的竖笛练习是健康成长最鲜亮的底色，不但提升手指灵活度、肺活量，还可以培养学生的耐心、毅力和专注力。帮助学生提高手眼协调能力。当孩子能够演奏出一首乐曲时会感到非常骄傲，这种成就感有助于提高孩子的自信心。同时，学习吹竖笛还能帮助孩子放松心情，消除压力。

（4）卫生保健：加强校园环境卫生、传染病防控、食品安全与饮用水卫生安全、病媒生物防制等是健康校园的底线；常态化养成干净整洁的卫生习惯是身体健康的保障。恰逢国家卫生城市第四轮复审，加强学校卫生工作既是日常卫生工作的细化落实，更是迎接国家卫生城市第四轮复审的具体行动。

（5）教师健康：身心不健康的老师无法培育出身心健康的学生，只有健康的教师，才会培育健康的学生。每周得思让心灵与文字对白，让工作情绪在文字书写整理中抒发，在欣赏同伴的灵魂告白中调节自己的情绪。在与学生共同的大课间与户外活动中增强肌肉多巴胺，周四教师会前，五分钟健身操或理疗操，体育组把《踏浪》的舞蹈串烧进行改编，增加肩颈活动，全体教师站起来运动后再开会应该是不错的选择。丰富教师文化生活，增加教师职业幸福感。

3. 健康校园

健康校园，全体师生四肢健壮，精气神饱满，向上向善；学校常规运转政令畅通，上下同心；筑牢健康教育根基，形成健康理念、健康认知、健康情绪、健康生活、健康学习、健康工作体系，以健康的校园文化，引领健康的教师队伍，培育健康的慧智少年，厚植健康校园沃土，赋能学生健康成长，助力教师幸福生活。

2023 年 3 月 19 日

二十七、教育文化引领学校教育高质量发展

校园文化是学校的精神家园与精神支柱，是学校教育活动的文化内涵与基础支撑，也是学校发展的根本动力与不竭源泉。

1. 文化自觉，探寻文化根脉

未央区玄武路小学位于汉城湖畔，未央宫旁，朱宏路立交东隅。这里，是历史与现代的交融，在西汉 200 多年中，这里是全国的政治、经济和文化中心。这里，是古丝绸之路起点、发源地、决策地，有"东长安，西罗马"的美誉。与古罗马城并称的世界上最早的国际化大都市。汉长安城遗址本身不仅是中华传统文化长期积淀、升华的产物，而且与中国古代的哲学思想、宗教观念、政治制度、经济发展水平以及文化艺术、建筑技术等都有着密不可分的联系。张骞先后两次从这里出发，凿通"丝绸之路"，打开了中外通商和大范围国际交往的大门，使长安成为国际性大都市。这些为学校文化内涵提供了丰厚的历史积淀，成为学校文化建设弥足珍贵的精神源泉。

2. 文化自信，触摸文化高度

学校文化以"德玄武备"为办学核心价值观，旨在为学生未来人生奠基。道德经第十章"生而不有，为而不恃，长而不宰"是谓"玄德"；习近平总书记寄语青少年"有理想、有本领、有担当"乃为玄小"武备"；这也正是 2022 版课程标准所有学科的培养目标。"德玄武备"核心教育理念是

"乘思维翅膀，助生命腾飞"的"思维 DNA"，它既是教育目标，承载对师生的期望与要求；又是教育过程，体现对师生的教育与滋养；更是教育哲学，诠释玄小教育思想的价值与追求。

学校层面：以"生而不有，为而不恃，长而不宰"的视域把方向、抓班子、带队伍，影响管理团队，培养教师队伍达人成己；以"五育并举、立德树人"为党育人、为国育才。

教师层面：以"生而不有，为而不恃，长而不宰"的思想因材施教、顺天致性唤醒学生的求知兴趣和进取心，保护学生的好奇心、探索欲使其多元共生。适性扬才；以"精湛专业、深厚学养、博爱慧智"启智润心、培根铸魂。

学生层面：以"志存高远，思维慧智，习惯聚成"向上向善，慎思慎为；以具有"聪明的脑，健康的身，善良的心"健康成长，全面发展。

3. 文化自强，感受文化力量

学校课程体系立足"玄德武备"核心价值，基于"乘思维翅膀，助生命成长"教育理念，构建"154"课程体系。"1"是国家课程全学科；"5"是校本课程"慧德、慧智、慧体、慧美、慧技"五大领域；"4"是校本课程五大领域下的"特色类、社团类、活动类、专题类"四类课程体系，落实"国家—地方—校本"三级课程，全面贯彻党的教育方针，融合思维教育，以课堂育能力，以课程提素养，以实践塑品质，培养有理想、有本领、有担当的时代新人。

4. 文化自立，觉知文化温度

新时代党的教育方针指出：教育必须为社会主义现代化建设服务、为人民服务，必须与生产劳动和社会实践相结合，培养德智体美劳全面发展的社会主义建设者和接班人。

（1）让学生走出校园，在做事中学习，发挥实践育人功能。

学校建立校外实践基地，与西安博物院、汉城湖公园牵手延伸文化教育新课堂，立足未央历史根源，探寻博物院资源、汉城湖资源与校园文化融合点。让文物和文化成为馆校共建的源泉，让教师、学生了解西安历史脉络，探寻未央历史发展，建立学习实践基地。

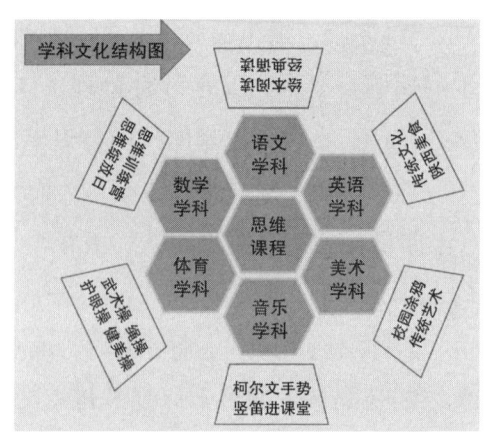

汉城湖景区"大风阁"《大汉天城》设有汉代服饰、汉代军事、汉代帝王、汉代典故等图片和实物展示；天汉雄风浮雕通过文景之治、张骞出使、班超安边、昭君出塞、苏武牧羊、漠北之战等一系列耳熟能详的典故，展现两汉400多年在政治、经济、文化、科技等方面的璀璨成就，为学校国家课程的校本化实施提供了丰富资源，为创新和落实"五育并举"馆校融合提供了有效途径。

（2）努力高水平实施"因材施教"，为学生未来做准备。

教师根据学生个体差异和学习情况采取符合其个性发展的教育教学方式，使每个学生获得更好的发展和进步。有教无类是平等性公平，因材施教是差异性高层次公平。用大爱与智慧实现因材施教。首先，充分尊重差异，让每个孩子自由适性，健康全面发展；其次，承认学生差异，研究学生在认知、生活等方面的差异；再次，给孩子充分的选择权，了解每个孩子的家庭背景、兴趣爱好，采取不同方式进行差异化教育教学。

德鲁克说："文化可以把战略像早餐一样吃掉。"因此，校园文化构建基于学校顶层设计，全体师生共同构建与践行，以文启人，以文化人，以文育人，让师生在文化的浸润中教书育人、教学相长，在高水平因材施教中共同成长，促进教育差异性高公平、高质量发展。

2023年3月26日

二十八、回望四月，迎接五月

四月，思维课堂评优，学生首次研学，日常习惯养成，合唱、舞蹈、朗诵、课本剧、古筝五个社团参加区艺术节展演，读书月活动启动，运动会的筹备，课题展示与推进，社团的管理与优化，信息化智慧校园创建，教育局各类会议与培训，各种评比与通报，北师大珠海校区一周沉浸学习……四月倏忽划过，在调配与平衡中，在耕耘与忙碌中，在收获与启示中，回望四月，怎一个忙？怎一个思？怎一个获？

五月已扑面而来。

西安市智慧校园创建：提交申请表、创建方案、自评表，邀请荆老师进行集体备课与掌上看班等培训，提升教师信息化能力与校园信息化水平，真正以创促建，以创促优，以创提升学校信息数字化水平。

全区青年教师大赛，根据学校开学初基本功大赛与思维好课堂遴选教师参加区级教师基本功大赛，以赛促训，以赛促优，以赛提升教师队伍整体素质。

学校运动会（体育文化节），从四月推延至五月，让学生更有参与感、体验感，让体育锻炼真正成为师生的爱好，让活动提升教师组织能力与统筹能力，以活动细节培育学生，以活动参与成长学生。

召开家长会，推进家校共育，学校文化、办学理念等与家长充分沟通，学生日常教育教学的反馈，期中阶段性评价结果反馈，学校读书活动的深入落实，经典诗词、绘本阅读、整本书阅读等各班早读、慧智课、语文课前三分钟、早操、放学路途的细化落实，真正让书香溢满校园，让经典浸润师生。

校级评优课，小葵花义卖，地震逃生演练，一年级入队，六一节庆祝……五月，依然充实丰盈，安全第一，做好常规、构建文化、创建特色、教学主线，活动拓展，群策群力，拔节向上，更多期待，更高要求。

2023 年 5 月 3 日

二十九、平日之功方久远

期待与关切中，未央区小学生艺术展演成绩揭晓，学校英语戏剧《司马光砸缸》喜获一等奖，参演的合唱、朗诵荣获二等奖，舞蹈和古筝荣获三等奖；篮球社团周末参加联赛荣获团体二等奖。满枝硕果源于老师、学生平日的勤奋集训与全情投入，源于家长的鼎力支持与积极配合，更源于两年来社团的持之以恒，特别是英语戏剧荣获一等奖，离不开每一节高质量的英语课，离不开英语组长年累月的精益求精，离不开比赛前三位英语老师带病坚持，带头示范，群策群力……学生的精彩表演有力诠释了"功到自然成"与"若想做事，年龄不是问题"。

在持续的习惯养成跟踪与检查评比中，学生良好行为习惯日渐向好，早上8点前，学思级（一年级）学生都主动进教室早读、打扫卫生，学思六班的心愿墙，学思二班的调解信、反思信，无不体现教师在培养学生良好纪律、卫生、学习习惯的各自良方。乐思五班（三年级五班）、乐思六班（三年级六班）教室的桌凳排列得横平竖直，整齐美观，无声的教育给人力量、给人愉悦。优美的环境、良好的习惯熏陶影响着学生，使其受益终身。午托时间，习作、看书、绘画、休息的学生越来越多，托管老师也在极力改进、妥善组织，让学生做手指操；学生随时清扫教室、清理垃圾桶、离开座位推

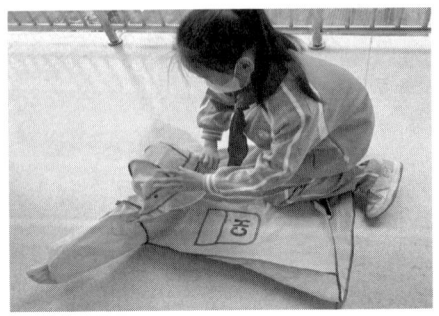

椅子，进教室前叠好雨衣……或许这才是教育的强劲底色，阅读、运动、清洁卫生等良好习惯需要持之以恒的提醒、监督、习得，同学们良好习惯养成的背后是老师坚持不懈的谆谆教诲与智慧引导，"掌上看班，远程喊话"管理方式的介入，班主任真的在校时间把学生当作"挂件"随时呵护。期待"爱心与责任铸成教师的至善，能力与习惯构成学生的素养"成为玄小师生的独特的魅力标签。

智慧校园的创建，教师信息化素养的提升与创新，"集体备课""班级优化大师的使用""网络教研""校园直播"等功能的集体探索与沉潜研究，希望在未来社会的竞争中，在 ChatGPT 的逐渐生活化后，玄小教师有更强的反脆弱能力，有核心的硬核竞争力。

——最大的才华是什么？

现在有不少人总是嫌自己生下来不够漂亮、不够聪明，嫌父母不够有钱。这是速成心理的极端体现。绝大多数人都普通，长相普通，智商普通，家境普通。普通人如果被速成心理控制，就会倾向于相信不劳而获，梦想天上掉馅饼，一生都会很痛苦。孔夫子说自己很普通，十家人里，必有资质和他一样的，只是，他更好学而已。

学习学习，学要靠习，把好知识、好方法不停地重复实践，即为习。得到好知识、好方法不难，就像得到一本好书一样容易，难的是坚持不懈地实践，难的是耐心把一本好书读完消化。所以，《论语》第一句就是"学而时习之，不亦说乎？"从人的本性来看，是学不悦，习更不悦。从不悦到悦的跨越，就是战胜了人性，变得好学。人生最重要的事，是得到了"习之悦"，知道了坚持不懈的重要性。

不好学，无法坚持，聪明人会变笨。好学，坚持不懈，普通人将有才华。容颜易衰老，财富会流失。而对于学习而言，坚持不懈，完全在自己，他人剥夺不了。你的才华，你的命运，最终是由你自己决定的。

2023 年 5 月 13 日

三十、学而时习之

1. 用心创意早读

善思五班的早读很早就形式多样，周二巡班到乐思五班，就和李九虎老师又交流了早读，建议把学生分组，分派任务互相检测，室内室外多样形式，满足学生新鲜感和好奇心。培养孩子合作精神和责任意识。没想到第二天早上，乐思五班 8 点钟教室内外学生三五成组，情绪饱满，书声琅琅。无独有偶，周四到学思一班，同学们不受限于座位，教室前后，座位通道，有座有站，或站或蹲，领读齐读，自读跟读，兴奋不已，不亦乐乎。早晨学校最亮丽的风景莫过于此，变换教学形式与内容，是教师的艺术，更是教育的支点。

2. 忙中挤时模拟

教师的成长是学校工作的一个重要方面，宋飞奔、李九虎、孙惠敏、雷瑞林四人从西航三校名校＋青年赛教中脱颖而出，20 日参加区级青教赛，既是机会又是挑战，为了助力四位教师既提升能力又取得成绩，周五下午2：00—5：00，严格按照比赛规则现场抽课、备课、上课、说课全程模拟，从教材简析、学情分析、教育理念、教学过程、重点难点、目标确立、方法策略等进行细致的模拟与辨析，教师之间的互相学习，比赛常规的理解认识，启示与感悟人皆有之。虽然是"无生无设备"，但在上课与说课心中有学生、行中有资源，体现日常教学的理念与基本功。因此，上课情境的创设，画面感与现场感的带入，视频、微课的运用，学习卡、检测单的使用，课堂检测的反馈，合作交流的生成，质疑答疑的习惯，评价素养的呈现，作业设计的分层，综合实践的渗透……这些理念与内容在上课与说课中充分体现，才是教师综合素养差异的所在，更是基本功大赛评价的支点。

3. 阳光评价研讨

周四上午前往长安区铁一中湖滨学校参加"阳光 136 评价"研讨会，该校教导处杨主任对"阳光 136 评价"体系的产生背景、政策理论、评价理念、涵盖内容、操作形式、六次修改等进行了细致深入的介绍，随后王校长进行了现场答疑互动，使我们对湖滨学校领导班子与教师团队专注钻研与科学管理的敬佩之情油然而生。该评价体系源于实践、用于实践、完善于实践，多元开放灵活，有标准不唯标准，教师们在评价体系的研究实践与运用中，发表各类论文 1000 余篇，感受到与玄小文化的相似之处。构建启动玄小慧智少年评价体系，我们站在巨人的肩膀，做更贴切的评价，启动实施玄小"慧智少年 136"评价体系，对照中国学生发展素养中的"文化基础、自主发展、责任担当"三个方面素养框架的"慧智小博士、慧智小达人、慧智小公民"的素养评价；发挥教育评价牵引作用，更体现评价教育的支点撬动作用。

4. 父亲节小视频

今日恰逢父亲节，早上看到学思一班群学生集体献给爸爸的节日歌谣与每一个孩子给爸爸真挚的话语："父爱如山，温暖如风"小视频，点赞冯骁的精心录制，感动每个孩子的真诚表白，欣赏家长情不自禁的感谢。看似与教育无关的表达，正是家校共育坚实的力量，而赢得家长信赖与尊重的沟通智慧，更是学生成长的德育支点。

无处不教育，爱在随意间。

2023 年 6 月 18 日

三十一、奋楫启航

从放假前的对校舍进行维修商榷到暑假的修缮改造，从新学思级（一年级）的招生到新任教师的配备，从新任教师的理念培训到全体教师的素养精进，从校级家长会的召开到乐思级的整体东移，从校园环境的改善到办公设施设备的基本到位，从学思级的迎新到第一天的开学典礼……无法预测的筹备，顺应变化的协调，无以数计的加班，众多人无尽的努力与付出，新学期终于如约而至，在井然有序中奋楫启航。

1. 爱与责任，自然传递

清楚地记着去年开学第一天，学思级（一年级）的六位班主任中午 1 点还未用餐，六七个新生哭闹乱跑，师生互不相识，当日不断开会调整、修正完善，用爱与责任一个一个一周一周顺利度过。而今年，新生胸牌的标识，一对一手牵手的引导，班主任与搭班老师在教室热情迎接，何俊宁教研组组长的悉心指导，第二节课后，学思级同学在校园里快乐地跳绳，互相交流，成为适应学校生活最好的样态。班主任与搭班老师亲切的笑容，温和的语言，耐心的呵护，细心的陪伴，教导处立足家长关切，站在孩子视角的跟拍与《学思萌新上学记》的公众号推文，把玄小教师爱与责任的 DNA 第一时间传递给家长，成为学校公众号获赞最高的推文。

2. 安全守护，心中有界

在与职校最初的协商中，大家都觉得困难重重，特别是管理难度太大难以实现。最初设计的物理隔离因教学楼施工，师生只能从公用通道经过。无奈之下确定的"隐形双黄线"隔离，是教师安全教育的提示，是学生内心安全意识的隔离。报名时家长的担心疑虑，学生找教室的疑惑，然而经过全体教师的鼎力合作，登辉后勤安保的默默付出，乐思级所有任课教师的理解支持，一日作息两校的细致对接，双方教师的安全培训，第一天出现了让双方学校都感动的场景，我看到职校的同学帮助这边拖一、二层的楼梯（当然尽量协调大同学不走西边楼梯），职校领导看到乐思级同学站在

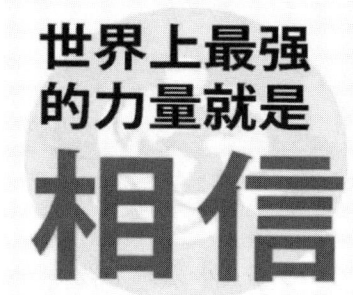

边界线思考而不越界，直夸教师安全教育到位。纵然现在还有些许的安全担忧，正在施工的大楼，大小学生的摩擦，课间的相互礼让，午间休息的环境，等等，我想，在教师的积极引导与严管厚爱中，在两校不断地交流改善中，相信学生会很快适应，问题导向的精进，会在磨合中不断优化，让学校教育的社会化功能在磨合中体现得更深刻。

3. 早读午托，悉心陪伴

良好的开端是成功的一半，第一天早读的书声琅琅，第一次集会有序进退，第一次午托井然有序，第一次课后服务认真讲解，赵锴与段晨阳的第一节课，特别是乐思级六个班的早读、课堂、午托、课后服务……巡楼中，透过窗户看到学生的学习场域，课间活动往返操场的韵律，努力践行着言行有矩，学思无涯。言行间都散发着和谐与力量，学思中都渗透着向上与向善。期待所有老师与学生一起，牢记安全，牢记校训，坚持阅读，坚持运动，让朗朗的读书声响彻校园，让矫健的身影遍布校园。

道路越泥泞，踩踏的印迹越清晰；

峰峦越陡峭，展现的景观越美妙。

满怀希冀，奋楫启航；

玄小家人，共赴未来。

2023 年 9 月 3 日

三十二、成长的力量

2020 年玄小第一个教师节，18 位教师共同发出的铮铮誓言犹在耳边。四季更迭，教师团队从 2021 年的 32 人到 2022 年的 49 人，直至今年 65 人，每一年加入玄小的教育人都秉持对教育事业的热爱，砥砺奋进，笃行不怠。四岁的玄小，阳气旺盛，生命力强大，在青春多元的教育滋养中，学生、教师、家长在学校文化的熏陶下，播种，生根，滋养成长，聆听行政、老师、学生拔节孕穗的心跳，肺腑的能量滋养，感到由衷的开心快乐。

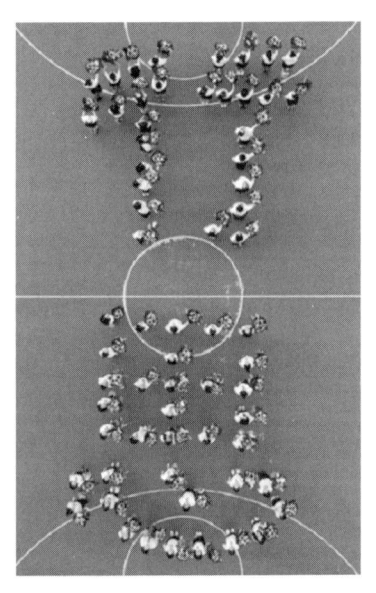

1. 日渐成长的行政班子

学校的安全、教学、教研、常规、迎检、上交资料、后勤保障、特色活动、关系维护、重大活动……不胜枚举，万众瞩目的开学遇上教师节，7 位行政班子分工协作，迎新、报名、开学典礼、教师节，每件事的创意设计、氛围营造、细节对接、人员协调、执行方案、宣传报道、礼品、花束、蛋糕、接待、家长和领导对接，李凡的调控＋落实，宾妍琰的思路创新＋逻辑高效，吕登辉的管理优化＋创新突破，赵丹的多元担当＋带伤坚持，宋飞奔的教研探索＋视频拍剪，杨沛岚的努力协调＋行思编号，王斐的随时补位＋外联应接，周一行政会安排的教师节庆祝表彰会，大家分工协作，每个人都默默付出，玄小特色四

岁教师节华丽落幕。玄小班子不断加强团结协作与责任担当，玄小成长步伐将更稳更快。

2. 快速成长的教师团队

一周得思的撰写，起初是为了提升教师阅读与写作能力，提高管理智慧与教育教学水平，从开始的"输出"倒逼"输入"，从工作群的"自主成长"到"团队互助"，从管理者的"带动引导"到"诱惑逼迫"，多数老师持之以恒，从数量到质量慎终如始。从最初的"无话可写"到"写着删着"，从"记流水账"到"诗情画意"，从"下载参照"到"我手写我心"……不知不觉中锻炼了逻辑能力，提升了表达能力，习得了教育智慧，释放了工作烦恼……一周得思着实成为大家互通业务论坛吧、个人成长的赋能场。

每一年加入的新鲜血液似乎都自然而然地向上向善，沉潜交流。暑期"我们一起走过的故事"分享与昨天教师节的"路漫漫，等一树花开"分享，大家口吐莲花，金句频出，彰显教育智慧。深厚的学养，精湛的业务，博爱的师德，细腻的文笔，精妙的故事，带给人无尽的教育享受；深耕教坛的幸福与智慧，让有灵魂的教育与有温度的学校做到顶天立地。这正应了"潜力是逼出来的，办法是想出来的，能力是练出来的"，看着一本本带着墨香的教育智慧，听着一个个切身感悟的教育箴言，莫名的幸福已充满心田，感谢老师们成长带给我们无尽的能量。

3. 感恩尊师的学生与家长

家长们对教师的真心付出由衷感谢，语言也好，锦旗也罢，都让家长懂得尊敬教师，传递正能量，要使学校教育得到家长更多的理解与支持，特别是年轻化的教师团队，更需要营造尊师重教的良好氛围。好在老师们用日常勤勉的工作、暖心的关照、不厌其烦的交流、爱与责任的守护，赢得了家长对班级和学校的高度认可，家长们发自内心地感谢每一位老师每一天的每一份爱心与付出。学生与家长的成长，让教育的双向奔赴更具效力。

4. 永远成长

曾经以为校长管理就是付出，现在感觉带领团队也是一种收获；曾经以为校长引领教师成长，现在感觉是教师让自己再次成长；曾经以为管理是能量的输出，现在领悟到管理是能量的交换。

真正的管理，永远是相互的，管理学校的过程，也是不断发现自己的过程。

管理，教育，发现，感悟，成长，是生命的能量滋养源泉！

与意气风发、潜力无限的教师们不断学习，不断充实，不断修正，不断完善，不断挑战，一起成长……感受成长的力量，享受成长的幸福，收获成长的人生。

2023 年 9 月 11 日

三十三、校园信息化实践应用探微

互联网＋与信息化社会对教育的冲击与影响前所未有，加快学校信息化建设是学校发展的必由之路。特别是上半年西安市智慧校园的创建，玄武路小学教育教学的信息化在原有希沃常态使用的基础上，有目标、有任务的应用实践探索从 3 月份起，开启了玄小教育人智慧校园的数据探索之旅。

1. 明确目标，常态应用

2023 年 3 月 16 日的教师大会，学校明确智慧校园数字化转型探索，教师们在日常课堂拍照上传、蒙层游戏备课、批改纠错应用的基础上，加强听课、班优、集备、掌上看班、学生评价、资源共享等功能的应用实践，针对教师的备课时长、"班级优化大师"使用，信鸽指数、全省位次等数据的关注与突破，让希沃白板的自然随机使用走向专题研讨、随时跟进的群体使用，敦促全体教师有意识、多维度、深入常态使用，提高对希沃白板 5 项强大功能使用的频率，及时关注数据，定期全校反馈，提升全体教师的信息素养和应用能力。

2. 掌上看班，隔空管理

为了全方位全天候了解各班日常教育教学状态，提升班主任管理班级的时间与效率，充分发挥班主任在班级管理中的核心作用和凝聚力，5 月份开通了希沃日常巡课神器——"掌上看班"，学校可以随时关注每个班的班级实况，班主任可以隔空喊话，发布信息，调控班级学生资源与学习生活状况，有效增强班主任与学生的互动频次，缩短班主任与学生的空间距离。同时提高了班级管理的安全系数，督促学生养成良好的学习生活习惯，目前善思级、乐思级、敏思级的学生早自习前、午托空闲之余，大多数学生养成了

行思教育——培育时代新人的探究与实践

自觉读书与看书的良好习惯。

3. 学习培训，提升素养

为提升教师信息化教学能力，增强团队信息化教研能力，促进信息技术与教育教学融合创新发展，8月24—25日邀请希沃讲师荆鑫茹进行为期一天半"理论＋实操"《把"沃"技术智慧教学》信息化专题培训。用希沃信息技术赋能教学，提升教师的信息化素养，推动智慧课堂的建设，进一步提高课堂教学质量。讲师荆鑫茹通过理论讲解与实际操作相结合的方式，帮助教师们掌握如何利用信息技术优化教学设计、增强课堂互动性、提升学生的学习兴趣和参与度，有效推动信息技术与教育教学的深度融合，助力教师专业成长，为学生提供更加优质的教育资源和服务。

4. 结合实际，加深运用

在书包、铅笔、尺子、英语书等单词的学习与复习中，让学生结合自己的书包与学习用品，指一指、拿一拿，同桌互相问一问、说一说，结合生活实际在教室里找一找，让学生迁移巩固，对关键知识点增加强化次数，切实提高课堂效率，从而落实减负提质。

5. 思考启示，履践致远

（1）备好课是上好课的前提，制定可量化、可操作的学习目标是课堂的靶心，围绕学习目标设计内容与方法是关键，教师备课只有做到心中有数，上课才能有的放矢。

（2）课堂教学是教师"教"与学生"学"的双向奔赴，教师绝不能忽视学生"学"的训练与评价，教师的"一讲到底"有可能是"事倍功半"，而利用好"学生资源"也许能达到"事半功倍"。

94

（3）课堂关键问题与重点环节要让全班学生参与，不能用一两名学生的回答、上台、做题代替全班学生的学习。

（4）学习方式是提高学生学习能力、学习习惯、学习方法、课堂效率的根基与利器，更是尊重教育规律与学生身心发展规律的有效举措。

学习方式训练是磨刀不误砍柴功，要做好"经师"更须做好"人师"；培养学生，启悟学生，训练学生，给学生更多机会；道而弗牵，强而弗抑，开而弗达。

2023 年 9 月 23 日

三十四、加快推进基础教育高质量发展行动方案

根据区委、区政府对教育工作的部署要求和《未央区加快推进基础教育高质量发展行动方案》(未办字〔2023〕38号)精神,使未央教育群众满意度和未央区国家中心城市与首善区区位相适应,结合玄武路小学实际,制定本行动方案。

1. 指导思想

以习近平新时代中国特色社会主义思想为指导,全面贯彻党的教育方针,落实立德树人根本任务,以为党育人、为国育才为根本目标,创建品牌、彰显特色、内涵发展、全面提升,为推进未央基础教育高质量发展,办老百姓家门口的好学校,为建设西安国家中心城市首善区贡献玄小智慧与力量。

2. 目标路径

实现1个目标。办老百姓家门口的好学校,打造"行思教育"高质量内涵的玄武品牌。

实施5大行动。党建引领树品牌,强师提能筑品牌,内涵发展铸品牌,智慧应用靓品牌,协同育人助品牌。

实行8项工程。党建领航工程,内涵发展工程,课堂提质工程,强师提能工程,智慧赋能工程,评价牵引工程,条件改善工程,协同育人工程。

通过落实"158计划",到2025年学校教学班力争达36个,教师近100名。培养"三级三类"骨干教师15人。争创西安市智慧示范校园,陕西省智慧校园示范校。学校"行思教育"品牌初显成效,学校美誉度、综合实力迈进省市前列。

3. 重点举措

（1）"德玄武备，党建铸魂"树立品牌，引领学校高质量发展。

党建领航工程。"生而不有，为而不恃，长而不宰"谓之"玄德"；"有理想，有本领，有担当"乃玄小"武备"；紧扣"党建引领、党聚人才、党员示范、党注活力"工作思路，攻坚克难、笃行不怠，引领学校高质量发展。

（2）"信息素养，强师培优"创建品牌，支撑学校高质量发展。

强师提能工程。强师能，铸师魂，增强理想信念，强化责任担当，内练素质，外塑形象，提升育人能力。构建一支人格高尚、专业精湛、学养深厚、博爱智慧的专业化教师队伍。

（3）"内涵发展，品质提升"铸就品牌，促进学校高质量发展。

内涵发展工程。立足"德玄武备"核心价值，践行"乘思维翅膀，助生命腾飞"教育理念，构建"154"课程体系，融合"行思教育"，以课标定向导航，以课程培根铸魂，以课堂启智增慧，以课题切问近思，以课改打造特色，以实践立德树人。

课堂提质工程。以"习惯＋思维"为主旨，以"学习目标＋自主学习＋互动交流＋应用迁移＋精讲补讲"为样态，构建以学习为中心、以素养为导向的行思课堂，做优"三个课堂"，落实"双减提质"。

（4）"数字校园，智慧应用"擦亮品牌，赋能学校高质量发展。

智慧赋能工程。坚持"应用为王、服务至上、简洁高效、安全运行"原则，加快校园数字环境、数字资源、数字任务、数字交互、数字评价的学习、应用与推广，创建西安市智慧校园，争创陕西省信息化应用示范学校，申请希沃公司应用基地，让智慧校园擦亮"行思教育"品牌。

评价牵引工程。充分发挥评价的引擎功能。学生评价在希沃班优积分评价的基础上，利用劝学评价系统，开展智慧少年"13612"评价，聚焦学生核心素养，千人千面，因材施评，以评导育。

（5）"扩容资源协同育人"助力品牌，助力学校高质量发展。

资源扩容工程。积极落实未央教育"1615"方案资源扩容行动，抓住未央宫区域学校整体规划与改建扩建契机，补足学校学位短板，改善学校校舍环境，到 2025 年，达到学校硬实力过硬、软实力更硬。

协同育人工程。构建学校、家庭、社会协同育人机制，办好家长学校，建好德育基地，落实"双减提质"，坚持五育并举，营造良好教育生态。努力形成教育同向、资源共建、成果共享，家校社协同育人新格局。

4. 保障措施

（1）组织保障，成立领导机构。

组　　长：郑巧贤

副组长：李　凡

成　　员：宾妍琰　吕登辉　赵　丹　宋飞奔　王　斐　杨沛岚

（2）实施保障，加强过程管理。

构建校级宏观顶层设计，中层中观举措执行，教研组与教师微观日常落实机制；制定相关管理制度与考核激励机制，落实干多干少不一样，做好与否不一样，主动被动不一样。

（3）营造环境，科学有效宣传。

积极营造向上向善学校氛围，让大家想干事、能干事、干成事。提升信息宣传人员素养，提高信息宣传质量，让信息宣传全方位、多维度助力"行思教育"品牌高质量发展。

2023 年 10 月 15 日

三十五、数字化赋能智慧校园建设，助推学校高质量发展

党的二十大报告强调加快建设高质量教育体系，教育必须从以规模数量为特征的外延式发展，进入以质量为特征的内涵式发展阶段，信息化是当前学校教育内涵发展的重点和难点。让数字化赋能智慧校园，抢占数字教育发展的"制高点"和"支撑点"，是加快建设高质量教育体系的关键之举。

1. 智慧环境——加强基础设施，构建数字网络空间

玄武路小学于 2020 年 9 月成立，现有 4 个年级、24 个教学班，学生1118 人，教职员工 65 人。学校建筑面积 3800 平方米，拥有综合科技活动室 2 间，数字化图书室 1 间，数字广播系统 1 套，信息技术教室 1 间，录播教室 1 间，多功能会议室 1 间，音乐/舞蹈教室 1 间，学校体育活动场地面积 3500 平米。学校以"习惯＋思维"为育人主旨，以"互联网＋教育"为育人特色，以做有灵魂的教育、办有温度的学校为目标。

办学伊始，学校依托多媒体教学设备，在线备授课软件、电子班牌、教学数据分析系统、设备集中管控系统等实现物理学习空间和虚拟网络学习空间衔接和融合，并充分运用已有的 24 个教室达到多媒体教学终端全覆盖，实现数字化教学、信息化备课、远程巡课、学生在线评价、集体备课、线上听评课等教学研业务的全员参与；接入 100M 光纤有线网络，每位教师配备电脑，学校教学、活动和办公场所无线网络全覆盖，支持教师学生移动信息化学习办公。学校设有多功能录播设备、创客教室、微机教室、校园大屏、校园广播、音乐舞蹈等综合空间。

2. 教学资源——探索共建共享，丰富行思课程资源

学校依托数字化备授课系统，构建语文、数学、英语、体育、音乐、美

术、思维等 4 个年级 7 个学科校本资源库课件 386 件，教案 24 份，多媒体 147 件；教师自己创建、互相使用，备课、上课、评价常态化使用。教师之间优质课件、教案共享，同时与校外教师形成良好的优质资源共享互通机制，并学习使用国家中小学智慧教育公共服务平台，让最优的课件、最先进的理念实现最大共享。

学校依托云盘应用构建起校本资源库，帮助教师持续积累教学经验，留存优质教学资源和成果。教师可将自己的课件上传到校本资源库中，学校其他老师可进行浏览下载，并结合各班具体学情，制作出适应各班教学进度及学情的教学课件，全面提升全校教师整体竞争力。

3. 智慧教学——实现常态应用，赋能教育减负提质

建校以来，全校教师秉持"应用为王、服务至上、简洁高效、安全运行"的原则，将配备的多媒体教学设备常态化应用在课堂中，让信息化工具充分赋能行思课堂。

（1）教学理念。以"以思启慧，以行立身"为课堂主旨，以"学习目标＋自主学习＋互动交流＋精讲补讲＋应用迁移"5 环节＋"大问题＋学习单"2 主线为课堂样态，构建以学习为中心、以素养为导向的行思课堂，做优"三个课堂"，落实"双减提质"。制定学校行思课堂观测点，在智慧教育理念指导下，实现信息技术与教育教学深度融合；做有灵魂的教育，办有温度的学校。

（2）教学服务。学校教师平均年龄 32 岁，理念新，接受信息化教育教学能力强。一是日常教学、主题班会、作业批改，网络直播、云端批改、云端评价、线上线下常态化使用；二是常态化开展网络教研，集体备课，听课评课；三是积极参与市级信息化课题研究；四是参加各项信息化赛事。

（3）学习服务。学生综合素质评价系统根据学生日常学习生活、教师在各类课堂教学场景，如课间操、午休、眼保健操、体育课、课外活动等进行学生行为评价。评价的维度与分值根据学校育人导向设定，教师根据不同情况选择对应标签点评学生。评价引进游戏化"荣誉机制"促进学生的正向表现欲。学生评价包括个人评价、小组评价、文字点评等，点评后自动生成学

一级指标	二级指标	三级指标	四级指标
慧智好少年（全面发展的人）	慧智小博士（文化基础）	人文之星（人文底蕴）	阅读与表达
			艺术与表现
		科学之星（科学精神）	合作与探究
			分析与质疑
	慧智小达人（自主发展）	学习之星（学会学习）	乐学与善思
			总结与反思
		生活之星（健康生活）	自主与管理
			生命与运动
	慧智小公民（社会参与）	责任担当之星（责任担当）	道德与责任
			集体与荣誉
		实践创新之星（实践创新）	劳动与创造
			实践与运用

生个体评价档案。系统根据核心素养"13612"体系，聚焦学生核心素养，生成学生动态数据画像，千人千面，因材施评，有效支持教师开展差异化教学、精细化管理和全过程评价；同时教师在校内点评学生的数据实时同步传给家长，实现育人情况的家校互通，促进以评导育。

（4）教学应用。学校引入智慧化教学应用，通过课堂连接教师与学生，支撑师生间产生的知识流、应用流、数据流，为教师提供智慧备授课平台，支撑和优化"以学生为中心"教学开展，根据学生的兴趣爱好，有针对性地设计教学环节，调动学生参与积极性的同时，提高教学效率，并完整采集教学数据。目前，教师、家长、学生参与率均达 100%。日常教学应用包含备课系统、微课制作系统、直播教学系统、移动授课系统、校本资源系统、数字评价系统、空中教研系统、听评课系统等。学校信鸽指数从 3 月份的 82 上升至 216，学校雷达图从三角形提升为四边形。

4. 智能治理——关注数字变化，提高教育管理效能

（1）教学评价。改变对学生以考试为主要手段和教师为单一评价者的"结果性评价"：一是发挥班优便捷、多元、自创的随时积分评价功能；二是结合学校办学理念，根据学生核心素养"13618"改进的慧智少年争章晋级，实施过程性、多元化综合素质评价。利用希沃大数据技术评价教师的备课、课件制作、教学水平、教研水平、信息化使用水平、教学工作绩效，实现对

教师教学工作的常态化督导。

（2）校务管理。教室管理、微信群、QQ 群等方便家校联通，一键报警系统覆盖学校重点区域，校园摄像头全覆盖，学生出入控制、访客管理、紧急广播与疏散等统一管理与控制，与公安部门安全防范系统互联互通。掌上看班，以信息化手段改造和优化校务管理。推进教务管理、教学系统、安防系统、人事管理、学籍管理、财务和后勤管理智能化。逐步实现多平台网络统一身份认证，实现各部门协同工作和交流。

5. 条件保障——提升全员素养，智慧赋能行思品牌

（1）队伍建设。成立校长牵头的学校网络安全与信息化工作领导小组和工作小组，建立工作机制，设置学校信息化建设办公室。校长先后到杭州、深圳参加信息化领导力培训，提升信息化管理能力；每年邀请专业的信息化培训团队到学校进行信息化专项培训，采取自主研修与集体培训相结合，引进常态化的教师信息化技能提升培训，希沃平台保证教师利用碎片化时间充分提升自己，使教师整体的信息素养达到较高水平。

（2）资金保障。落实国家关于生均公用经费可用于购买信息化资源和服务的政策，建立信息化资源更新和设备日常运维资金保障机制，建立教育信息化建设、运维和管理制度，建立推进信息技术与教育教学、管理融合创新的激励制度。

（3）安全保障。建立网络信息安全保障制度，配备网络安全设备和网络安全系统，实现网络应用的"可管、可控、可用"，确保网络安全和信息安全。

6. 今后设想——深化数字技术赋能，助推学校高质量发展

信息技术与教育教学深度融合是学校教育的必由之路，构建"常态应用＋数据分析"新样态是学校教育的必然选择。从教学上来说，随着〇〇后开始走上我校讲台，教师年龄跨度越来越大；学生以一〇后为主，对课堂的需求和以往有了非常大的不同。教育管理也从以往的经验驱动变成了数据驱动，这样就要求教育信息化建设要从实际需求出发，一方面要求供给的信息

化产品能够尽可能地满足不同人的不同需求，另一方面更要满足不同的人在未来的变化、成长的需求。因此在未来智慧校园的建设中要有充分的前瞻性，以满足不断发展的数字化转型需求。

（1）进一步提升智慧管理水平。深化智慧教学平台更多应用功能，完善学校智慧校园教学环境，目标是建设智慧教学、智慧学习、智慧评价、智慧教研、智慧科研、智慧文化、社会服务等多类教学应用。实现课前、课中、课后和线上、线下一体化设计，支持教学全流程重构，促进课堂深度学习的开展，促进在线学习赋能的学生个性化学习、自主学习、合作学习与开放学习，利用信息技术持续推进对学生综合素质的评价工作，深入开展基于我校教师自主能力图谱的全方位评价。

（2）进一步提升师生信息化素养。为构建教师素养提升"测—评—培"机制提供基础支持，以评促学、以评促用、以评促优，运用数字化听评课工具，督促并辅助学校全体教师培养广泛优化、创新和变革教育教学活动应具有的意识、能力和责任。建立起教师专业发展评价体系，便捷提供评价任务布置、任务进展情况跟踪与监控、汇总评价结果等，以数据赋能教师成长。实现教学过程大数据赋能精准教研，基于教情、学情等开展教师专业能力诊断、分析，为教师提供差异化、满足个人需求的专业培训，培养新时代教育数字化领军教师。

（3）进一步提高学校综合治理能力。推动校园数字化管理，增强学校管理精准性、实时性、动态性，推动智慧校园综合业务平台及各业务子系统的建设，实现教学全过程学习分析，以数据赋能学情数据采集与诊断、智能批改、学情动态诊断、教学过程优化、分层教学开展，形成课前、课中、课后一体化教学及评价体系。形成学生成长数据的伴生性采集能力、动态性呈现能力，构建"学生数据画像"。提高教师在教学、教研及科研过程中数据的全量性、过程性和梯度发展性采集能力，构建"教师画像"，为教师队伍提供专业化发展支撑。打造具有教学动态监测能力、趋势分析能力和科学决策能力的数字化管理平台。

2023 年 10 月 22 日

三十六、殚精竭虑，用爱浇灌

或许源于学校不签到、不打卡、不刷脸的"散养式"考勤管理，能给予老师更多的自主与主动、信任与尊重；早晨、中午、下午、课间总能看到老师们为学生智力发展与健康成长竭力出招，或陪伴，或远控，或激励，或小灶，或谆谆教诲……

冬日暖阳，体育组足球队、跳绳队的早训，师生矫健的步伐，铿锵有力的节奏，音乐组合唱团早训悠扬的歌声，让校园朝气蓬勃、散发活力。午后、课间，跳绳、打羽毛球、打乒乓球、打篮球的学生，或三三两两，或三五成群，或犹如长龙，或有老师相伴，或有保安护航……是班主任的任务驱动，是学科老师的共同参与，是体育组锻炼氛围的营造，是全体教师对孩子体质健康的关注与厚爱，也是学校该有的样子。

周二陕西省小学党组织书记到校园跟岗研修，师生、保安一起做课间操，让来访校长感慨不已，对学校的灵魂与温度文化体会颇深。唤醒、影响、陪伴、等待，拨开云雾、构建温馨和谐的环境；坚定而温和的教育才有可能厚积薄发。

走进行思课堂，可以发现玄小独有的自主与合作，五节课在学习目标、学习单使用上独具匠心，课堂的行之所现、思之所展各有特点，基本摒弃满堂讲或满堂问现象，在素养立意的体现与合作交流的有效方面还需要细研深究，领悟新课标以及课标解读的精神，把每个年级、每个学科、每节教学内容的质量标

准都吃透弄懂，融入学习目标中，课堂提纲挈领的脉络才会豁然于胸。年轻的我们需要学习，更需要进步。

中午走进各班教室，午托的同学已经习惯饭后读书、画画、写作业、打扫卫生等，即便到操场活动，也时常看到看书写作业的同学，真的很感动于学生纯真的举动，更感动于老师在学校有限慧智卡激励下，殚精竭虑、各显神通，激发学生学习兴趣，如小卡贴、小红星、小本子、小奖状、表扬信等。段晨阳老师为激励学生学习科学，专门设置玄小特色的"德玄武备"科学奖章，得到的学生爱不释手；乐思五班几名同学展示有数据、有结构的飞机图画，他们对科学探究怀有浓厚的兴趣，有的要当飞行员，有的想当设计师，满满的自信与憧憬，真让人充满期待与激动。

冬已至，天易寒，晨曦来晚，夜幕早临；工作中大家常常披星戴月早出晚归；感谢每一位玄小人——玄小历史的创造者、品牌的铸就者，您的每一份心血、每一点付出都是浇灌玄小茁壮成长的阳光雨露，四岁的玄小必将在师生的共同努力下，日渐丰满，逐渐强大。

2023 年 11 月 12 日

三十七、为未来夯基

身心健康是一个人成长发展的基石；幸福的童年、强健的体魄是一个人未来成功的重要因素。本周的家长学校顺利揭牌，高质量的第一期讲座为学生终身发展储能续航。

家长学校是当前学校教育不可或缺的职责组成部分，筹划两年的家长学校在"心温度心理健康咨询团队"鼎力支持下，周三成功揭牌。国内知名心灵成长导师、青少年潜能开发训练师——温耀婕老师以《读懂生命能量，帮助孩子做最好的自己》的专题报告高位开启第一期家长培训。家长现场听课的专注，互动的积极，反馈的感悟与思考，让我们看到了家长学校的价值与作用，洞悉了玄小家长的水平与认知，增加了"做有灵魂的教育，办有温度的学校"的责任心与使命感。品读家长感悟，比照学校教育，我们认识到：在家里，家长是言传身教的老师；在学校，老师是护佑孩子的家长。

我们一起阅读家长的培训感悟：

当孩子犯错时，作为家长首先要管理好自己的情绪，告诉孩子我们永远爱他、支持他，共情后再引导孩子用合适的方法走向正确的道路。相信每个孩子都是有使命的，我们要做的就是发现他们的使命在哪里，有爱的环境才能让孩子身心健康。

——乐思2班宁笑凡家长刘欢

讲座中给我印象最深刻的是温老师说的一句话：很多我们以为的孩子心理问题不是孩子的问题，而是家长的问题，家长只有先处理自己的情绪，情绪稳定，心中有爱，才能给孩子供养爱。

——敏思1班穆子墨家长许柳

通过学习我感悟颇深，孩子无论生来优秀与否，作为引导人的我们要用爱心和耐心去理解、支持孩子，他们终将可以成为优秀的自己。时间短暂，真希望有机会多接触到温老师的团队，能和他们面对面坐下来聊一聊，学习他们的教育理念、方法，并应用到亲子关系中。上天赋予了我一颗种子，我将用心栽培，使之成为自己并完成自己生命的使命！一直以来都在学习做妈妈的路上……

——敏思5班任翔远家长张文倩

通过这次培训学习，使我深深地认识到：教育，是向美而生的事业，美好教育莫过于家校心灵相通，相互配合，共同成长，彼此成全。小学的孩子，他分辨是非的潜力和良好行为的养成，是来自平时生活中看到的学到的，所接触的环境和接触的教育，对孩子要选用正确的教育方法。此刻我已经深深地体会到做家长是一门需要终身学习的艺术，在关心孩子的吃穿和身体健康的同时，更重要的是在各方面对他能正确引导，耐心的教育，让孩子将来成为有用之人，家庭教育是教育的基础和根本。

——乐思6班常煜莯爸爸

家长学校的成功揭牌和第一期讲座的圆满举办，标志着我们在家校共育的道路上迈出了坚实的一步。通过这样的平台，家长和学校能够更好地沟通与合作，共同为孩子的成长保驾护航。未来，我们将继续深化家长学校的建设，引入更多优质资源，提升家长的教育理念和方法，为孩子们创造一个更加健康、和谐的成长环境。让我们携手共进，为每一个孩子的未来夯基，为他们的幸福人生奠基。

2023年11月19日

三十八、拥抱 AI：提效减负开启未来教育

"4G 改变生活，5G 改变社会"，这是当前信息时代事实，而身为教育人，不得不深入思考并积极学习人工智能，特别是生成性 AI，赋能教育教学，加持减负增效，竭力靠近学生未来。

历时两周，挤出零星时间学完了西沃学院热门课程《巧用 AI 玩转教学：一线教师的使用指南》，从 AI 的概念、常见的工具到使用方法；从 AI 助力备课、上课、评价到助力教研、办公；当下普遍免费使用"AIChat、阿里通用大模型、百度文心一言、WPSAI、知网的 AI 学术助手、西沃的 AI 教学大模型"，未来与 AI 对话及使用 AI 的能力将成为教师之间乃至人与人之间拉开距离的关键能力。越来越深刻地感觉到现在

学生和未来生活的艰巨与艰难，更深刻地体悟到杜威在《未来隐于现实之中》振聋发聩的预言——今天的教育和老师不生活在未来，未来的学生将生活在过去。通过《AI 赋能教学办公，助力减负提效》的学习，认识到人工智能在教学领域的广泛应用和巨大潜力，AI 技术让学科更宽泛、课堂更有趣、互动更深入、评价更便捷，协助教师备课和教研活动更高效。

周一参加了未央区教育局李建新局长的学校文化提升调研，对学校文化有了更深刻的理解和思考：一流学校抓文化，二流学校抓成绩，三流学校抓考勤；一流教师自主管理，二流教师制度管理，三流教师惩罚管理。一流教师具有高度的自我驱动力和发展意识，能自主成长、规划执行工作任务，同时也能够自我反思和调整；二流教师根据学校要求被动地完成工作任务；三

流教师得过且过要通过惩罚约束才能完成工作任务。

反观学校教师与管理，更坚定"自主管理＋制度管理""个人成长＋团队发展""自主管理＋制度管理＋适当惩罚管理"的综合管理方式。既激发教师的自我驱动力和责任感，又能够确保教育教学的规范性和有效性，同时也能够提高工作效率和质量。

本周行思课堂现场听了张园、常煦颐、寇雪萍、王斐四位老师的课，视频观看了赵婧、张婷玉、孙敏三位老师的课，对学习目标、自主学习、小组合作、交流分享、教师精讲

补讲以及学习单的使用，"5＋2行思课堂"环节基本有形，而有价值的问题与开放性问题培养学生的思维能力，以及每个环节的价值与意义，不同老师理解不同，课堂呈现不同。行思课堂是行思教育的主渠道，是玄小教师立身之本，提高行思课堂效率是续写玄小教育品牌的重要一环，老师们一定要关注学生的需求和特点，以学生视角设计课堂，激发学生的学习兴趣和动力为主，注重培养学生的思维能力和创新能力，提高学生学习积极性和参与度，努力践行教学评一体化，及时了解学生课堂情况，根据学生的实际情况调整教学策略，提高教学效果和质量。以思启慧，以行立身，让学生不仅掌握知识，而且树立正确的人生观和价值观，让学生感受到教师的关爱和尊重，增强学生的自信心和自尊心，为学生的全面发展奠定坚实的基础。让课堂的"行思并举"辐射生活的"知行合一"。

2023 年 12 月 10 日

三十九、访学与内观

周五早上天还未亮，便随未央校长专车开启了跨区域名校访学活动。当日的寒潮降温似乎更显教育情怀的魅力与教育力量的伟大。新城区新知小学刘岚校长与高新第17小学金梅校长沉浸式娓娓交流，无论是励精图治18年"温故知新"的新知小学，还是与玄小同年建校仅有四年"爱在一起"的高新第17小学，校长的专业、格局、情怀，学校的文化、发展、梦想，学生现场的互动介绍：一处处用心创建的文化景观，一门门博古通今的场馆课程，一幕幕优秀传统文化的挖掘与传承，一件件浸透智慧的育人设计，一节节赋予特色的课程开发……两位校长流淌在血液里的教育情怀，洋溢在脸上的职业幸福，镌刻在生命里的教育家精神……无不让自己动容与沉思，特别是学校每一处空间的利用与设计都要与学生的成长链接，与学校的课程链接。学校对中华优秀传统文化的传承与理解就是教育家精神的践行；当下的玄小如何全面落实，如何学习突破，如何深挖一口井？课堂无疑是持续发力深耕的主阵地。

课程标准是教学设计的依据和方向，课标的内化与强化是进行教学设计的前提，优秀的教学设计是上好课的"牛鼻子"。深刻理解与诠释教学设计环节（学习目标＋自主建构＋互动交流＋精讲补讲＋应用迁移）＋（有价值的问题＋学习单）的实施与效用是深耕课堂的关键。

学习目标——师生明确学习目标是靶向教学的出发点和落脚点，更是教、学、评一体化课堂落地的前提，教师明白教什么，学生明白学什么。理论依据，布鲁姆的目标导向教学法，通过明

确的教学目标、多样化的教学方法、及时的反馈和调整以及创造积极的学习氛围，提高学生的学习效果和课堂效率 30%。

自主建构＋互动交流＋精讲补讲——教师怎么教，学生怎么学？构建以学习为中心的课堂，尊重学生已有生活经验。每一个学生的家庭背景不同，积累的生活经验也不相同，根据人脑认知结构，学生在接触任何知识前大脑都不是白板，所以课堂结合情境或教材设计自主学习环节，给出自学要求与方法，发挥学生内驱力，培养学生自学能力，促进学生自主发展；再让学生小组互动交流自主学习情况，对自主学习进行提升强化，在此基础上让学生分享交流，给予学生分享的方式方法——站姿、声音、提问、邀请同学评价和质疑等，同时给予学生倾听的方式方法——眼神、坐姿、质疑、补充等；最后是教师就学生的互动分享从深度、宽度、高度上精讲补讲，让学生成为课堂学习的主人，让教师成为课堂的组织者、参与者、引导者，让课堂成为师生生命成长的殿堂。

有价值的问题——就是摒弃"对不对、一样吗、愿意吗、想不想"等低认知问题，减少"是什么、哪一个、谁"等封闭性问题，倡导实践性、生活性、开放性等贴近学生已有生活经验的问题，让学生想表达、能思考，培养学生思维能力，发挥学生人力资源，使课堂灵动，育人有魂。

学习单——预习单、探究单、任务单、检测单、评价单等是教、学、评一体化的有效载体，是学生人人参与深度学习的有效路径，是教师了解学生评价反馈的便捷方法，更是确保减负增效的绝佳策略。

"5＋2 行思课堂"理解在日常，实践在课堂，成效在坚持，成功在路上。

> 孟冬寒潮来袭时
> 访学内省以储能
> 课标检测以明道
> 博观约取以蓄势
> 矢志不渝逐梦行

2023 年 12 月 17 日

四十、弦歌不辍，厚积薄发

人生舞台，人人都是自己的导演兼演员；教学天地，每位老师都是自己成长的导师兼学员；只有平日弦歌不辍，方能厚积薄发，召之即应，应之能为，为之必成。

星期二下午5点多，未央区三官庙小学卢菲校长邀请，请玄小一位老师星期四到三官庙小学给他们全体教师进行希沃技能培训。时间紧，任务重，宋飞奔老师感冒发烧挂点滴不能应邀，快速检索学校其他老师，教研组长、希沃使用熟练的学科教师，日常工作勤奋笃行、孜孜不倦、任劳任怨，排除生病请假老师，邵一桐老师立即浮现眼前，把事情告知一桐时已经课后服务放学，尽管时间紧迫，但邵老师没有丝毫慌乱，按照要求选定内容、自拟题目，没想到第二天9点多邵老师从教学、教研和管理三方面把"希沃助力生命腾飞"的讲解题目反馈于我，内心的喜悦与赞赏油然而生，清楚学校有一批老师都会如此，这才是玄小"自主成长＋团队协助"教师发展的样态，就是有足够的储备，学校就能搭建广阔的平台。周四下午邵一桐老师用76张幻灯片翔实的内容、生动的课件、熟练的讲解，给三官庙小学全体教师上了一堂生动的培训课，三官庙小学校长和老师们被邵老师的专业素养和教育热情所深深打动，对玄武路小学教师专业素养与学校智慧化水平给予高度评价。

无独有偶，周四早上11点多，在操场集体跳绳与拔河比赛激烈进行时，接到区教

局办公室马薇主任通知，要求学校在周六的未央区第 13 期校长论坛做交流发言，下午 4 点前要将发言稿交区级领导审核。立即调整工作节奏回到办公室准备稿件构思 PPT，跳绳比赛在体育组和全体师生合作奋斗中顺利结束，下午的颁奖仪式与公众号推文圆满完成。

周六的校长论坛从探访校园文化领悟智慧之光、洞悉育人真谛感悟教育价值、深化课程改革深挖行思教育三方面进行汇报，特别是行思课堂与数字校园建设赢得局领导与兄弟学校校长高度认可与称赞；未央区先锋小学、讲武殿小学、兴丰路小学校长现场预约为他们学校教师进行西沃技能应用培训；我欣然应许，自豪地告知我们老师使用已经常态化、熟练化，学生都熟练应用，很多老师都能应用培训。

无论是邵一桐老师的培训还是校长论坛的交流，赢得尊重与赞许都源于平日的孜孜不倦与持续精进。"平时弦歌不辍，方能厚积薄发"，不仅仅是一种态度，更是一种信念。只有平时工作保持"弦歌不辍"精神，在需要时才能毫不费力地"厚积薄发"，展现自己真正实力。

"知不足而奋进，望山远而前行。"仰望星空，笃定前行；让文化成为师生心灵的灯塔，让课程成为学校灵魂，潜移默化，启智润心，挖潜新质教育力，做有灵魂的教育，办有温度的学校，站在未来视角，立精神之光，树价值之魂，育时代新人。

2023 年 12 月 22 日

四十一、触摸教育之巅，洞察教育无限可能

终南山下，幽深广袤，一所充满人文智慧、教育本真的理想校园——高新第六学校，不仅凸显其独特的育人宝地，更是教育理念与实践结合的典范。2023 年 12 月 29 日深度访学，聆听王琪校长《矢志奋斗守初心》主旨报告，其深邃的理念与实践，对自己学校管理与发展的借鉴意义受益颇深。

1. 教育理念的深度浸润

强烈感受到文化成为高新六校的灵魂。学校深入践行文化立校、文化立人的根本，"不言而教、无为而化、臻于至善、志美行厉"的文化内涵，让校园的点滴环境会"说话"，让点滴环境"启智慧"，让一草一木"润童心"，让学校不仅仅是一个教育场所，更是一个文化传承地。王校长用行动诠释了让每一个师生都成为学校的文化践行者和创新者，这种教育理念，在日常中体现，在细节中彰显，直击管理本质与教育灵魂的思想理念给我的启示尤为深刻：

（1）让学生长成自己的样子，教育就是让孩子在心里长出阳光，让学生生发内驱力。

（2）让学校长成老师所希望的样子，让老师为学校画像，成为学校代言人。

（3）做一名精神上气象万千的教师，珍惜和自己相遇的每一个孩子。

（4）站好讲台是最大的师德。

（5）把日常当检查，把检查当日常。

2. 教育实践的生动演绎

"让孩子成长成自己的样子"，在臻美校园不仅仅是一种教育理念，更是

生动的教育实践和追求。学校尊重每一个孩子的个性、兴趣和潜力，营造安静、纯粹、自然的人文环境，鼓励学生自由发展、勇于创新，培养学生个性发展、独立思考，引导学生追求卓越、探索未知。五色课程和微观阅读课程，为学生提供了丰富学习体验，不仅提高学生学习兴趣和综合素质，更让他们在实践中学会独立思考、自我发展、团队协作和创新精神，为培养具有创新精神和实践能力的人才固本夯基。学生晨诵、创作展示、校歌演唱、贺卡赠送、党史讲解、红领巾法学院……学生清澈的眼神，灵动的手势，昂扬的站姿，娴熟的沟通，灿烂的微笑，礼貌的举止，友善的态度……体现学生自信、自立、自强的精神风貌，展现学校教育实践的显著成果，凸显学生全面发展、团结协作和勇于担当的精神风貌，昭示学校教育理念的深远影响和积极向上的精神状态。这样的育人土壤，教育不是知识的灌输，而是心灵的滋养，是引导孩子们发现自己的兴趣、挖掘自己的潜力、形成自己的价值观。党建长廊的参观，让我看到了学校党建工作的高度与深度。从开天辟地到改天换地，再到翻天覆地，学生声情并茂的讲解让我深感震撼，这不仅仅是对历史的回顾，更是对未来的期许和承诺。

3. 教育思想的学习借鉴

"让学生长成自己的样子"与玄小"因材施教，顺天致性"理念异曲同工。站在实践角度，将教育理念融入教育实践中并非易事，需要我们不断实践、探索和创新，为慧智少年创造充满爱与智慧的学习环境。只要我们心中有爱、有信念、有担当，我们就能为孩子们的成长奠定坚实的基础，真正实现教育的目标，让每一个孩子都成为他们自己、成为更好的自己。

"做一名精神上气象万千的教师，让老师为学校画像，成为学校代言人"的理念与玄小人树立"成长型思维""自主管理＋团队成长，自上而下＋自下而上"等学习型、研究型、专家型教师发展理念不谋而合，让学生、老师、学校和谐共生，共同生长。用心、用力、用情、用智实践探索，让"行思教育"的文化、课堂、课程、德育，融入每位师生的血液，履践"文化立校"，开展丰富多彩的文化活动，以文化人、以情感人、以德化人、以创新育人，寓教于乐、寓学于趣、寓德于行、培养创新思维，德智并举、体美同行、德育育人、创新实践并行。从而培养出具有深厚文化底蕴、高尚道德品质和强大创新能力的"三有"新人。

深刻感悟到教育是一项崇高而伟大的事业，关乎每一个孩子的未来，关乎国家和民族的命运。我们必须履践言为士则、行为世范，启智润心、因材施教，胸怀天下、以文化人的教育精神。

用教育的理想塑造理想的教育

用教育的力量做有力量的教育

用教育的灵魂做有灵魂的教育

用教育的温度办有温度的学校

无关迟暮，无问西东，躬身践履，笃行致远……

2024 年 1 月 5 日

四十二、卷与不卷，由心选择

在教育的宇宙中，每一位教师都是一颗独特的星辰，用自己的光芒照亮学生前行之路。然而，在成长发展追求卓越过程中，是选择卷还是不卷？《连岳》公众号 2023 年 12 月 20 日推文《可卷可不卷，才是最好的世界》获得大量点赞。

一名 985 毕业的研究生在省会城市电网公司工作两年，关于工作是否"躺平"有非常大的困惑，希望得到连叔指导，以下是连岳老师的回信：

> 你不想回班组，不是不好意思，而是心存幻想，以为还是能找到又不卷又能提拔的路径。我觉得你们公司治理得挺好，不想卷，到点可走，生二胎不累，想卷，大把工作等着你实现野心。这经验值得推广。人是参差多态的，有人想卷，你让他不卷他不舒服，有人不想卷，你让他卷他不舒服。想卷的可卷，不想卷的人可躺，想卷的人得升迁，不想卷的人多顾家，各得其所，各美其美，大家都舒服。不让卷的世界，不是好世界，不让不卷的世界，也不是好世界。可卷可不卷，才是好世界。现在社交媒体上，抱怨卷的占一半。可是，在这个日渐富足的社会，卷与不卷，选择权完全在你。你不卷孩子，他会没书读吗？不会，义务教育让每个孩子至少都得读到初中毕业。你不卷自己，你会没工作吗？不会，开网约车，送快递，总能干吧？许多工厂现在招工难。你不想卷一线城市的房价，小城市大把便宜的房子。想同时获得卷与不卷的好处，这是最痛苦的。你选择卷痛苦，因为你想得到不卷的好处，我要准时下班，我要四处游玩，我要轻松生二胎；你选择不卷也痛苦，因为你想得到卷的好处，我要被重用，我要被关注，我要实现野心。君子

117

素其位而行，不愿乎其外。这才是根除痛苦的方法，选定了自己的路，就承受其代价。选卷，就好好卷，卷出一点名堂。选不卷，就好好不卷，活出一点惬意。

佩服连岳老师的洞见，赞同连岳老师的观点。内观玄小，选择不卷的老师，内心满足与平和，专注教学，关注学生成长，用一颗平常心面对教育，不刻意去争名逐利，而是在平淡中感受教育的美好，让时间诠释教育沉甸甸的责任和使命。选择卷的老师，从课堂教学、学生管理、教案设计、作业批改、家校沟通、自我提升乃至于每周一得都认真思考，用心撰写，字里行间散发着墨香，渗透着对教育的不断挑战自我，追求卓越，不经意间成为学校内涵发展品牌创建的中坚力量。主动学习，深入研究，不断拓宽教育边界，努力付出，不仅提升自身教学水平，为学生提供更优质的教育样态。在不断卷中，克服挑战和困难，在挑战和困难中不断成长突破，学习新知识、新技能和新理念，提高自己的教学水平和专业素养；勇于尝试新教学方法和手段，激发学生学习兴趣和潜能；永卷不殆，迈向卓越之路。

卷与不卷是内心行动与精神的和谐共生。学会寻找卷与不卷的平衡点，在过程中不断优化，效率不断提升，使内心行动与精神和谐共生。在追求个人成长的同时，对教育热爱和对学生真挚的关怀；在竞争中超越自我。

作为学校，尊重并支持教师的选择，鼓励教师开拓创新，超越自我，把握内心选择与外界行动的平衡。无论选择卷还是不卷，我们都要为自己的选择承担责任和代价。让我们以更加自信、从容、奋进的态度，不断开拓、创新、突破，让教育智慧与专业发展如璀璨星辰，照亮学生前行的道路。我们愿与学生共同成长，共同探索无限可能，实现终身进步。

2024 年 1 月 14 日

四十三、以思政教育培育时代新人

思想政治理论课肩负着立德树人、培育时代新人的重要使命。未央区玄武路小学始终将思政育人作为学校教育的核心，厚植爱国主义情怀，让每一个学生都成为实现中华民族伟大复兴的奋斗者。

1. 文化思政——在学习中感受文化的魅力

学校以"乘思维翅膀，助生命腾飞"为教育理念，努力做有灵魂的教育，办有温度的学校，致力培养"有理想、有本领、有担当"的时代新人。不仅注重学生的知识学习，更注重学生的品德培养，让学生在学习中感受文化的魅力。

2. 课程思政——以课程育人为育人的重要载体

学校基于"思维 DNA"构建了"慧德、慧智、慧体、慧美、慧技"启慧课程，形成了国家课程校本化、社团课程多样化、综合课程主题化"行思教育"课程体系，以思启慧，以行立身，通过理论与实践结合，将思政小课堂与社会大课堂紧密联系，不仅让学生在实践中感悟、在感悟中成长，更注重学生价值观的引领与实践能力的培养。

3. 行为思政——以行为习惯养成为育人的重要环节

学校通过"知、行、惯、范"四步走的行为习惯养成模式，引导学生从认知规范到行为习惯再到行为评价的转变，不仅有助于学生良好行为习惯的养成，更能提升学生的自我认知和自我管理能力。

4. 活动思政——以活动育人为育人的重要途径

学校坚持组织教育、自主教育、实践教育相统一，开展了丰富多彩的德育活动。这些活动让学生在实践中体验红色文化的深刻内涵，厚植爱国情怀，增强学生对中华优秀传统文化的认同感和自豪感。

5. 协同思政——以协同育人为育人的重要保障

学校积极构建学校、家庭、社会三位一体的育人格局，让学生在走进社区、走向社会的过程中，亲身参与社区服务、志愿活动等社会实践。这种实践不仅增强了学生的社会责任感，更让学生在亲身体验中感悟到红色文化的精神内涵。

2024 年 3 月 15 日

（本文刊发在《三秦都市报》2024 年 3 月 24 日）

四十四、"阅"读越"享"，"阅"读越"慧"

立身以立学为先，立学以读书为本。然而，在当今快节奏、短视频充斥的时代，能静心、恒心读书的人已日渐稀少。读书既是教师的成长之要，又是育人之需。诸如董宇辉那样博览群书成就人生的典范，为人们所赞誉，那些坚持读书、讲书、写书的人，生活体验与教育方式与我们截然不同。

4月3日下午，学校举办"最美人间四'阅'天，盈盈书香润校园"第三届读书节系列活动启动仪式，九〇后儿童作家"小酷哥哥"《用最好玩的故事点燃孩子的阅读兴趣》主旨分享，带给我们诸多教学的启示与思考。

首先，"小酷哥哥"巧妙地将写作方法融入童真童趣、情境交融的故事情节中，这不仅激发学生的阅读兴趣，还让学生在享受故事的同时，学习了写作的技巧。这正契合2022版新课标中的"真情境"，尊重学生已有知识与生活经验，让学习变得真实、自然，同时注重知识与生活的结合，从而提高学习效果。

其次，"小酷哥哥"在互动参与中引导学生观察生活，捕捉事物特征。这再次告诉我们，在教学过程中，应该让学生积极参

与，引导他们细心观察生活中的点滴，培养学生的观察力和发现问题的能力。关键问题与重要教学环节要想办法让学生深度参与，通过形象生动的教学方式，促使学生更好地理解知识，内化应用，提高学习效果。

再次，形象生动的拟声词、绘声绘色的场景描述，启示我们，教学与生活实践相结合，阅读与写作相互促进，关注学生的情感体验等，通过角色扮演、情景模拟等，激发学生学习兴趣。阅读为学生提供丰富的语言材料和思维灵感，而写

作则是将这些材料和灵感转化为个人表达。在教学中，我们应加强阅读与写作的结合，通过借助故事等方式引导学生自主学习，培养学生独立思考和合作探究的能力。正如行思课堂学习单使用的理念："不动笔墨不读书，不动笔墨不思考，有思考一定有表达。"加强阅读思考与写作表达的深度结合，让学生在阅读中积累，在思考中表达，在写作中实践，日积月累形成良性循环，促进学生全面发展。

最后，我们应该不断学习新教学方法和理念，提高自己认知水平和教学水平，改进教学方法，为学生提供适切的教育方式。日常带着教学实践中的问题与思考，读专著名著，读经典哲学，读天文地理，读人物传记……通过读书，接触更多历史伟人，吸纳他们的智慧和勇气；探索科学奥秘，理解自然法则；品味文学魅力，体验人生百态；让我们从狭隘走向广阔，从浅薄走向深厚，从无知走向智慧。

"阅"读越"享"，"阅"读越"慧"，不仅是对学生的期望，也是对我们教师自身的鞭策。让我们一起在阅读的海洋中畅游，共同享受阅读的快乐，汲取智慧的养分。

2024 年 4 月 6 日

四十五、学校文化建设再思考

周五的《时代见证》纪录片最后的校长采访，问："在学校的发展历程中，您认为校园文化理念起到了哪些关键作用？对学校又有哪些重要影响与引导？您认为学校应如何在教学中践行'为学生终身发展负责'这一理念？"

随即问答的采访之后，再次思考学校文化的意义与价值。

在漫长的教育历史长河中，学校文化始终举足轻重，它既是学校发展的灵魂，也是引领师生共同成长的灯塔。如今，当重新审视学校文化时，不得不深入思考其在学校发展历程中的关键作用，以及它对学校的重要影响与引导。

校园文化，看似抽象的概念，实则蕴含着巨大的能量。它是师生的精、气、神，是学校生活的点点滴滴，是学校过日子的方式，渗透在每个人的日常行为之中。不仅影响着师生的思维方式，更塑造了全体师生的行为习惯和精神风貌。一个健康、积极向上的学校文化，能够为师生创造和谐、富有活力的成长环境，进而促进学校的全面发展。

学校文化的深厚底蕴是学校发展的基石。一所学校的教育思想、办学理念、教育特色、行事方式等，都构成其独特的文化氛围。学校文化是教师的自主管理，是大家的互帮互助，是学生与老师融洽的关系，是教师百般耐心的教导，是师生一起的课间游戏，是脸上洋溢的笑容，是同伴间的关怀体贴，潜能生的陪伴，是研学实践班主任的全程守护，是校园里琅琅的读书声……这种氛围不仅是学校的精神面貌，更在一定程度上决定着学校的未来走向。

谈及学校的教学理念，"为学生终身发展负责"无疑是一个重要的指导思想，那么，如何在教学中践行这一理念呢？我们必须认识到"终身"二字的分量。教育不仅仅是为了应对眼前的考试或是完成当下的教学任务，它更是一场长跑，关乎学生一生的成长和发展。因此，我们不能急功近利，而应该立足于学生的长远成长，为他们打下坚实的基础。

为培养学生的健康身心和坚强意志，学校需要提供多元化的教育方式和丰富的实践活动。体育锻炼、心理健康教育、团队协作等，都是不可或缺的教育内容。这些活动不仅能够锻炼学生的体魄，更能够培养他们的团队合作精神和抗压能力，从而守护学生的自然生命。

同时，我们还应该注重培养学生的良好习惯，参加丰富社会实践活动。习惯决定命运，一个好的习惯能够让学生受益终生。而社会实践则是学生了解社会、融入社会的重要途径。通过参与各种社会实践活动，学生可以拓展自己的视野，增强社会责任感。

激发学生的阅读兴趣，让学生在书海中畅游，开阔视野，丰富知识，陶冶情操，汲取智慧养分，提升学生的精神生命。

守护学生自然生命，增加生命长度；延展学生的社会生命，增加生命宽度；提升学生的精神生命，增加生命高度。良好习惯是学生未来发展的基石，创新思维则是他们应对未来挑战的重要武器。这些不仅是对学生当下的成长负责，更是对学生未来发展的深远投资。

学校文化再思考是对未来发展方向的深入探索与规划，我们需要时刻秉持"为学生终身发展负责"理念，以更加开放、包容、创新的态度去构建和发展学校文化，唯有如此，我们才能培育出既拥有深厚文化底蕴又富有创造力的时代新人，才能以全新视角和思维为未来社会培育中坚力量，为人类文明的进步贡献智慧与力量。

2024 年 4 月 14 日

四十六、工作生活交响曲

第 10 周因"五一"调休假，虽然只有 3 天工作日，却并未觉得轻松，工作与生活的双重交织，思考颇多。

1. 活动感受

4 月 28 日下午，未央区举行校长论坛与 2023 年度目标综合考评表彰会，29 日上午召开 2023 年党组织书记抓党建工作评议考核提醒谈话会，30 日上午在西航一中举办"弦歌六十载，启航新征程"办学成果展示会。催促中、

变化中顺利进行的"悦动少年志，蕙体无极限"玄小第四届体育节，虽然无暇现场感受精彩的团体操，却深感玄小的潜力与活力。玄小需要积淀太多，期待挖潜太多，等待成长太多。

2 荣誉思考

2023 年目标综合考评荣获"争先进位奖"实属不易，是对初见端倪行思教育理念与玄小全体师生日复一日踏实奋进的最好肯定与回馈。在未央教育激烈竞争中，成长的玄小与数十载的未央名校仍有差距，前所未有的未央教育管理机制，一时间觉得自己与玄小都是新的，党支部党员人数少，党员年龄小，成立时间短，工作标准低，身为党支部书记的自己面对 2023 年党支部书记抓党建述职评议考核全区排名后三分之一的集体约谈，诚恳接受问题，客观面对现状，新人新手年轻的玄小，需要逐年、逐渐、逐层规范，不

能急，不能懒，积极努力，躬身入局率先垂范。针对 11 个扣分点逐一深刻反思，立行立改，在每周行政例会的基础上，每周召开专项党支部会议，加强党组织干部的培养，加强党务工作的落实，以高质量党建工作引领学校行思教育品牌创建与高质量发展。

3. 行思教育理念

学校行思教育五育并举、知行合一认知的进一步深化，在行思文化、行思课堂、行思课程、行思教案、行思活动的基础上，明确五育如何贯彻落实行思教育——德正行思，智慧行思，体强行思，美润行思，劳健行思。

4. 思维方式提升

把系统思维、长期思维、坚持思维内化于心、外化于行，不断提升统筹能力。学会从整体全局看问题，把复杂问题简单化，提高工作准确性与有效性。基于长期思维，关注师生当下，着眼学校长远。引领全体行政人员与教师落实坚持思维，面对困难与问题，用信念与毅力、耐心与决心持之以恒达成目标，成长学生，成就老师，发展学校。要做成一件事，需具备系统思维，全面考虑各种因素；需长期思维，确定发展方向和目标；在实施目标过程中，需坚持思维，克服困难，戒除惰性，一以贯之，持之以恒达成。

5. 修身与生活相融合

五一小长假调休，有网民说："调休，就像让人 5 天不吃饭，然后一天吃 15 顿。"足以反映调休对大家生活习惯、工作节奏的影响，难怪好多上班族出现"假日综合征"。记得秋天老师说，放假要适当旅游放松、海吃海喝、涉新猎奇，但决不能全部肆意放纵，一定要有节律规划，有彻底放松，有半放松半充电，有生活工作兼而有之，避免上班身心俱惫，影响健康。优秀的人总是在长假提升认知、积淀自我，就如于红梅老师经年累月定期组织不同团队、不同主题，利用休息时间持续网络研修，庆幸的是玄小语文教师可以共同参与研修，提前链接新课标、新教材。生活和工作本就不可能截然分离，工作就是一种生活方式，生活就是工作的调节与延伸。

正如金惟纯《人生只有一件事》所言："吾道一以贯之，壹是皆以修身为本"，我们凡人不能治国平天下，至少做好"修身齐家。"无论在单位还是在家，无论工作还是生活，无论顺境还是逆境，无论喜乐还是悲伤，无论巅峰还是低谷，无论成功还是失败……任何事都是我们修身路上的芬芳鲜花与明媚阳光。

2024 年 5 月 4 日

四十七、当学生在课堂上遇到"蒙面侠"

新冠疫情时期或因特殊流感戴口罩上课是迫不得已，是师生敬业之举。然而疫情过后，在正常教学期间，个别教师戴口罩上课习以为常，甚至还戴上帽子，化身"蒙面侠"上课，当学生在这种情境中学习，会是怎样的体验，会有怎样的学习心态与学习兴趣呢？

首先，在课堂教学中，教师的情感传递对激发学生的学习兴趣和积极性至关重要。然而，当教师戴上口罩，面部表情被严实地遮挡起来，导致学生无法通过教师的面部表情来感知其情感变化。这种"蒙面"教学方式，让学生如何能够感受到教师的热情与关爱呢？这无疑会对教学过程中的情感交流造成影响，进而对学生的学习动力和情绪体验产生一定冲击。

其次，由于口罩遮挡，教师在讲解过程中可能会遇到发音不清、表达不畅等问题，这无疑会给学生带来听力上的困扰。长此以往，学生听力理解和语言表达能力可能会受到影响，进而降低整体课堂教学质量。

"亲其师，信其道"凝聚着中国千百年来的教育智慧，学生对教师的情感亲近会转化为对学习内容的兴趣和信心。当教师戴上口罩时，学生的这一情感需求无法得到满足，他们无法通过教师的面部表情来感知教师的情感和态度，这无疑增加了学生与教师之间的距离感。

当教师戴上口罩和帽子，隐藏自己面部表情时，师生情感传递似乎也被神秘面纱所阻隔。从心理学角度看，教师"口罩遮蔽"可能会给学生一种无法亲近的感觉，甚至可能让学生对教师产生不信任感。学生可能会想："老师为什么总是隐藏自己？他们是不是不喜欢我们？"这样的疑虑会影响学生学习积极性和对学科的热爱。对于教师而言，常年戴口罩也可能反映出一种深层次的心理状态，或许是因为对自我形象的不自信，或许是对人际交往的抵触，又或许是因为其他原因。但无论是什么原因，这种状态都不利于教师与学生之间建立亲密和信任的关系，从而影响学生对该学科学习的兴趣和动力，更无从谈起学习成绩的提高和教学质量的提升。

在卫生健康保障下，教师应尽量展示自己的面部表情，用真实情感和态度感染学生、引导学生；让学生感知到教师的情感和态度，增强学生对教师的信任感，激发学生内在动力。只有教师与学生间建立深厚的情感纽带，行思课堂才能真正以思启慧，以行立身，减负提质才能落到实处。

2024 年 5 月 12 日

四十八、玄小战斗力

随着一周结束，对玄小团队战斗力有了更深的认识。一周纷至沓来的要事，突如其来的急事，每件事、每个细节、每次合作都如一面镜子，映射出团队的非凡潜力和深厚底蕴。

1. 文化深耕，行思深化

周一德正行思、智慧行思、体强行思、美润行思、劳健行思的"五育并举、行思合一"与经典传承、思维绽放、你问我答、互动涂鸦等文化墙如约而至，学生的浸润，体育组项目成绩的挑战，不仅是对外展示玄小精神与文化的窗口，更是对团队协作和补位工作的极致展现。期待下周你问我答、涂鸦互动、思维绽放三块文化墙能发挥更大育人功能。

2. 跟岗交流，助人助己

周二至周四陕北神木市大柳塔第七小学刘健校长一行 8 人的全天沉浸式跟岗学习交流。原生态随机听课走课，师生随机交流座谈，一对一跟岗体验，学校文化与行思课堂的介绍，从早上入校到大课间，从常态课到教研活动，从带教到实践上课，原生态全开放，对学校教育理念、学生习惯、行思课堂以及多数老师启发式互动课堂啧啧称赞。短暂的三天，玄小团队不仅展现了极高的专业素养，更以开放、包容的态度接纳远道而来的教育同仁。一日常规、带教安排、随机分享，跨地域、跨文化交流不仅丰富了教育视野，也进一步提升了团队应变能力和专业素养。

3. 暖心阅读，生命陪伴

阅读力量无限大，周四下午"暖心阅读·陕西书香校园建设公益项目暨童伴计划·校园陪伴儿童阅读公共空间公益项目"启动仪式，是对我们团队应急能力和组织协调能力的严峻考验。时间紧迫、任务繁重：暖场节目，学生化妆，会场布置，家长代表、学生代表、教师代表、局领导讲话，桌牌摆放，赠书授旗，拍照合影，接人送人，后续拍摄……行政、教师、后勤保障全力以赴，启动仪式成功举办，参会各界人士对学校组织与学生现场互动赞不绝口，体现了玄小从上到下的战斗力与应急能力，以及极高的工作效率和卓越的执行力。

4. 追忆英烈，行走课堂

在未央区教育局安排下，周五早上，乐思四班学生到张学良公馆开展"5·18"世界博物馆日系列活动。开启大情境行走课堂，参加仪式、课堂互动、参观展厅……慧智少年言行有矩自信大方，思维灵活，与其他兄弟学校四年级学生同时听革命英雄"小萝卜头"的故事，出色的表现充分彰显玄小学习灵动与智慧，特别是革命英烈小萝卜头在狱中艰难上学与传递情报的故事，深深激励鼓舞慧智少年，珍惜今天幸福生活，学习小萝卜头坚强意志与不怕苦难的革命精神。

5. 师者匠心，双向奔赴

周五晚上敏思级家长会，最终 6 个班共缺 11 人，到会率 96.5%。从晚上 6：30—9：00，14 位教师克服一周的疲惫，打起精神与家长分析问题、提出策略、试卷分析、家长分享、故事案例、学生分享，想方设法提升学习效率，实现与家长双向奔赴。直至晚上 9：30，在杨晓莉、宾妍琰、王娜的再三催促下，老师与家长才边说边离开教室。责任心、耐心、爱心、匠心、提高质量的决心，洋溢在他们的言谈和表情中，敏思级用行动和智慧创造着玄小的历史，书写玄小教育人的初心使命。

全区教学会、教研会、财务会、培训会、安全会、防汛会……些许繁杂与充满挑战的工作，不仅体现了玄小团队的专业素养，更凸显了团队的凝聚力和战斗力。未来工作，管理团队的应变能力和团队协作精神弥足珍贵，不断提升团队战斗力，不仅是团队不断追求卓越、实现自我超越的动力源泉，更是未来玄小行思教育最强大的核心竞争力。

2024 年 5 月 19 日

四十九、点燃学生心灵之火：保护好奇心与求知欲

为什么地球绕着太阳转？世界上什么数最大？火箭从地球到太空要多少秒？老子的原名是什么？太阳为什么在天空中？女娲是怎么造人的？为什么有很多传说并非真实存在？爸爸为什么长胡子？叶子为什么是绿色的？为什么世界上要分国家？老虎为什么是百兽之王？一棵树能做多少张纸？人为什么会长肚脐？妈妈对我们的爱是什么爱？白云是怎么形成的？……在"你问我答"的墙面上，学生们提问如繁星点点，充满了对世界的好奇与探索。

这些问题，无不透露出学生对知识的渴望和对世界的好奇。身为教育人惊喜之余，深感保护、引导和利用这份好奇心与求知欲的重要性。正如我们每个教室黑板上方的标语"乐学善思，好问求真"，这不仅仅是对学生的期望，更是我们教育的方向。

在日常教育教学中，如何激发、保护、培养学生作为人进步成长最宝贵的"好奇心和求知欲"，既是新课标的要求，也是国家科技发展培养人才战略的要求，更是人生追求至高境界的哲思基础。教育不是灌输而是点燃，我们似乎明白，但是在实际的教育教学过程中，我们往往忽视了每个孩子都是独一无二的种子，有其独特的生命力、思考力、生长力。因此，我们时刻需要铭记教育是发现、唤醒、点燃、激励、陪伴、等待……并将这些教育理念融入学科教学之中，结合学生的生活实践和社会经验，创造富有情境和故事性的教学环境。正如昨天校长论坛中王良老师所言，教师应将自身融入教学情境之中，使学科知识和教学更加鲜活、丰富和生动。在如今信息爆炸的时代，学生获取知识的渠道远超我们的想象。因此，作为教师，我们必须深入了解学生的内心世界，把握他们的生活节奏，进行精准的学情分析，从而创设出能够让教育教学愉快发生的环境。

两天的艺术展演，舞蹈《名单》，朗诵《诗意长安》，戏剧《寻李白》，

合唱《小星星与鹅》以及古筝的精彩表演；从内容到形式，从排练到服装，从化妆到赛场，从协调到展演……教师的思维创作力，学生的艺术表现力，师生团队的集体凝聚力……自编自导自演，将传统文化与经典故事巧妙地融合，用语言、歌声、乐器、舞蹈等方式深情述说玄小奋发进取的昂扬样态，展现玄小师生丰富的创造力和想象力，所有这些都源自玄小师生无数次的苦练和不为人知的付出，诚挚感谢五个参赛节目所有指导老师和慧智少年，为玄小行思教育品牌创建的智慧付出与躬身践行。

保护学生的好奇心和求知欲，与培养学生的技能特长和艺术素养一样，都是一个长期且持续的过程。这个过程需要无人问津时的坚持练习，需要久坐冷板凳的耐心守候，需要量变到质变的沉淀积累，更需要面对误解嘲讽时的豁达胸襟以及迎难而上的智慧勇气……

就像每周的得思撰写一样，虽然工作繁忙而疲惫，但周末依然要思考选题、凝练表达。这或许是其他学校老师所没有的独特坚持与延续。尽管过程艰难，但每一次的坚持和突破都是个人成长与顿悟的重要时刻。选择做难而正确的事情，往往会让竞争对手望而却步。许多老师在坚持撰写得思的过程中不断地成长与突破，就像李娟在《我的阿勒泰》中所言："我正是这样慢慢地写啊写啊，才成为此刻的自己。"同样地，我们正是这样悉心地教导和培育着每一个学生，才逐渐塑造出他们——这些充满好奇心、求知欲和拥有无限可能的未来之星。

期待我们在"一周得思"的坚持中不断遇见更优秀的自己。

2024 年 5 月 26 日

五十、教育冲击力

本周从视觉到内心，对教育的思考所产生的冲击力，颇有穿透心灵的震撼与启迪。

1. 致敬经典，畅享童年

5月31日别开生面的经典演绎如火如荼，同学们身着历史服饰，化身历史人物，用舞蹈、唱诵、手势舞、情景剧、服装秀等再现那些激荡人心的历史瞬间——《觉醒年代》《满江红》《长征》《英雄华夏》《飞天圆梦在今朝》《敏思少年》《少年中国郎》《吾有所爱，其名中华》等。所有慧智少年在老师的智慧与爱心引领下，站在舞台中央，阳光自信，情感饱满，慷慨激昂，惟妙惟肖，让我们仿佛穿越到了那个动荡的年代，感受到先烈们为国家和民族的强盛而奋斗的豪情壮志；中华魂、爱国情、报国志溢满校园。经典与历史，经典与强国，经典与时代，经典与玄小……一场文化国粹，一场经典盛宴，一场爱国教育，一场成长之旅，一场教育升华……几度热泪盈眶、心潮澎湃，看

到玄小学子对经典的热爱与传承，领略到不一般的玄小教师深厚文化底蕴与博大教育智慧，在这场经典与历史的结合、经典与强国的融合、经典与现代的穿越中，传承中华文明，厚植爱国情怀。相信未来的日子，玄小教师继续用经典浸润学生，磨砺心智，发愤图强，为人生奠基，为梦想蓄力，为行思教育续写教育冲击力。

2. 项目式学习再认知

在参观百花小学与东前进小学的教学成果展示中，再次走进项目式学习；不再是以前理解的基于活动、基于校本的项目式学习，而是基于国家课程、基于学科教学的项目式学习。

在聆听陕西师范大学项目式学习专家张文兰教授的报告中，对项目式学习有了更清晰更深层的理解与认知。

3. 项目式学习的含义

项目式学习是一种建构主义理念下以学生为中心的教与学的方式，主张学生通过一定时长的持续探究，解决一个个真实世界中复杂的、具有挑战性的问题，或完成一项源自真实世界经验且需要深度思考的任务，在解决问题或完成任务的过程中，精心设计项目作品、规划和实施项目任务，进而逐步习得包括知识、可迁移技能、高级思维能力、关键品格等在内的 21 世纪核心素养。

项目式学习是基于学科又超越学科的综合性学习方式，是一种与真实世界和生活实际紧密联系、通过真实问题或任务驱动而促进学生深度学习的学习方式。强调以用促学，在用中学，在完成特定的任务中，学与用合二为一。

面向学生高阶能力的培养，以学科的基本概念和原理为中心，与课程内容紧密相关。

学习源于问题或任务驱动，强调将学科知识和现实生活中的问题紧密结合，让学生在真实情境中进行学习——学科知识的综合运用和问题解决能力的培养。

一个最终的产品或方案，关注作品表达形式多样化和公众化，注重表现型评价，学生通过发表或展示作品和绩效来验证知识和技能，强调评价方法与工具的多样化。

强调学生利用各种数字化工具资源开展自主学习、探究学习、协作学习、个性化学习。

教师作为促进者、指导者等角色积极参与，采用各种激励学生的教学方法，合理设计和使用支架，合理使用技术或资源。

4. 大单元教学

大单元教学是依托大概念、大任务、大问题或大项目，按照学习逻辑构建的相对独立且完整的学习实践。

因为它在知识体量、持续时长以及活动架构上都体现出"大"的特点，所以称为大单元教学。不同于教材编排中呈现出的自然单元，大单元在教学内容的选择与组织上注重打破教材在学科间或学科内的排列组合，借任务、问题、项目等重组知识内容，引导跨学科、跨领域的知识建立联结，促进新旧知识、直接经验与间接经验的融合。

与课时设计相比较，大单元教学更加关注整体规划，在开展各要素设计之前，需要明确单元主题与课时。

大单元的实施可以采用项目式学习和主题式学习。

5. 义务教育新课改与项目式学习

《义务教育课程方案和课程标准（2022版）》明确提出：

（1）加强课程内容综合，注重关联；推进综合学习；探索大单元教学，鼓励开展主题化、项目式学习等综合性教学。

①学科内整合学习：可以在学段、学期、单元等不同层面，通过大问题、大任务或大观念，将本学科的知识内容结构化，通过本学科知识内容的整合教学进而倒逼学习方式的变革。（依托常规课时）

②跨学科主题学习：立足某一学科，以主题来组织其他相关学科的内容和学习方式，实现综合学习。（依托10%的专门课时）

③增设了多门综合性课程。开设艺术、科学、劳动、信息科技、综合实践等课程。

合作学习的关键：内在的"多维联结的建立"以及外显的"学习方式的变革"。

（2）课程内容结构化。以素养为纲，构建学习大任务、大概念、大主题等以问题解决为目标的教学内容结构。

（3）课程内容的实践性。课程设计必须贴近现实生活，反映和体现生活逻辑，引领学生关注并走进现实世界，培养学生面对真实情境解决现实问题的能力。增设劳动课程，加强课程与生产劳动、社会实践的结合，充分发挥实践的独特育人功能。

课标的这些要求适应当下中高考，无情境不命题，无情境不教学，落实学生从课堂会解题到会解决问题的质的飞跃。行思教育，以思启慧，以行立身，需要项目式学习的支撑引导。许多老师在拓展作业上已有很多有效的实践探索，相信有了专家的专业引领与指导，玄小行思教育的"三驾马车"会更有核心竞争力。

2024 年 6 月 2 日

五十一、心有所信，方能远行

两个高端会议恰逢高考，高考命题方向分析与研究会议上专家的报告精神高度契合，做好教育要埋头拉车，更要抬头看路；心有所信，方能远行。

周三参加教育部课程教材研究所"中华优秀传统文化教育发展状况"与"基础教育课程教学改革现状"全方位调研。省、市教科院组织全市命题专家、学校领导、教师，基于教育部2021年印发《中华优秀传统文化进中小学课程教材指南》（以下简称《指南》）与2023年印发的《基础教育课程教学改革深化行动方案》落实情况进行深入调研。

中华优秀传统文化是中华民族的根与魂，是实现中华民族伟大复兴的精神保障。《指南》强调，秉持客观、科学、理性的态度，坚持古为今用、推陈出新，强化经典意识，促进中华优秀传统文化创造性转化和创新性发展；遵循学生成长规律，充分考虑学生学习、生活、思想实际，结合各学科特点，系统融入、合理布局、全面覆盖与突出重点有机结合。

玄小优秀传统文化的落实，一是按照各学科的课程标准有效落实；二是贴近生活，设计《二十四节气课程》；三是全体师生诵读经典《论语》；四是活动传承——《致敬经典，畅享童年》，学生以吟诵、歌唱、表演、情景剧等演绎《觉醒年代》《满江红》《中华少年》《长征》等。未来要深入开展，涵养家国情怀、提升人格修养、厚植中华文化底蕴，铸牢中华民族共同体意识。高考需要，国家更需要。

针对《基础教育课程教学改革深化行动方案》的课程方案开启转化落地规划、教学方式变革、科学素养提升、教学评价牵引、专业支撑与数字赋能五大行动。玄小努力探索，实践路径如下：

课程＝课＋程，课即目标、内容、教材；程即方法、形式、课堂。

1. 行思教育（从 1.0 到 2.0，再到 3.0）

以"习惯+思维"为抓手，以"数智赋能"为特色，形成玄小"行思教育"的"三驾马车"，坚持五育并举、行思合一。德正行思、智慧行思、体强行思、美润行思、劳健行思，培养思想端正，思维敏捷，身体强健，具有审美力、创造力和劳动力的新时代建设者和接班人。

2. 行思文化

以"德玄武备"为核心价值观，以"思维"为学校教育基因，以"乘思维翅膀，助生命腾飞"为核心教育理念；以培养"有理想、有本领、有担当"的时代新人为育人目标，以"做有灵魂的教育，办有温度的学校"为办学目标。

校训——言行有矩，学思无涯。

校风——向上向善，慎思慎为。

教风——因材施教，顺天致性。

学风——思维慧智，习惯聚成。

3. 行思课程逻辑与行思课程结构

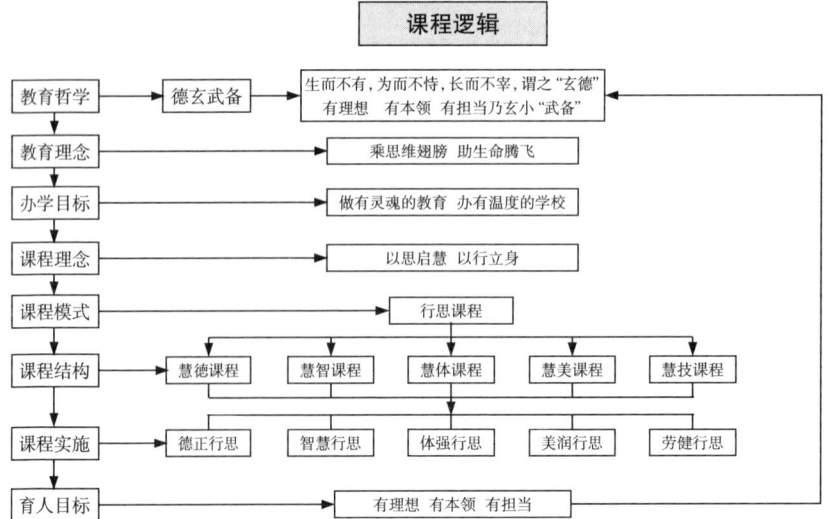

4. 行思课堂模式——5+2

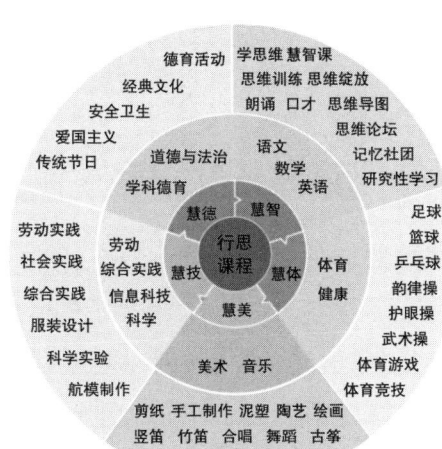

5. 行思课堂教学设计

以思启慧，以行立身，有学习目标、思维训练点、素养目标、内容提要、方法策略、作业设计、教学反思。

6. 行思课堂教学反思

目标达成，预设生成，优点与不足，教学重构。

行思课堂改变学生学习方式，以素养立意，以学习为中心，以思启慧，以行立身，培养学生能力，涵养学生素养，落实轻负高质、立德树人。

周四参加教育部直属师范类大学附属小学数学教学研讨会，华东师大附小王昊宇，西南大学附小骆丹，陕师大附小郝高峰、王永涛四位老师的观摩展示课精彩极了，从新课标素养导向、学科融合、探究式学习、结构化教学到立德树人，从解题到解决问题的落实，课堂构建真情境、解决真问题，以知识技能为载体，涵养学生素养，点化学生生命。

王昊宇老师的四年级"解决问题"一课，通过学生作业中的问题，整理条件与条件、条件与问题的方法，带领孩子们分析复合应用题的数量关系，引导孩子们有条理地思考问题，确定解题思路，让孩子们在复杂的真实情境中认识数学本质，形成初步的抽象能力、推理意识和应用意识。

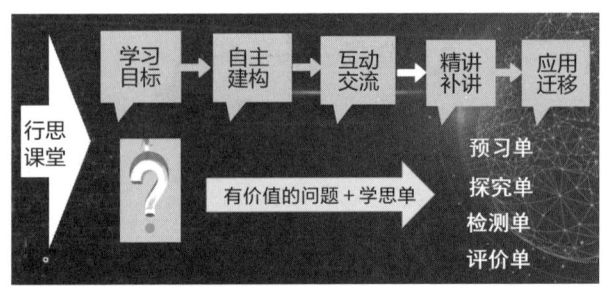

骆丹老师的四年级"定位神器"一课，让学生感受了数学对科技发展做出的卓越贡献，从认识数轴、平面直角坐标系和空间直角坐标系结构化教学，并通过我国北斗卫星导航系统，感受数学和生活的密切联系与应用价值。

郝高峰老师的四年级"数学与诗歌"一课，通过"读一读，写一写""分一分，说一说""想一想，算一算"三个环节，引导学生借助"诗歌"别样的形式学习数学，在"'诗'说数学""智斗三'秀才'"等活动中发展学生的思维能力，感受数学与诗歌整合的魅力。

王永涛老师的五年级"巧破数阵图"一课，从"洛书"传说导入，引导学生认识幻方，发现数阵图的基本填图规律，辨析常见数阵图的数量关系，并借助代数思维破解数阵图，激发学生对中国数学文化的兴趣，感受数学的魅力和实用价值。

马俊华老师点评"解决问题"一课有"三有"：一是"有疑"，建立在学生完成课时作业中存在的问题与困惑展开的精准化教学；二是"有序"，使用了 Solo 分类法，引导学生主动完成了认知结构的建立；三是"有意"，重视情境创设与问题设计，建构完成了数学化后的情境。"巧破数阵图"一课，"重史""重试""重思"，引导学生在尝试探究中明方法、在排列规律中悟策略。

参加调研会更明晰了中华优秀传统文化与深化课程改革持续、深化的重要性，通过教育部直属师范类大学附属小学高端领航教研会，看到了教育的诗与远方，更深谙我们的差距与努力的方向，心有所信，方能远行；虽不能至，心向往之。

2024 年 6 月 2 日

五十二、行思教育新启程

金秋九月，虽暑气未消，但玄小的校园已焕发出蓬勃生机。从预备周到开学第一周，全体教职工以饱满的热情投入工作：新教师培训、质量分析会、家长会、课程安排……每一项任务都凝聚着团队的智慧与汗水。9 月 1 日，校园秩序井然，教学常规扎实落地，为新学期各项工作的开展奠定了坚实基础。

1. 经典浸润，文化育人

开学首日，琅琅诵读声便回荡在校园每个角落。《论语》作为经典诵读的核心内容，不仅启迪智慧，更成为连接师生与传统文化的纽带。早操、课间、放学列队……点滴细节中，学生逐渐沉淀心性，融入学习氛围。经典诵读不仅是仪式，更是"以文化人"的生动实践。

2. 精细管理，护航成长

面对年级扩容的挑战，体育组科学规划早操站位，班主任精准跟进总结，新一年级学生在行政团队和班主任的引导下快速适应校园生活。首日放学的拥堵问题，通过"家长护学岗"的及时介入得以高效解决。这些细节彰显了玄小"天下大事必作于细"的管理理念。

3. 课堂为本，以思启慧

开学首周，教研室听课、评课聚焦教学目标与习惯养成。师生状态饱满，但课堂仍有提升空间，如优化目标设计、创新学习方式等，答案在于"行思课堂"的核心追求：以思启慧，以行立身。每一节课堂、每一本作业、每一次师生对话，都是教育智慧的沉淀。

4. 教研深耕，聚力前行

9月1日下午的教研组计划分享会上，张维组长带领的"慧思级语文组"为全校提供了宝贵经验。作为学科发展的引擎，教研组需在"勤学笃行、求是创新"中突破瓶颈。尤其是对年轻的教研团队而言，既是挑战，更是成长的契机。

5. 平凡坚守，铸就非凡

玄小的美誉度源于日常的坚守：一节节扎实的课堂，一遍遍耐心的谈话，一天天规范的放学……"言行有矩、学思无涯"的校训，正是在这些平凡点滴中落地生根的。教育无捷径，唯有点滴积累，方能厚积薄发。

跋山涉水，不改一往无前；山高路远，但见风光无限。行思教育的新征程，必将在全体玄小人的脚踏实地中，书写更璀璨的篇章！

2024 年 9 月 8 日

五十三、爱与责任：教育的永恒底色

"没有爱就没有教育，没有兴趣就没有学习。"这句朴素的教育箴言，道破了教育的本质。然而，让每位教师真正内化这一理念并付诸实践，需要时间的沉淀与行动的磨砺。那些早早领悟的教师，已在教育的田野里收获了芬芳——他们用爱点燃希望，用责任守护成长。

1. 学生眼中的好老师：一面镜子

暑假期间，慧思级与敏思级的学生们完成了一份特殊作业——描绘"我最喜欢的老师"或"我理想中的老师"。透过孩子们纯真的文字，我们看到了师者的模样。

课堂的魔法师：幽默风趣，将知识与生活巧妙链接，让学习成为一场探索的旅程。

严格的守护者：管理严谨，尽职尽责，严中有爱，慈中有度。

心灵的引路人：关注学生内心世界，一次偶然的交流，可能成为孩子记忆中的永恒温暖。

平等的朋友：分享故事，鼓励运动，用平等的姿态走进学生的世界。

无私的奉献者：牺牲休息时间补课、批改作业，拒绝机械重复，用智慧点亮成长之路。

孩子们对理想老师的期待同样发人深省：师德高尚、公平公正、作业适量、拒绝体罚、多组织活动……这些稚嫩的话语，恰是教育真谛的朴素表达。

2. 教育的反思：假如我是孩子

教师的一言一行，可能成为学生一生的印记；无意间的疏忽，也可能带来难以弥补的伤害。当我们自问："假如我是孩子，假如是我的孩子，我希望遇到怎样的老师？"答案便清晰浮现——用期待他人对待自己的方式去对待学生。

3. 教育是双向的滋养

成就学生：在琐碎的日常中，我们走进学生、了解学生、培育学生。

涵养自身：每一次付出，都是对教育初心的坚守，对师者风范的锤炼。

教师之所以伟大，是因为我们影响的不仅是一群孩子，更是无数家庭的未来；教师之所以平凡，是因为这份平凡中孕育的伟大蕴藏于日复一日的点滴之中——一堂课、一次谈话、一份作业……平凡是伟大的起点，伟大是平凡的升华。

教育是一场温暖的修行。让我们以爱为底色，以责任为担当，在平凡的岗位上书写不平凡的教育诗篇。因为——教育不是注满一桶水，而是点燃一团火。

2024 年 9 月 22 日

第三章
学习方式与课堂观察之思

　　学习方式是支撑课堂学生自主深度学习的助推器，没有学习方式的变革就没有教学方式的变革，学生知识的习得、能力的培养、素养的积淀等就难以落地生根。因此，学生学习方式训练是行思课堂的根基，包括学生站姿、起立问好、班级风貌体现、学习状态评价、思维训练等，让我们走进课堂，探寻学习方式变革，观察感悟课堂，经历生命向阳而生、向善而行的成长历程。

一、行动的力量

行动，只有行动，才能决定价值。

——德国哲学家约翰·菲希特

从开学第二周开始，就笃定专注小学学习方式训练，而繁重的日常事务无法走进课堂，看到孩子们课堂习惯与常规学校大同小异，莫名的忧虑与急迫，第三周拟定请宾妍琰老师制订学习方式训练执行方案。

学习方式训练

目标：

（1）"思维慧智，习惯聚成"教育理念的基础渗透；

（2）转变理念，培养学生，解放老师；

（3）彰显班级文化，为培养专心听讲打牢基础。

约定：

（1）思维慧智，习惯聚成；

（2）静能生慧（入室即静），抱臂坐端；

（3）头正、身直、脚平，一寸、一拳、一尺；

（4）学思四班，行动非凡；

（5）轻拿椅子，推放桌下，打开通道，互相礼让。

时间：语文课或班会课（教师自定）。

方式：宾妍琰尝试训练，2～3人团队补充。

内容：结合教学实际自主确定。

课时：10＋5微课。

周一下午同宾老师深入交流此方案，出乎意料地获得了她三重惊喜回馈：惊喜一，当天晚上，宾老师结合学校教育理念量身定制学习方式训练班级约定与文化，细致而实用，我和宾老师约定她上课我旁听。惊喜二，第二天早上第一节课宾老师约我去听课，或许源于宾老师的平时渗透，或许源于早读的训练，师生约定自然默契，有板有眼，有模有样；最令我惊奇的是"打开通道、轻推椅子"训练，在尝试训练中，最大问题是很多孩子书包厚无法放进抽屉，导致椅子无法推到桌下。细心智慧的宾老师发现了秘密——书包内有水彩笔，让孩子们把水彩笔放到桌子下边的桌兜，书包便全部放进抽屉。约定一出，小家伙们迅速将椅子推到桌下，甚至我都没来得及看他们是怎样起身站到了椅子后边，自己在通道自由进出，惊叹之余对宾老师佩服有加，真所谓实践出真知。惊喜三，中午教研活动后，学校安排宾老师下午再上一节学习方式训练展示课。尽管宾老师担忧下午可能不及早上表现好，然而孩子们热情高涨，无论是读书写字还是回答问题，都积极参与。更令人欣喜的是，当推进椅子打开通道时，学生进行了课文律动表演，下课时面对听课离开的老师，学生们彬彬有礼地告别，这份纯真与懂事让人心中涌起一股暖意，不禁为师生的共同成长心生欢喜。

三重惊喜再次诠释了行动的价值与力量。未来的一周，继续跟进学习方式训练、班班训练、人人过关，在10月底进行学习方式训练比赛。

没有学习方式的变革，教学方式亦难有所突破。只有日常扎实的课堂训练与强化，才能达成"思维慧智，习惯聚成"的教育目标。未来一周，我们将继续从行动开始。

学思四班约定

（1）动静转换：思维慧智，习惯聚成。

　　拍手：×× ×××

　　倒数：5 4 3 2 1

（2）进入教室：静能生慧，入室即静；听见铃声，保持安静。

（3）起立时：学思四班，行动非凡。

（4）坐姿：抱臂，坐端。

（5）写字时：头正、身直、臂开、足安；一尺（眼离书），一拳（胸离桌），一寸（手指离笔尖）。

（6）离开座位时：轻推椅子，打开通道。

（7）课堂约定：伸出你的——小手指（书空），

　　　　　　　　搭起你的——小书架（读书时），

　　　　　　　　书本——休息（合上书时）。

（8）二人组学习：二人交互轻声慧智。

　　　收组：春眠不觉晓——处处闻啼鸟。

（9）手势约定：右手 OK（准备好或者已完成），右手举手（有问题要发言）。

2020 年 9 月 26 日

二、会变魔术的长方形——课堂观察与思考

2021年9月30日下午，宋飞奔老师与善思四班同学共同呈现的"会变魔术的长方形"一课，善思四班学生奇妙的想法，多元的思维，积极地参与，勇敢的表达，深度的合作，灵动的课堂……让全体听课教师与培训专家惊喜连连、惊叹不已，坚定地相信好奇心与求知欲是每个孩子与生俱来的特质与品质。

课堂导入便是学生"头脑风暴"，宋老师以"长方形"为素材，让学生展开想象：一是"看到长方形你能想到什么"？学生自主想象（1分钟）；二是四人小组交流，互相说出自己想到的，并看谁说的最多（1分钟）；三是各组长用手势统计本组说出的向度个数并全班展示，教师统计（1分钟）；四是随机开火车汇报，每人说一个、不重复（3分钟）；五是教师根据学生的发言精讲补讲并板书课题。

这样的导课，学生既主动思考又参与率高，还贴近生活实践，每个学生至少说出3个，小组最多说出了16个，用手势统计就是对学生数学符号与数学语言的培养，宋老师在全体学生共同创设的情境中导入新课，可谓是内源动力激趣导课。（建议：随机开火车汇报改为，随机小组汇报，其他人补充。快速开火车汇报不利于学生对所想象事物进行思考与归类。）

教学环节二是"画一画关于'长方形'的画"，宋老师围绕云朵框学习单设计4个学生活动：一是学生自主选择8个不同的事物写在云朵框内（3分钟）；二是学生独立把写在云朵框里根据长方形想象出来的事物分别画出来（8分钟）；三是在学生画了三分钟后，遇到较复杂的物品不会画时，宋老师出示"长方形画画微视频"（1分钟）；四是看完视频后学生再次继续画自己写的物品。

活动一让学生把自己联想到的物品用文字表达出来，从能说到会写的递

进，培养学生思维与语言的概括性与精确性。活动二在写的基础上画出自己想象出来的事物；充分体现"做中学"，培养学生形象思维；当学生在画的过程中遇到困难时，教师及时出示微视频，可谓是不愤不启、不悱不发。学生在愤悱启发后再次继续画出自己写的物品，可谓是环环相扣、层层递进。

教学环节三是"认一认关于'长方形'的画"，本环节用 6 次师生互动完成。一是四人组内互相欣赏，认一认同伴画的是什么（2 分钟）？二是画得好的学生作品全班展示，其他同学辨认画的是什么？从哪里看出（4 分钟）？三是独立思考：为什么有的同学画的画一眼就能辨认，而有的同学画的很难辨认（1 分钟）？四是先自己思考再与同桌讨论（1 分钟）。五是随机请同学汇报，教师相机引导（2 分钟）。六是教师精讲总结：想象需要抓住事物的关键特征。

互动一，学生兴趣盎然积极参与。互动二，请个别学生在全班展示，其他同学辨认：同学 A 和同学 B 的画，有的同学们一眼就辨认出是什么，而有的同学的画需要辨认好几次，同学 C 主动声明自己画的画谁也猜不出，老师请同学 C 展示（排列均匀的小方块与 9∶30），可爱的 C 同学先悄悄趴到宋老师耳边窃窃私语，然后才开始他的发言，在几个人猜测后，有同学猜出了"平板电脑"（民主、平等、科学的课堂氛围展现得淋漓尽致）。宋老师追问画什么才能让人一眼辨认出是平板电脑呢？同学们可谓是八仙过海、各显神通，有的说画电源开关，有的说画时间，有的说画日期，有的说写上平板电脑四个字……在同学们充分表达自己观点的同时，宋老师引导同学们开始了互动三，为什么有的画容易辨认，有的画很难辨认，自己思考并与同桌讨论。随后便是同学们随机发言，"有的同学画得像，有的同学画得不像"同学 D 回答说。宋老师紧追提问："怎样才能画得像呢？"同学 E 回答说："抓住事物的特征。"宋老师追问："怎样才能抓住事物的特征呢？"学生描述式的原生态回答多种多样，如"画火车，既要画车厢还要画火车轮"。教师此时精讲总结：想象需要抓住事物的关键特征。（建议：学生精彩的回答，教师应及时给予鼓励性、引导性评价，如你真是个善于观察、善于思考的孩子！同学们的想象力真丰富，我要向你们学习！有个说"画蛇添足"的同学说他每天听成语故事，教师应该及时鼓励他说，这个习惯真好，一直坚持下去，你一定能当我的老师！真希望你以后能把学到的成语故事讲给同学们听！……教学信息的良性互动与有效评价，是富有成效的、丰富多彩的课堂教学生活的创造与发展，教师及时性、激励性、引导性、准确性、发展性的评价，对学生学习兴趣的培养、习惯的养成、思维的启迪至关重要、影响深远。）

教学环节四是"活动心得"，该环节由教师运用三个教学步骤完成。一是教师引导：你为长方形施加了什么魔法，让它变成了这么多不同的事物？把你的收获写下来，学生独立思考写心得（3分钟）。二是教师指名（3名同学）汇报。三是师生交流心得。

让学生独立写收获，养成总结、思考、梳理的习惯。全班交流时，马涵裕说："我今天学会了把长方形变成橡皮、书本、面包等"；高艺丹说："我知道了，一个普普通通的长方形，通过思维的魔法可以变得与众不同。"薛智诚说："画一个东西，就要抓住它的特点，比如画火车就要画出火车轮子，画兔子就要画出兔子耳朵。"王湛博补充说："我们要画出特点，但是也不要画蛇添足。"……孩子们敏捷、灵活的思维，逻辑清晰的表达博得全场老师的啧啧赞叹与阵阵掌声。（建议：①学生独立书写后让同桌或四人小组互相说一说，增加生生互动的交流与讲解，再全班交流，学生的参与率与强化次数会同步提高，课堂效果也会更加多元民主。②总结的问题调整为"这节课你学会了什么？你是怎么学会的？"这样学生在总结梳理时，不仅有知识与技能层面的思考，还会有学习方法层面的思考，引导学生懂得课堂学习不仅要学会，还要会学，更要启智润心、培根铸魂。）

最后环节举一反三，长方形施加魔法会变，那么三角形、圆形施加魔法会变吗？请你让三角形和圆形变身吧！

渗透类比迁移，既让学生触类旁通，更培养学生学会深入思考与总结实践的能力，让学生带着思考与问题下课。课堂教学是培养学生学会思考和质疑，绝不是使学生没有任何问题而下课。

灵活的思维、灵动的课堂、慧智的学生、智慧的老师，"乘思维翅膀，助生命腾飞"的核心理念与思维教育 DNA 已经萌芽于学生的心田与生命中，特别是宋老师教学设计的每一个环节具体用时都心中有数，学生活动方法策略有的放矢，课堂充分体现了以学为本、以生为本、以人为本，进而确保课堂每一分钟的质量。

从观课、议课、评课与李霞专家的报告中引发我如下的思考：

教育——教育绝不是知识传授与各种能力的单项训练，教育是在传授知识与技能的过程中，启迪学生思维，塑造学生人格，培养学生素养，注重学生全面发展。

教师——教师不仅是传授者、讲解者、提问者、管理者，更是学生学习的促进者与引导者、组织者与参与者、检测者与评价者、学习者与思考者、是平等中的首席。

课程——教师应具备三级（国家、地方、学校）课程意识，形成正确的课程观念，培养课程开发能力，使国家课程执行化、地方课程校本化、校本课程特色化，逐步由国家课程的执行者转化为学校课程的研制者和开发者。

教学——杜绝单一的灌输式教学，构建发挥学生主体性作用的多样化教学方式；采用对话式学习、体验式学习、互动式学习、探究式学习、实践性学习等，尽可能与学生生活与社会实践相结合。

教材——不过分强调教材的权威性和学术性，教材只是一种范例或案例，一种帮助学生学习的工具。不必一味照本宣科，要大胆质疑和创新，树立世界是学生的教材的观念。

学习——学生是学习的主人，使学习过程成为学生发现问题、提出问题、分析问题、解决问题的过程，体现学生的主体性、独立性、能动性、体验性。

学生——学生是发展的人（身心规律、发展潜能、发展过程），是独特的人、具有独立意义的人，每个学生都有成才的巨大潜力，每个人都有自己独特的优势特征。

评价——以促进学生德、智、体、美、劳全面发展为目标，把结果评价、过程评价有机结合，教育教学中以学生的努力程度来评价，更好地发挥增值性评价在学生成长中的引擎功能。

课堂永远是学校教育的主阵地，切实提高课堂效率，精研课标、精读教材、精准教案、精通学生、精细教学，向每一分钟要质量，是"双减"工作的治本之策，"减负"和"提质"并重，驰而不息、久久为功。坚持以习近平新时代中国特色社会主义思想为指导，全面贯彻党的教育方针，落实立德树人根本任务，着眼建设高质量教育体系，强化学校教育主阵地作用，构建教育良好生态，促进学生全面发展、健康成长，是玄武路小学教育人永不停歇的追求与担当！

2021 年 10 月 6 日

三、期待已久的学习方式

没有学习方式的变革，就没有教学方式的变革。许多教师对这句话都烂熟于心，然而真正理解它内涵与价值的人为数不多，而把学习方式训练作为日常课堂教学基础予以落实的人寥寥无几，能够诊断教师学习方式训练与指导教师学习方式过关的人更是凤毛麟角。

学习方式的变革是教学方式与育人方式变革的根基，项目式、探究式、互动式、启发式、合作式、研究式、对话式、参与式、体验式……学习方式变革仅仅停留在宏观的理论思想层面，而真正体现培养学生核心素养与立德树人育人模式的 5G、5F 学习方式以及不被大多数人重视的看似简单的约定、单元组、板卡、表达呈现、合作等恰恰蕴含着巨大的潜在素质培养与育人能量。

看到王安荣和宾妍琰老师在群里发的"刘蓉老师的美术课，四人组交流刷牙时的样子，生生互动。赵欣怡老师的美术课，交流勺子的样子和功能，老师训练意识到位。善思二班，下课约定：下节课是音乐课，请把学具准备好！善思四班王娜老师数学课小老师提问，其他学生作答，互相质疑并补充。善思五班学生汇报生生补充质疑评价，学生发现问题与亮点，被补充和质疑的学生反馈：谢谢你的纠错，谢谢你的质疑，我学到了……体现有礼有节。学思一班孩子回答问题面向大多数，坐姿端正。学思二班约定响亮，四人组合作时老师及时指导。善思六班生生评价，互学互教……"想象孩子们真挚的情感与灵光的眼神，自己一定要亲眼看一看，亲自感受学习方式的训练情况。周四早上的班级文化评比，善思二班同学们下课推动椅子、摆放文具的约定与行动，给了我莫大的惊喜与欣慰。约定内容我没记住，但是同学们在狭小的座位上轻轻推椅子挪动，整齐站位鞠躬的情景深深地烙在了我的脑海，看到学习方式过关情况一览表，虽然个别老师还需要进一步改进、优

未央区玄武路小学 2020—2021 学年度第一学期学习方式过关成绩统计表

序号	姓名	单元组（A/B/C）	约定组（A/B/C）	板卡（A/B/C）	表达呈现（A/B/C）	合作（A/B/C）	等级（A/B/C）	备注
1	郭鹏玲	B	A	A	A	B	A	优秀班主任
2	张淑婷	B	A	A	B	B	B	
3	田文娟	A	A	B	B	B	B	
4	冯龙龙	B	A	A	B	B	B	
5	马卓	B	B	A	A	B	B	
6	毛文婷	A	A	B	A	B	A	优秀班主任
7	王丹	B	B	A	B	B	B	
8	何斯琪	A	A	B	A	B	A	优秀班主任
9	徐晨	A	A	A	A	B	A	优秀班主任
10	王娜	A	A	B	B	A	A	优秀班主任
11	李九虎	A	A	B	A	B	A	优秀班主任
12	唐敏	A	B	A	A	A	A	优秀班主任
13	张琦	C	B		C	C	C	数学组：A 等级 4 人 B 等级 1 人 C 等级 2 人
14	李淼	B	B	B	B	B	B	
15	王郑翌	C	B	C	B	C	C	
16	孙惠敏	A	A	A	A	B	A	
17	杨晓莉	A	A	A	A	B	A	
18	宋飞奔	A	A	B	B	A	A	
19	孙敏	A	A	A	A	A	A	
20	王亦磊	A	A	A	A	B	A	英语组：A 等级 1 人 B 等级 2 人
21	雷瑞林	B	B	B	C	C	B	
22	胡芳芳	B	B	B	C	C	B	
23	刘蓉	A	B	A	A	A	A	综合组：A 等级 4 人 B 等级 3 人 C 等级 1 人
24	赵心怡	B	A	B	B	B	B	
25	赵丹	A	A	B	A	A	A	
26	杨柳	A	A	B	A	B	A	
27	王婷	B	B	B	B	B	B	
28	赵宇	B	B		B	C	B	
29	吕登辉	B	A		A	A	A	
30	白晨旭	C	C	C	C	C	C	

化，但是教师整体团队的训练情况给予我莫名的激动与振奋，这就是玄小"思维慧智，习惯聚成"办学理念与教师成长的不同于一般学校的管理与发展路径。成长型思维是每一位玄小人必备的工作基因。

本周语文组绘本阅读设计的多元与个性，数学组思维绽放课研讨的睿智与灵动，综合组自编操的探究与学习方式过关课的交流，教研组活动突破了坐而论道的理论学习，以教研活动的创新与实践为课后服务夯基固本，为教师发展赋能增效。从全面提升课后服务质量问题的提出到各教研组任务主题的选择，从自主收集素材的准备到团队切磋课题的确定，从教研活动的集中研训到周五教工大会的案例展示，从素材备课的修改完善到团队教师后期上课的生成启示……一系列基于问题的自主研究，基于经验的反思总结，基于团队的合作交流，基于真实的案例研训，基于研究的行动实践，成为教师专业发展最有效、最快速的校本研修"VIP"成长通道。

如果说学习方式训练是提高课堂效率的根基，那么教师一定是根基的根基；如果说学习方式训练是学生思维培养的生长点，那么教师一定是生长点的生长点；如果说学习方式训练是学校高质量发展的制高点，那么教师一定是制高点的制高点。全校班级整体学习方式训练实现了难能可贵的0—1的突破，大家一定要继续深耕课堂学习方式训练，其一，我们仅仅训练了五项基础，五个防范、五个关注等的深入学习和掌握会让学生的学习力与课堂效率迭代提升；其二，再好的单项训练长久反复使用都会产生强化疲劳与严重强化疲劳，只有学习方式的不断创新优化，学生的思维形式、思维方法、思维过程、思维能力、思维品质才会在课堂信息的多元与个性中不断浸润与涵养。

完成挑战性工作任务的过程，是教师能力生长的重要环节，面对挑战，一起笃定耕耘，期待明天。

2021 年 10 月 31 日

四、《我要的是葫芦》——课堂观察

《我要的是葫芦》是人教版二年级上册第五单元围绕"思维方法"主题，在《坐井观天》与《寒号鸟》学习后的第三篇课文，本周一（11月15日）全程观察了李九虎老师的《我要的是葫芦》第二课时课堂教学。

教学环节一，回顾课文：一是同桌之间用自己的话夸一夸葫芦；二是随机汇报；三是朗读课文第一自然段内容完成关于葫芦藤、叶子、花、小葫芦的填空；四是学生随机汇报；五是体会"多么可爱的葫芦啊！"并朗读。

让学生用自己的话夸一夸葫芦，培养学生的想象思维与概括能力，在学生结合课文分享后，教师补充"谁和他的不一样？"有个同学用自己的语言给予不一样的答案，教师有意识培养学生的创新思维与批判思维。

教学环节二，围绕种葫芦的人与葫芦的变化，品析课文，探究联系：一是根据图片内容，想象种葫芦的人可能会说什么；二是随机汇报与质疑补充；三是自主学习2~4自然段；四是四人小组交流葫芦变化的原因；五是随机全班分享；六是体会反问句"叶子上的虫子还用治？"与陈述句"叶子上的虫子不用治"的表达特点并指导朗读；七是朗读关键句，四人小组探究葫芦落了的原因，"叶子上的蚜虫要治吗？为什么"；八是小组汇报，教师评价，明晰事物之间都有密切联系的道理。

一个"可能会说什么？"问题的设计，充分体现了教师多元教育思想，有助于培养学生的想象力和思维的灵活性、多样性，自己说、同桌说，充分尊重每个学生，更值得称赞的是，培养学生倾听能力。教师提问："听完同学的回答，你是要补充还是要质疑？"学生的回答："我质疑×××的答案，我补充×××的答案。"补充与质疑的同学比比皆是，学生课堂教学思维训练的平日之功可见一斑。"有几个虫子怕什么！"感叹句+反问句的引导与理解恰到好处，朗读指导让学生充分体验与表达。

　　课堂上教师始终围绕教学目标与重点设置有价值的高认知问题，启发学生深度思考，互相交流。教师要善于倾听学生的发言，并能根据学生的发言及时给予激励性、引导性的评价。教师的评价牵引课堂走向深刻而理性，学生的表达能力以及思维的逻辑性、深刻性已初见端倪，学生基于知识的学习形成了自己的经验与看法。

　　令人稍感遗憾的是，课堂的教学板书与深刻道理的揭示未能如期进行。然而，我更加期待的是，"假如第二年，那个人又种了一棵葫芦……"的故事能否得到精彩的续写。

　　在静心梳理课堂教学的各个环节时，我不禁思考：哪些内容可以巧妙取舍与整合，以使得整个教学的脉络与层次更为紧凑和连贯？同时，我认为将重点语句的学习嵌入具体的段落中进行，会更有助于学生的理解和记忆。当然，我们可以进一步探讨如何将这种整合与嵌入的教学策略付诸实践。

　　首先，对于课堂教学内容的整合，我们需要识别哪些信息是必要的，哪些是可以简化或省略的。我们可以根据教学目标和学生的学习需求，对教学内容进行筛选和重组，确保学生能够在有限的时间内获取最关键的知识点和技能。

　　其次，关于重点语句的学习，我们可以设计一些具体的学习活动，如小组讨论、案例分析或角色扮演等，让学生在互动中深入理解这些重点语句的含义和应用。通过将重点语句的学习与段落的学习相结合，学生可以更好地把握文本的整体结构和逻辑关系。

　　再次，我们还需要关注学生的学习反馈和效果评估。通过测试和作业检查，了解学生对教学内容的掌握情况，并根据反馈调整教学策略。同时，我们也可以通过与学生的交流和互动，了解他们的学习需求和困惑，为后续的教学提供有益的参考。

2021 年 11 月 21 日

五、思维好课堂

周六早上的全区中小学幼儿园教育质量提升大讨论首期校长论坛从早上9点到下午1点，几位校长的剖析与思考，局长的讲话与启示，未央提升教育质量的决心与士气前所未有。庆幸的是玄小建校至今，全体教师一直致力于质量提升与品牌创建，那么学校的亮点特色在哪里？质量、品牌是什么？短板弱项如何补？

1. 思维基因铸就思维教育

办学伊始，我们认真贯彻落实习近平总书记关于教育的重要论述和全国教育大会精神，关注培养创新型人才。学校确立以"思维"为学校教育 DNA，秉持"乘思维翅膀，助生命腾飞"核心理念，笃守"一训三风"。校训：言行有矩，学思无涯。校风：向上向善，慎思慎为；教风：因材施教，顺天致性；学风：思维慧智，习惯聚成。以"学思级、善思级、乐思级、敏思级、慧思级、省思级"为六个年级命名，将"思维＋课堂""思维＋习惯""思维＋运动""思维＋阅读""思维＋教研"等思维教育（培养学生思维形式与思维品质）理念落实在日常教育教学中，聚力校本课程开发，做优双减课后服务，倾力提升教师科研能力，深耕思维好课堂，让学生的发散思维、创新思维、批判思维等在言传身教与潜移默化中启智润心。

2. 学习型教师成就思维教育

教师成长的"四新五能"，即新教育理念（学习型教师与成长型思维），新课标（2011 版与 2022 版的辩证落实），新方法（自主建构与互动质疑），新课堂（评价牵引与教学相长）；思维教案撰写能力（思维训练点与方法策略），思维课堂调控能力（启发悱愤与啐啄同时），思维教学反思能力（课后反思与一周一得），信息技术应用能力（实时投屏与课件制作），团队协作科研能力（教研活动与校本开发）。

3. 学习过程造就思维好课堂

思维好课堂以学习目标为导向、自主学习为根基、多元互动为根本、思维学习单为根脉、质疑释疑为主旨、师生评价为引擎、当堂检测为策略，集"三性合一"（知识性＋个性＋创造性）与"三级联动"（主动＋互动＋能动）为落脚点，深耕思维好课堂。

4. 弥补短板做实思维教育

（1）加强校园硬件建设，将校园文化显性化，完善功能部室。

（2）精研校本课程开发，将校本课程结集成册，深化实施。

（3）期盼学校划分学区，均衡学生生源质量。

2022 年 5 月 22 日

六、成长是最美的风景

天秋日正中，水碧无尘埃。纵横交错的第四周，听课是最想品味的风景。

1. 观课

李九虎老师的《山行》课堂，始终以扣"生"心弦的问题、启智润心的诱导与及时鼓励的评价环环相扣，情感相融。全情投入的教师与身心沉浸的学生诠释了灵动的思维好课堂，以至于戛然而止的下课，让听课的我们意犹未尽……思考亮点纷呈的精彩片段：一是课堂学习方式，在以往"目光——聚集"班级约定的基础上，增加"腰杆——挺直，坐姿——端正，双脚——并齐"，学生精神面貌饱满。每一个回答问题的学生都明白自己此时是全班学生学习的贡献者、组织者——看书或者看黑板抑或是质疑、补充回答，课堂洋溢着浓烈的交流互动和研讨学习的味道。二是看出学生预习的习惯与日常的积累，了解作者杜牧，让学生先说，教师补讲，尊重学生已有的生活经验，愤启悱发，而不是教师讲授灌输，令人惊喜的是学生一下子说到"小李杜、大李杜"，让所有老师体会到教学相长的乐趣。三是"白云深处"与"白云生处"的比对辨析，结果孰是孰非已不重要，重要的是培养学生审辩式思维与批判质疑的精神，厚植学生核心素养。

何斯琪老师的《铺满金色巴掌的水泥道》课堂，学习目标与单元要素的清晰展现，树立单元意识，学生与教师从课堂伊始均有的放矢；学习方法的扎实落实，学生课堂常规与学习习惯的慎终如始，理解词语方法的水到渠

成；小组合作的有序有效。

　　毛文婷老师与学思三班学生的《四季》学习方式训练课堂，约定的达成，二人小组的训练，课堂常规的建立，说完整话语的渗透，生字书写的指导，小组评价的激励，学生积极的状态，踊跃的发言，蜕变式的成长……毛文婷的亲和力、善思级语文组的合作力与学思级教师日常努力的结果可见一斑。

2. 思考

　　一个单位的核心竞争力就是自己独有的而其他单位无法复制或者难以复制的能力。我想，教师间的"自主成长合作共进"便是玄小独有的核心竞争力。三节课我走进教室听课，令我意想不到的是三个年级的语文老师互讲互听、互评共享，正如九虎与斯琪互听的课堂，深度学习与基础常规的结合，质疑补充与学习目标的融合，课前预习与课后拓展的互补……

　　毛文婷老师的课，同年级语文老师多次进行研磨，三节语文课，三个年级的语文老师都在参与研磨和听课讨论，这只是学校各教研组、各"慧智双师"的缩影，英语组、数学组、美术组、音乐组的"慧智双师"都在按照自己的安排进行着，备课、上课、听课、研课、评课、反思是教师课堂教学能力提升的法宝，没有最好，只有更好。愿这样的生命与生命激荡的场景与心灵成长的画面，在玄小随时、随处、随人、随见。

教师课堂教学能力既是教师的关键能力，也是学校的生命力与生长力，更是学校发展的核心竞争力，愿"如切如磋、如琢如磨"的每一位玄小人同玄小一起"苟日新，日日新，又日新"。

2022 年 9 月 25 日

七、课堂精进反思

"学科融合＋学习方式"思维好课堂第三周 13 节课＋2 节课题研讨课例展示，教师积极创新，学生灵动分享，课堂观察思考颇多，思维课堂关键环节的整体推进还需潜心深耕，日常实践，团队研磨。

1. 学习方式

（1）课堂学生座位形式，学生听讲、交流不能一直端端正正地采用"秧田式"就座，7～13 分钟就要让学生动一动，不离开座位是小动，离开座位是大动。

（2）课堂学习目标或关键问题，不能以个别少数学生的回答、讲解、练习代替全班学生的学习，教师设计教学环节要让全体学生参与，参与率至少达到 80％以上。

（3）课堂师生约定，约定是师生教学效果快速反馈、教学环节快速转换的默契互动，有手势约定（OK、举手、拳头、爱心、竖大拇指、掌心、手势数字示意等）；有声音约定（倒数数字，音乐声，击掌声，学科语言，经典诗词，习惯养成语言等）；有学生组织教学约定（我发言、我质疑、我补充、请看黑板、请看书、目光聚集等）；有不同文化的约定（班级文化，主动参与智慧分享；学校文化，思维慧智，习惯聚成；区域文化，走进未央走向未来，魅力西安常来长安；民族文化，江山就是人民，人民就是江山，绿水青山就是金山银山；等等）。

（4）课堂小组合作，根据内容与时间，可以 2～4 人的小组、6～8 人的大组、9～13 人的超大组……学生在动静转换的学习中，情感参与、行为参与、思维参与，从而既全身心深度学习，又培养学生组织能力、协作能力、团队意识、责任担当等核心素养。

2. 学习目标

学习目标是教师站在学生立场，对课堂学习任务的明确界定，让学生清楚学习目标，课堂上师生共同为达成目标而努力，更有方向性、目标感。是否达成目标，一是体现在教学环节，如《荷叶圆圆》要求学生会仿照"荷叶圆圆的，绿绿的"说话，课堂进行仿照此句说话教学环节："草原＿＿＿＿的＿＿＿＿的；苹果＿＿＿＿的＿＿＿＿的；向日葵＿＿＿＿的＿＿＿＿的"。此环节要有效落实：首先，让每个学生思考或者在学思单上填写。其次，让学生分小组交流，自己填写内容，互相纠错并补充。再次，随机让小组分享他们的填写内容和组内互相学习情况，其他小组同学质疑、补充。如果教师出示学习内容后，立即全班指名学生回答，一次只能叫一名学生，其他学生也就不会深入思考。因此，先自主学习再安排同桌或四人小组互相说一说，让学生强化内容，在交流基础上全班分享。最后，教师精讲补讲，培养学生思维的灵活性与广阔性。二是体现当堂检测，如《要是你在野外迷了路》，课堂让学生针对4个学习目标自我对照是否达成（达成画√，未达成画×），教师让学生手势数值反馈，这样教师心中有数，同时让哪一项没达成的学生说一说，更好地精讲补讲或者梯次布置弹性作业。

3. 合作互动

合作互动是改变教师满堂灌、满堂问的有效学习方式，合作的形式有几个人、在什么地方、转过来还是走过去、坐着还是站着等，合作的内容有课文词语、自然段数、做题的结果、收集资料等，合作的方法包括轮流讲、听谁说、一起读、互相看、修改、质疑、汇总等。合作互动训练的价值、意义在于日常课堂的坚持。

4. 课堂评价

周三思维课堂尝试"班级优化大师"的评价激励功能，效果出奇地好，听课、思考、练习、学生行为表现等的及时加分评价，学生非常在意。宾妍琰老师的课堂为大家提供了最好的范例。评价绝不是重复学生的答案，课堂实践分秒必争，在教师板书课题时，要么让学生一起写，要么让学生思考问题或者书写学习卡，让学生有事可做。

　　课堂是师生生命共同成长的地方，学生课堂的灵动状态，映射着教师的教育智慧，让学生站到课堂中央，展现思维，交流思维，绽放思维，培养学生创新能力与创新素养，形成创新人格，是思维课堂的终极目标。

　　　　　　　　　　　　　　　　　　　2023 年 4 月 16 日

八、一节英语课的课堂观察

《学记》有言：善学者，师逸而功倍，又从而庸之；不善学者，师勤而功半，又从而怨之。深刻阐述了"教"与"学"的关系以及"学"在"教"中的作用。因此，学生学习方式训练便是撬动课堂教学变革与提高课堂效率的支点。

为了让新加入教师尽快适应"习惯＋思维"的行思课堂样态，构建"习惯＋思维"学习方式，周三早上王亦磊老师与学思一班同学为大家呈现了一节英语学习方式示范课，短短三周，看（看黑板、看老师、看同学）、听（听老师讲、听同学讲）、讲（老师讲、学生讲、同桌讲、全班讲）、想（为什么）、做（学习单）、动（同桌合作、离开座位轻挪椅、前后左右转身）、静（抱臂坐端静听）转换，常规学习方式可圈可点、像模像样，学生参与率大、思维集中，积极性高。

1. 学科约定，潜移默化

开课前，全体学生与教室后排就座听课教师用英语打招呼，让学生切身感受课堂与平时的不同，给学生足够的尊重与互动的机会，满足学生的好奇心与表现欲。一、二、三，A、B、C，ISee, Ithink 等学科约定，英语律动热身，教师全英教学，体态语言＋声情并茂，让学生沉浸氛围，点燃兴趣。

2. 行为约定，厚植素养

对学生的听讲姿势、书写姿势，发言姿势、生生互听姿势、同桌合作姿势、同桌交流结束要求、全班分享要求、离开座位要求，以及对学生调动、同学听讲要求，对同学分享的评价，对同学听讲的组织，下课文具摆放要求，等等，边教学边训练，边训练边校对，边校对边强化……只有学生掌握一定的学习方式，成为课堂的参与者、组织者、推动者，课堂资源的贡献者，才能在习得知识技能的同时，培养习惯，积淀素养，发展思维，以思启慧，以行立身。

3. 评价导向，关注过程

教、学、评一体是新课标的要求，也是提高课堂效率的有效举措。本节课的评价体现在：一是教师用奖励图标的方式，对全班学生课堂纪律与参与学习的三个大组的评价；二是教师对学生课堂表现及时用鼓励性语言评价；三是学生对学生汇报情况的星级评价；四是对课堂效果当堂检测与反馈的书面（学习单）评价；五是教师对学生学习检测情况的反馈评价。

4. 同桌合作，互相强化

课堂进行两次 2 人组合作，学生指令清晰，成组、收组迅速，互相提问练习，强化口语表达，提高学生参与率，同时符合小学生身心特点。小学生课堂注意力集中时间是 7～13 分钟，教师让学生在回答问题时坐姿的转动过程中、与同桌交流互动过程中，缓解学生身心疲劳，在动静转换中让学生恢复休力。

5. 结合实际，加深运用

在书包、铅笔、尺子、英语书等单词的学习与复习中，让学生结合自己的书包与学习用品，指一指、拿一拿，同桌互相问一问、说一说，结合生活实际在教室里找一找，让学生迁移巩固，对关键知识点增加强化次数，切实提高课堂效率，从而落实减负提质。

6. 思考启示，履践致远

（1）备好课是上好课的前提，制定可量化、可操作的学习目标是课堂的靶心，围绕学习目标设计内容与方法是关键，教师只有备课时心中有数，上课时才能有的放矢。

（2）课堂教学是教师"教"与学生"学"的双向奔赴，教师绝不能忽视学生"学"的训练与评价，教师的"一讲到底"或许就是"事倍功半"，而充分利用、开发"学生资源"常常可达到"事半功倍"的效果。

（3）课堂关键问题与重点环节要让全班学生参与，不能用一两名学生的回答、上台、做题代替全班学生的学习。

玄武路小学学生素养训练约定

类别	约定内容
课前	①上课铃，叮当响，我们快步进课堂，不挤不碰不吵闹，安静坐在座位上 ②入班即静，静能生慧；手放平，身坐正，腰挺直，眼睛看着×老师 ③我自信，我拼搏，我成功，我快乐
课中	坐姿：脚放平，腰挺直；抱臂，坐端；静心，静坐，静学 写字：头正，肩平，身直，足安；一拳，一尺，一寸 发言：目光，聚集；我发言，我倾听，我补充，我质疑 合作：二人同心，其利断金；小组合作，轻声细语；主动参与，智慧分享
下课	①轻推桌椅，打开通道，课间休息，注意安全 ②课前准备很重要，下节课是××课，学具快快摆放好
站队	①立正，一二；稍息，三四；手搭肩一二；向前看齐，三四 ②强健身体，锤炼品格；思维慧智，习惯聚成；言行有矩，学思无涯

（4）学习方式是提高学生学习能力、学习习惯、学习方法，课堂效率、厚植素养的根基与利器，更是尊重教育规律与学生身心发展规律的有效举措。

学习方式训练是磨刀不误砍柴功，要做好"经师"更须做好"人师"；培养学生，启悟学生，训练学生，给学生更多机会；道而弗牵，强而弗抑，开而弗达。

2023 年 9 月 23 日

九、"教学目标"与"学习目标"，一字之差理念各异

教学目标差一字，理念质量两重天。

学生中心为要义，互动参与是关键。

教转为学重过程，学习单里见真篇。

尊重差异促全面，行思课堂映新观。

开学至此，观察了敏思级 9 位教师的课堂，3 位教师学习目标精准，围绕目标靶向教学，全体学生课堂深度学习氛围浓厚，教学效果甚好；3 位老师"学习目标"停留在"教学目标"，让学生一读了之，教学过程没有依据教学目标动词设计，为完成任务而教学，没有学生是否掌握、是否会应用意识，课堂质量与效率大打折扣。不得不深思熟虑，为什么"行思课堂"的"5+2"模式以不同的方式培训多次，开学"春晚启思"教师会是为了作秀，还是给别人看？

从"教学目标"到"学习目标"，虽一字之变，却体现了教师教学理念的巨大反差。教学设计是教师立场还是学生视角，"教学目标"说明教师还停留在以自己教学任务完成情况作为衡量课堂质量的观念；而"学习目标"则是以学生知识技能掌握情况和应用迁移能力来衡量课堂质量。二者根本区别就是教师是否将关注点放在学生学习上，而非单纯放在教学任务完成上，体现了教师的学生观、教学观、质量观。

1. 学习目标体现以学生为中心，注重互动参与的学生观

教师的课堂观决定课堂氛围和教学方式。以学生为中心的课堂观，强调学生的主体地位和参与度。以"教学目标"设计教学环节，教师注重传授知识完成教学任务，关键环节与重要的知识点，用个别学生回答、参与代替全

班学生的学习；对学生知识技能掌握情况大而化之，以集体回答或者泛泛地认知问答粗略带过。看似完成了教学任务，但学生是否学会、是否会学、学得有无兴趣，教师置若罔闻，没有成为学生学习的引导者和促进者，仅仅是教学任务的完成者。

2. 学习目标彰显从"教"转向"学"，注重过程与方法的教学观

教师教学观决定教学的重点和方向。以学生为中心的教学观，教师重点关注学生的"学"，不是自己讲了哪些内容，而要关注学生学了哪些，学会了哪些，更要注重学生的学习过程和方法。不能让学生仅仅停留在想、说的层面，因为教师无法掌握哪些同学想了，哪些没想，想的内容是什么，甚至久而久之养成学生浅显简单思考问题，不会深度思考，更有甚者养成滥竽充数、惰性思维、眼高手低的不良习惯。而学习单（书、本）的使用正是这一观念的体现，它要求学生动脑、动笔，真正深度学习，与教师和其他同学进行深入的互动和交流。防止小组合作学习假合作、随意交流，学习单记录所思所想、知识脉络，在让学生深度思考、培养思维，深度学习，日积月累的同时，教师根据学生反馈及时调整教学策略，确保教学的针对性和实效性。

3. 学习目标诠释以学习效果为衡量标准，注重评价与反馈的质量观

教师课堂质量观决定评价教学质量的标准和方式。以学生为中心的质量观，不再以教师教学任务完成情况为标准，而是以学生学习效果为衡量标准。课堂将学习目标、学习活动、学习检测紧密结合，课堂巩固根据学生情况设计不同问题和任务（基础题、拓展题），让所有同学都参与到思与写的体验与反馈中；根据学生检测反馈教师精讲、补讲，再根据学生掌握情况布置作业，为个别学生提供有针对性的辅导，还可以让学生之间互相辅导、纠错，激励优秀，珍视个性，尊重差异；发挥学生"小老师"讲解、批阅、反馈作用，实现"教、学、评"过程最优化，提高课堂效率，实现教学质量提升。

　　"教学目标"与"学习目标"，虽一字之差，却深刻反映了教师教学观念、教学方法的显著差异，揭示了课堂效果的明显不同。真诚期望教师们能深入领会"行思课堂"的核心理念：以清晰的学习目标为指引，建立在学生自主学习的基础之上，通过多元化的互动方式激发学生思维，巧妙运用学习单以巩固知识脉络，鼓励学生质疑与释疑以深化理解，借助师生间的评价推动学习进步，实施即时的课堂检测以检验学习效果。我们始终坚持"以学定教，以生为本，以思启慧，以行立身"的原则，不断丰富和提升玄小"行思教育"品牌的教学内涵，为学生的全面发展奠定坚实基础。

2024 年 3 月 17 日

十、深刻反思的力量

苏格拉底曾言："未经审视的人生不值得过。"同样，没有深入反思的教学也难以精进。上周，李九虎老师对其语文教学《转述》一课进行了全面深刻反思，从教学目标设定到教学观念调整，再到学生学习方式的优化，反思效果在本周语文教学《繁星》一课中得到有力的验证。

1. 开门见山，深度学习

课堂伊始便出示学习目标，让学生默读后，大胆想象、思考并以关键词写出："你认为什么是最美的？"学生独立静写1分钟、同桌交流后随机全班分享，既训练了学生的思维能力，又巧

> **学习目标：**
>
> 1.认识"漫、涛"两个生字，会写"繁、漫"。
>
> 2.通过反复朗读，体会诗歌的韵味。（重点）
>
> 3.能理解关键词句的含义，体会诗人表达的情感。（难点）

妙地导入第三单元学习内容。随之引出课题《繁星》，并通过学生观察、书写、评价"繁"字，巧妙地引入汉字书写的知识点。在介绍作者冰心时，李老师采用检查预习方式，让学生分享后教师再精讲补讲，补讲内容由学生看、读、找关键信息（母爱、童心、自然主题），有效巩固学习成果。

2. 学习课文，以生为本

在学习课文过程中，李九虎老师始终以生为本、以学为本，思不离写、做不离全，动静结合、张弛有度。

（1）让学生以自己喜欢的方式自由朗读，读准字音，读通句子，4名学生全班朗读，教师指导，同时引出"漫、涛"两个字，仿照"繁"学习让学生看、讲、写、评完成学习目标一。

（2）引出《江畔独步寻花》让学生自主思考现代诗与古体诗的区别。学生通过读思、交流、分享区别后，教师再水到渠成进行精讲补讲，使学生在比较中深刻理解了现代诗与古体诗的区别。

（3）教师提出开放性问题：朗读这首短诗，你仿佛看到了什么情境？请用"◎"在诗中圈画出来。学生独自默读圈画后，同桌分享和全班分享，再根据学生分享情况教师精讲补讲。

（4）发挥想象进行开放性问题学习。

问题一：这些事是永不漫灭的回忆：月明的园中有（　　　）

问题二："我"安静地趴在母亲的膝盖上，轻轻地说：（　　　）

继续采用自主建构，周围 2～3 人交流，全班分享，质疑补充。以下是学生精彩纷呈的分享：

张家豪：这些事——是永不漫灭的回忆：月明的园中有炊烟袅袅的烟囱，三五成群的小鸡，母亲慈祥的笑容……

郭佳琪：月明的园中有孩子们的笑声，有十里飘香的果子，有皎洁的月光，鸣叫的秋虫……

杨子涵：有洁白的百合，一把老旧的木椅，鸣叫的昆虫，淡紫的紫藤萝，一位母亲和一个孩子……

雪正浩："我"安静地趴在母亲的膝盖上，轻轻地说：母亲啊，当我遇到困难的时候，您总是可以帮我渡过难关。

黄同学："我"安静地趴在母亲的膝盖上，轻轻地说：月明的园中，藤萝的叶下，妈妈，我好怀念以前的时光，我好想您！

妈妈，每当我看见天上的月亮时，就会想起你温柔的脸颊。

我趴在您的怀里，您是那么温柔、那么慈祥，妈妈我爱您。

妈妈您知道吗？我趴在您怀里在想，我是多么幸福的一个孩子啊！

母亲啊，天上的风雨来了，鸟儿躲在巢里，心中的风雨来了，我只躲在你的怀里。

……

（5）仿照作者的诗句，写一首简短的小诗。

这些事——

是永不漫灭的回忆：

月明的园中，

藤萝的叶下，

母亲的膝上。

这些事——

是永不漫灭的回忆：

（　　　）的（　　　　），

（　　　）的（　　　　），

采用先独自写，再周围两三人互相阅读修改，最后随机全班分享。学生依然专注地写着，分享精彩：

这些事——是永不漫灭的回忆：

美丽的鲜花，皎洁的明月，母亲的怀抱……

浩瀚的星空，美妙的回忆，父亲忙碌的身影……

干净的教室，友好的同学，宽大的操场……

静谧的夜晚，弯弯的月亮，悦耳的蝉声，父亲的肩上……

长长的沙滩，彩色的贝壳，金色的脚印……

燃烧的烈火，沉重的装备，哥哥的背影……

这些诗句不仅展示了学生丰富的语言运用能力，更传递了他们对生活的感悟与热爱。纵观整节课容量大、质量高，学生的思维被充分激活，进而积极思考、认真书写、交流分享，学生的思维如清澈泉水浸润心田，如喷涌的瀑布一泻千里；真正站在课堂中央，在交流分享中体验学习的乐趣与成就感。听课欣赏奇思妙想，畅游思维殿堂，学习紧凑、深刻，诗歌优美、舒缓，传递母爱，如诗如画，启智润心，分享美好。

3. 功在平时，日臻完善

课堂没有最好，只有更好。优化建议如下：

（1）开课以"你认为生活中什么是最美的？"思维训练导出第三单元学习内容，引出课题《繁星》后出示学习目标。

（2）学习目标第二、第三点修改为：通过反复朗读、想象、仿写等方式理解关键句，体会诗歌的韵味与诗人表达的深厚的母爱之情；培养学生在理解运用语言的过程中发展思维能力。

（3）第三环节体会现代诗与古体诗区别时，教师精讲补讲后，让学生把二者区别："现代诗不拘格式，韵律相对自由；古体诗格式一致，句子押韵。"做笔记于书上。

（4）课后让学生修改完善自己的诗，读给家长听或者贴在书上，或摘抄展示在教室后黑板上，激发兴趣、保护诗情。

叶澜教授曾说："一个教师写一辈子教案不一定成为名师，如果一个教师写三年反思则可能成为名师。"李九虎老师对《转述》的深刻反思与《繁星》课堂的灵动精彩，共同见证了反思的力量。相信在旷日持久的自我审视与探索中，李九虎老师将不断优化课堂效率，实现教学质量的崭新飞跃。

2024 年 3 月 24 日

十一、深耕课例研修，提高课堂质量

4 月 23 日，语文未央研修共同体"聚焦语文要素提升课堂质量"课例研讨在玄小开展。玄武路小学李九虎、六村堡小学龚曲、浐灞第十学校范金颖 3 位老师分别进行课例展示，于红梅老师现场专题案例式点评指导，新课标素养导向下任务驱动课堂样态，且听且思，且研且获。

第一节《母鸡》

学习目标明确，借鉴名家智慧，教学设计细致，学生互动积极，教学效果颇好。

（1）课堂出示学习目标让学生默读，课堂表达为教学目标；一字之差，理念之差；目标导向作用误差，目标作用弱化。

（2）中年级要重视词语积累，到四年级要分类积累，在积累的同时，理解词语，运用词语。

（3）板书设计的关键词语，让学生在学习中领悟、总结，不能为板书而板书，也不能以贴标签的方式告知学生。无论是课堂还是教学反思，要内化理解行思课堂理念与环节，更要努力一以贯之，否则长期循环进步滞缓。

第二节《诺曼底号遇难记》

（1）学习要求明确，借助单元导语，勾画印象深刻的语句；画出关键句段；思考从中感受到怎样的品质；自由读课文，同桌交流，全班汇报；如果按照行思课堂理念与环节，学习效率会更高。

（2）船长的品质三个关键词都是学生体悟并板书，充分体现学生主体，站在课堂中央，教师眼中、心中时刻装着学生。

（3）学科思政恰到好处，爱国教育、生命教育都是我们日常课堂的弱项与短板，影响课堂的宽度与高度。

第三节《海上日出》

（1）教学以任务、学习活动开展课堂，开课就让学生读思结合找出三幅日出画面，足以说明教师以学生深度学习为导向的教学理念。接着安排学习活动一：赏晴天日出，寻景物之变——学习单、课件精心设计，引导学生深度学习，教师深入小组指导。

（2）紧扣单元要素（写作单元）——仿写，得妙笔之法，绘月出景观。看一看：注意月出时颜色、亮光、位置的变化；写一写：按照时间顺序写出月亮的变化。教学设计与理念符合新课标素养导向，平时对学生语文素养和语言能力训练到位，是非常有深度的一节课。

（3）大容量、高难度、高效率的语文课，唯一遗憾的是教师课堂张贴板书，这是优秀课堂的忌讳，希望教师理解课堂现场板书重难点的价值。

目标导向，任务驱动，以学生为中心的教学理念，要切实融入教学实践中，而非停留在口号层面。日常教学，以生为本，以学定教，充分尊重学生的个性解读。教师深入研读文本的多元角度，激发学生的主体体验，让每个学生从同一文本中读出不同的"哈姆雷特"。因此，教师需要在口常课堂中不断修炼提升自身素养，为学生提供更加优质的教学体验，从而提高课堂效率，将减负提质、立德树人落到实处。

2024 年 4 月 27 日

十二、课堂教学中发展小学生数学思维的有效策略

国家教育咨询委员会委员、北京师范大学资深教授、著名教育家顾明远先生认为，教育的本质在某种意义上来讲就是培养学生的思维，而课堂是培养学生思维的最好场所。

中国基础教育质量监测协同创新中心副主任、陕西师范大学二级教授胡卫平认为，教学的关键是思维，学习的关键是思考。

数学是思维的体操，结合多年的课堂实践、观察与评议，我们认为课堂教学可以将"做、说、联系、倾听"四个关键词作为切入点，有效发展小学生的数学思维。

1. "做"——真切参与，积累经验

小学生的思维特点是直观形象，因此，课堂教学中让学生在做中学、学中思、思中练，动手画一画、摆一摆、折一折、剪一剪、拼一拼、量一量、摸一摸、数一数……通过真真切切的"做"积累生活经验，真实参与体验，观察、感受、收集数学信息，在"寓学于做""寓学于思"中，从直观形象思维到抽象逻辑思维日积月累进阶。

2. "说"——有效表达，思维呈现

语言是思维的外壳。有效地表达是培养学生思维的重要策略，我思故我在，我说故我思。课堂教学中，让学生把自己看到的、想到的、摸到的、摆出的、画出的、折出的、量出的、算出的、写出的、数出的……充分有序地表达，表达的过程就是学生思维信息处理加工的过程，也就是学生思维再现的过程。因此，课堂上一定要想方设法让学生充分地表达，同桌说，分组说，全班说，表达是启动学生思维的钥匙。

3."联系"——学以致用，转知为智

杜威先生说："教育是经验的改造与重组。"他将课堂根据联系与否分为三种：①不联系的；②以旧促新的联系；③与实际经验的联系。陶行知先生在《生活教育的创立与成长》中谈到，教育不通过生活是没有用的，教育要与生活联系，用生活来教育，为生活而教育。因此，课堂教学要用联系的观点发展学生思维，一是教师要将教学内容与学生的现实生活相联系，既用生活中的实例丰富课堂知识，又将课堂知识应用于解决生活问题，比如北师大版二年级数学下册《评选吉祥物》，充分联系学生生活：班级学生喜欢吃的水果、喜欢看的动画片、晚上入睡的时间等，根据学生的调查结果，收集、整理、分析所得数据，提出建议，把课堂与生活深度融合，这样更有利于学生类比思维、类推思维的发展。二是当前学习内容与前后内容的联系，当前的知识与之前知识的关系、异同，以及知识的前后脉络是怎样的？如北师大版二年级数学下册《评选吉祥物》，属于小学数学四大领域的统计与概率部分，本节的调查与记录是学生首次经历收集数据、整理数据、分析数据的过程；之前一年级学过分类，有初步的分类基础，这次的学习为三年级的数据整理积累经验，为今后高年级的统计图表积累经验，这样的前后联系对于培养学生的系统思维、整体思维具有促进作用。

4."倾听"——透视学生，捕捉思维

日本当代教育家佐藤学先生说："倾听是教师教学活动的核心。"教师真实的倾听，不是仅仅用耳朵在工作，更多的是心的敞开与吸纳，只有心灵才能发现外在肉眼等感官看不到、听不到、摸不到的最珍贵的东西。只有竖起心灵的耳朵才能抵达学生话语背后的思想世界。现实课堂中缺乏真实的倾听，教师常常带着自己备课中"标准答案"评判听、选择听，倾听中要么捕捉答案，要么诱导学生契合答案。学生的答案如果几次不契合，教师便"和盘托出"自己的"标准答案"，如果与教师的答案一样，教师便觉如释负重，即便学生所说答案超出当堂绝大多数学生的认知范畴，教师也觉得大功告

成。这样的倾听仅仅是感知外在的、僵化的"知识"，不利于学生思维发展的。关注学生思维发展的倾听是一种内在的、过程性的、成长性的倾听，要求教师静心、精心、耐心、悉心地从学生的发言中洞察学生话语的触发点、知识的困惑点、思维的生长点，学生的发言是受教师的某句话启发的，还是某个学生的发言触发的，抑或是学生自身先前生活积累的某个知识引发的？倾听学生话语背后的"逻辑世界"与"思维过程"，从而辅助学生建立数学思维的类比思想、分类思想、迁移思想、转化思想……倾听是一种教学策略，倾听是一种教学能力，更是一种教育思想与境界，希望教师们努力成为一名智慧的倾听者。

教育的本质就是发展学习思维，只有思维的变革才能适应时代的变革。互联网时代，教师不是知识的唯一载体，也不是知识的权威，教师要成为学生学习的领路人，课堂从"做"—"说"—"联系"—"倾听"做起，引导学生发现问题、分析问题、解决问题，发展学生的思维；"培根铸魂，启智润心"，为培养德智体美劳全面发展的社会主义建设者和接班人、为实现中华民族伟大复兴而赓续奋斗。

2021 年 5 月 19 日

十三、深耕行思课堂，提升教学效率

本周三大容量、高效率的四节评优课，为行思课堂深化研修提供了宝贵范例与启示。

1. 行思课堂：内核剖析与价值彰显

行思课堂基于"目标—建构—应用"的认知规律，构建"学习目标 + 自主建构 + 交流分享 + 应用迁移 + 精讲补讲"五个环节（学习目标——教学导航仪，自主建构——思维训练场，交流分享——智慧共生圈，应用迁移——能力检验台，精讲补讲——素养提升站），与"有价值的问题+学思单"双驱动引擎。

（1）明确学习目标：靶向教学。

四节课伊始，精准呈现学习目标，如同为学生在知识海洋中矗立灯塔，指引学生本节课学习方向。王娜老师的《找两个数的公因数》，课堂上师生共同研读目标，实现精准靶向教学，为后续学习奠定坚实基础。

（2）自主建构与交流分享：思维绽放。

自主建构环节，学思单和有价值的问题成为学生自主学习的有力工具，有意识地培养学生独立思考的能力。交流分享环节，学生们相互质疑、补充，敏思二班与慧思四班的学生在合作交流中展现出训练有素的一面，质疑与补充已然成为他们学习常态。

（3）应用迁移与精讲补讲：知识升华。

应用迁移环节，即当堂检测，让学生将所学知识巩固与应用，实现知识的内化与拓展。这一过程如同知识的锤炼，使学生在实践中不断提升。精讲补讲则体现教师的启发愤悱与培根铸魂之责，针对学生学习反馈、疑惑和难点，进行相应的补充与拓展，助力学生更好地掌握知识、训练技能、习得素养。补基础：针对共性问题进行概念澄清；拓思维：通过变式问题促进深度理解；铸素养：关联真实情境培养迁移能力。

2. 四节观摩课课堂亮点：深研精备，各放异彩

（1）王娜老师 —— 慧思级数学《找两个数的公因数》。

目标表述采用"行为动词＋核心概念"精准如矢，师生细致研读，为教学筑牢根基；学生自主与合作、质疑与补充彰显良好学习习惯；任务紧扣价值问题。探究活动让思维可视化、语言化、共享化、逻辑化，水到渠成找出公因数和最大公因数；当堂检测成效显著，全员参与，反馈及时，纠错精准，培养审辩思维。

建议：三个找因数活动可层层递进，适时强化列举法与筛选法并板书，助力学生学会总结。

（2）宾妍琰老师 —— 慧思级语文《松鼠》。

紧扣课后习题设计学思单与关键问题，预学单的巧妙设计奠定课堂语言积累与话语思路，教会学生互学共进；教学方法多元丰富，学生说松鼠、演松鼠、读松鼠、评松鼠，对比总结写法，充分展现语言表达与建构；教、学、评一体化完美落实。当堂检测评价做到了标准明确、反馈及时、统计精准、纠错到位；创设情境生动有趣，结合生活实际，让教学充满灵动与活力。

建议：紧密结合教学设计与PPT，板书说明文写作方法，提高学生留存率；学思单小写作跟进，听、说、读、写、思、演展现语文学科高级境界。

（3）孙惠敏老师 —— 敏思级数学《温度》。

目标明确，贴近生活。引领学生感受温度差异，理解摄氏度写法与读法；全面细致认识温度计。会认、会读、会写、能释义。

建议：导课问题前置，增强学生视频观看专注度与思考力；完善温度计精讲补讲，让学生深入理解常规知识。

（4）张淑婷老师 —— 敏思级语文《精卫填海》。

"行思课堂5＋2"内容丰富，逻辑清晰。启智润心，以思启慧，以行立身。任务式驱动成效显著。每个学习任务对应有价值的问题，以学思单充分

自主学习，然后合作交流，有方法指导，有明确要求。板书图文并茂，重点突出，书声琅琅，语文素养自然养成。结合生活实际，把生命安全教育、传统文化教育和爱国教育自然融合。

建议：明确女娲与精卫内在联系，教学设计与 PPT 紧密结合，清晰呈现精讲补讲要点。

3. 启示与思考：深耕之路，砥砺前行

（1）精心设计教学环节。

学习目标精准可测，以动词引领评价。以有价值的问题和学思单驱动学生自主建构、交流分享；给学生充足的自主学习时间，鼓励他们提问质疑。小组合作需建立在自主学习基础上，PPT 应明确合作交流的内容、要求与方法，引领学生深度学习。教师的精讲补讲环节至关重要，提前预设知识点、教育点、拓展点，根据学生学习理解情况，适时补充延伸。

（2）落实教、学、评一体化。

教、学、评一体化是提升教学质量的重要保障。依据学习目标设计价值问题，语文学科紧扣课后习题，数学学科紧扣教材编写意图。围绕问题探究学习、检测评价，做到全体学生参与，及时了解学生学习情况，进行有针对性的纠错指导。学思单成为教、学、评的有效载体，涵盖预学、任务、探究、检测、评价等环节，使教与学有目标、有方法，评价有载体、有标准、有反馈、有统计与纠错，让教师清晰把握每个学生的课堂学习状态。

（3）结合生活实际创设情境。

教学应贴近生活，创设生动情境激发学生兴趣。无情境不命题，无情境不教学。我们可学习宾妍琰老师，结合生活实际开展教学，助力学生更好地理解与掌握知识。

（4）注重板书和 PPT 设计。

板书与 PPT 是教学的重要辅助。板书应简洁明了、重点突出，便于学生总结回顾。PPT 要与教学设计紧密结合，为学生自主建构与合作交流提供切实可行的方法指导。

行思课堂是立德树人的主阵地，更是教师专业成长的压舱石。深度钻研、潜心耕耘，不断提升课堂效率，切实落实轻负高质，是玄小全体教师永恒不变的主责主业与价值追求。

2024 年 11 月 10 日

第四章

个人读书学习之思

　　校长的阅读学习状态对教师的阅读学习状态具有直接影响,而学习力更是决定教师学习效果的关键因素。当代教育家朱永新教授说:"一个人的精神发育史,就是他的阅读史;一个民族的精神世界,取决于这个民族的阅读水平;一个没有阅读的学校,永远不可能有真正的教育。"在当前信息快速流通的时代背景下,教育从业者更应静心阅读经典名著、教育专著、教育名著、教育哲学乃至跨学科书籍,以广泛的阅读增强理解力,深化对教育、生活及世界的认知与洞察。通过内省与自我提升,教育从业者应致力于使每一天都充满意义,展现出一个终身学习、持续成长的真实面貌,其中学习、阅读、跨界融合、个人成长以及教育情怀与情愫的交织,共同构成了这一过程的丰富内涵。

一、坚守的力量

——《好的教育》读书心得

封城居家确实给生活工作带来诸多不便，既封之则安之，利用难得充裕的时间专注阅读，何尝不是件惬意之事，唐江澎《好的教育》便是 2022 年的开年读物。

记住唐江澎还是源于去年全国政协"委员通道"上，他关于"好的教育"是培养"终身运动者、责任担当者、问题解决者、优雅生活者""没有分数过不了今天的高考，只有分数过不了明天的大考"的讲话，众多媒体广为发布，引发社会热议，他也因此被冠名"网红校长"。当时的自己与众多教育者一样，觉得唐校长言说既通俗深刻又富于哲理，感佩之情油然而生，以至于把"四个者"作为每日打卡琢磨体会，然而，过段时间，似乎又模糊记忆不那么清晰了。直到这次认真拜读唐江澎著——我说的不过是常识《好的教育》一书，"四个者"似乎流淌全身血液，充斥着灵魂。

唐校长的教育情怀、教育思想仰之弥高、钻之弥深，他所谓的"常识之言"不是教育理念的理论演绎，不是"委员通道"的刻意准备，而是数十年教育实践经验的凝练与升华，是他带领学校教师团队育人模式改革的探索与坚守，更是教育"启智润心、培根铸魂"的真谛之言，也是新时代中国教育不忘"立德树人"初心，牢记"为党育人、为国育才"使命最有力的回答。

书的开篇是教育部原副部长王湛以"中国教育好声音"、中央电视台主持人王倩以"抵达目标的智慧"作的两篇文序；全书有"面对面的答问""百年坚守""从'分的教育'到'人的教育'""青春的刻画""教育，让心飞起来"五部分。

1. 面对面的答问，教育初心的坚守

今年全国政协会议前后，唐江澎校长先后接受中央电视台、中国教育电视台、《南方都市报》《澎湃新闻》《人民教育》等采访，现场问答、网络直播、连续采访，尖锐的问题，真实的回答——分数是重要的，但分数不是教育的全部，更不是教育的根本目标。"课"是关于学习内容的选择，"程"是关于学习机会的安排，是方法、是途径。教育不能排斥分数，也不能止于分数，让分数带有生命的温度。教育是立足当下，为未来培养人。作业实际是课堂的整体环节，必须把作业和课堂教学改进统筹起来，让作业真正发挥巩固课堂内容、提供评价证据和拓展延伸联系的作用。教育的真谛、教育的常识、让分数带上生命的温度、科学提升教学效率、做出来的好教育、用专业的力量解决教育问题……每次现场问答，都是教育初心的实践与坚守；每一个教育痛点的触碰，都是教育规律的尝试与突破；每一个教育问题的解决，都是教育信条的遵循与执着；每一个教育目标的达成，都是教育价值的沉潜与笃行。

2. 百年坚守，教育智慧的追求

"永远的校主""百年的两笔财富""'百年坚守'的价值与意义""把'人的成全'作为教育的至上追求""让课程载体指向'人的成全'""走向'为了成长'的评价""用学校精神濡染人"七个维度展现了唐校长百年的眼量，"成全人"的教育追求以及践履于行的思想考量与智慧辨析乃至"人的成全"教育哲学实施的心路历程。

匡仲谋校主为教育理想穷日、累月、经年、毕生而赴之的尽志追求及垂箴："古人言有志者事竟成，拿破仑字典无难字，皆言作事之有诣力也。历观中西伟人，于其欲达之目的，穷日之力而不能至者，则累月以赴之，经年以赴之，甚有毕生之不足，后人继起而赴之，务达其目的而后已。"着实令人心潮澎湃，感佩之至。唐江澎校长对其教育精神的悉心思悟以及把"人的成全"作为教育至上的追求，特别是在应试教育牵拉的当下，成就卓荦何其

勇毅？何其艰难？何其珍贵？

教育是不断激励的过程，每一个教育细节都指向人的生命成长。每个人身上都有值得肯定、值得赞许的闪光点，教育就是要发现闪光点并不断扩大人性的光亮，让受教育者在积极期许、充分激励的阳光照耀下，生命温暖而舒展，在体验成功中走向更大的成功。让更多学生体验奋斗之后成长的喜悦，让更多学生身上的亮点在肯定与激励中闪烁光彩。比对日常学校与教师的评价，是否有利于促进学生良好习惯的养成，是否有利于促进学生意志品格的形成，是否有利于促进学生思考能力、学习能力的形成。教师是一所学校发展的根本动力，教师队伍的道德境界、专业水平，直接决定着学校的办学高度与品牌。比对玄小"人格高尚，专业精湛，学养深厚，博爱慧智"便是教师队伍的追求。"身心为先，品行为本，思维为魂，能力为重，习惯为基"便是教育哲学。让学校的办学理念有现实的依托，让"言行为矩，学思无涯"的校训体现于师生的思想行为之中，成为师生日常的行事方式。

3. 从"分的教育"走向"人的教育"

"教育自信力，担当与行动更重要""改变教育，在我们的一念之间""一所学校的情怀、追求、品性与精神""希望，是追求可能的激情""感受班主任善良的温度""走进鲁迅的精神世界，追寻教育的终极价值""40年走过的'三条路'"阅读和思考这些过往之言、过往之事，面对高中教育的现状、改革的艰难与阻力我深有体会。每篇讲话稿的字里行间，唤醒、呼吁、建言、做法、激励、经历……渗透着一个教育者的良善之举、家国情怀、责任担当，更是数十年的教育思考与实践的智慧箴言。

对于今天的教育改革来说，比认识更重要的是决心，比方法更重要的是担当，比批评更重要的是行动。一所学校的发展动力应该依靠"专业驱动"，通过提升教师的专业品质来提升课程品格，改善教学品质，进而整体提升办学品位。尤为钦敬的是前瞻性、建设性的"五业"（学业、专业、职业、事业、志业）贯通的思考与实践，变"为分而学"为"因爱而学"，真正使一个人的兴趣、爱好、追求、使命、情怀一以贯之，这样的教育培养出的人才何患无竞争力？何愁无大师？何惧一流人才？何防世界之争？

班主任的故事就是学校的教育故事，故事的每个细节都体现着学校的教育价值、办学追求。班主任的形象就是学校的教育品牌，班主任在学生、家长那里的口碑，就是学校教育至高无上的奖杯。"铺路而不占道，放权而不推责，指导而不代办"的管理方式更是校长领导力的法宝。

教学活动不是"反复操练"，学习不是"记住背过"，考试评价不是"记得牢、答得出"的"解题比赛"。围绕"记忆力"打转的教学模式、评价方式已渐行渐远；新时代的教学评价更关注学科的逻辑和思维方式，更关注学生基本的学科素养与能力的"方法之知"，甚至更进一步关注学科的深层价值诉求，让我们的教学真正从"记得住的知识"走向关注"一生带得走的素养"，让我们的评价命题真正从"知识立意"走向"素养立意"，考查学生在真实的情境下，运用知识解决复杂问题的关键能力和必备品格。唯有如此，才能真正从"分的教育"走向"人的教育"，才能培养出担负起中华民族伟大复兴重任的时代新人。

4. 青春的刻画，立体丰满的"四个者"

青春的刻画包括"省锡中毕业生应有的形象""天天锻炼是生命活力的标志""百感交集的青春""用我们的善良和智慧，向世界贡献一个解决问题的行动""向卫国者致敬，是最好的爱国主义教育""在后人的敬重中成长""高中，应该有美的和声""培养终身阅读者""毕业典礼即席演说"等系列文章，唐校长在校内外大型活动中围绕"终身运动者、责任担当者、问题解决者、优雅生活者"育人目标的渊源、诞生、价值、践行、深远意义等的演说，使人身心健康、精神高贵、智慧卓越、情感丰满，不同的表达与诠释，同样的价值与追求。

每一篇演讲，语重心长，引经据典，娓娓道来，情真意切，满怀希冀，富寓哲思，再次品味"四个者"，对唐校长的仰慕与敬重并非因为他的"网红"校长等头衔、政协委员，而是因为他对学生的博爱、对锡中的厚爱、对教育的真爱、对国家的深爱，他用自己勇毅的力行、深厚的学养、专业的沉潜、灵魂的拷问、弘毅的改革、生命的思悟、教育的真谛刻画出"四个者"的"好教育"。

5. 教育，让心飞起来

"教育，让心飞起来""在恩师身上，悟读师道""朝来寒重自学时""叙说指引着"四部分，阐述了唐江澎校长少年读书求学、高考落榜、自学成才、初为人师的坎坷而传奇经历。从高考全县文科状元"北大梦"的破灭到写小说当"作家梦"的惊醒；从捧起医书《汤头歌诀》当"江湖郎中"受阻到"念终始典于学"的大学中文课程自学；从"刻写钢板讲义"的活计，到与"高考复考生"的聊天"备课"；从帮助父亲改学生作文到口耳相传的"诸多辅导"；从民办教师尴尬身份的郁积不平，到"元气淋漓"的梁校长的"威逼利诱"……学养深厚而又饱经风霜的唐校长走出大山开创属于自己的名师之路与名校长之道。

读他的文章，是现代汉语学习，是文学作品欣赏，又是教育哲思参悟，可谓学不尽的词语，思不厌的道理。他先天身体的不幸让人痛心，而他人生的幸运似乎令人羡慕。《易经》有言："自天佑之，吉无不利。"意思是说上天一定会保佑那些自我奋进、自强不息的人。正如唐校长所言："不去刻意追求什么，只是我的生命需要用学习来充实，心灵的荒原需要用知识来绿化；人的命运就是如此，许多事情难以预料，当不知路在何方时，无妨先把眼前的事做好，谁知道哪天哪根柳枝会成荫。"

在全民共同努力下，疫情即将结束，居家办公、锻炼、阅读、沉潜……越来越享受杨绛先生的话："我们曾如此渴望命运的波澜，到最后才发现，人生最曼妙的风景，竟是内心的淡定与从容。"在信息洪流的投喂时代，主动按下静音键，化被动接受为主动思考，让我们一起学习唐江澎的《好的教育》。

2022 年 1 月 15 日

二、潜心理解新课标，明确学科新维度

拂去外界纷扰，沉潜学习教育部义务教育数学课程标准研制组组长史宁中教授《小学数学课程的变化——对教学的启示》主题讲座，潜心理解新课标，明确专业新维度。

1. 小学阶段数学的核心素养

我国数学教学从《教学大纲》到《课程标准》，从"双基"到"四基"再到"核心素养"，从《小学数学课程标准》到《义务教育数学课程标准》，数学核心素养是具有数学基本特征的关键能力、思维品质，以及情感态度和价值观的综合体现，是学生在参与数学教学活动中逐步形成和发展的思维与做事行为，小学、初中、高中、大学具有一致性、发展性。低段更具体、更侧重意识，高段更一般、更侧重能力，统称为"三会"，即会用数学的眼光（数学抽象）观察现实世界，会用数学的思维（逻辑推理）思考现实世界，会用数学的语言（数学模型）表达现实世界。

数学核心素养表现

三会	小学（9+2）	初中（7）	高中（6）
数学眼光（数学抽象）	符号意识、数感、量感	抽象意识	数学抽象
	空间意识	空间意识	直观想象
	几何观念	几何观念	
数学思维（逻辑推理）	推理意识	推理能力	逻辑推理
	运算能力	运算能力	数学计算
数学语言（数学模型）	模型意识	模型思想	数学建模
	数据意识	数据观念	数据分析
	应用意识、创新意识		

2. 小学数学课程的变化趋势

新修订的义务教育数学课标小学数学和初中数学一样，都包括四个领域：数与代数，图形与几何，统计与概率，综合与实践。为了更适应基于核心素养的教学，各部分变化趋势如下：

数与代数：强调整体性和一致性，负数、方程、反比例移到初中。

图形与几何：强调几何直观，增加尺规作图内容。

统计与概率：强调统计量，把百分数作为统计量。

综合与实践：强调与其他学科的融合，与生活、传统文化的联系。修订的基本思路是"加强几何直观、加强代数推理"，让教师明确知识的本质与蕴含的数学核心素养。具体体现如下：

（1）尺规作图，增加动手操作环节，增强对数学的感觉。

要求一：给定一条线段，作等长线段。理解几何概念（类似数字）。

给定一条线段，作等边三角形，感悟两条直线交于一个点；给定两条线段，作等腰三角形；给定三条线段，作三角形，感悟三角形两边之和大于第三边。

要求二：把三角形的三条边依次落在一条直线上，感悟周长。会画圆和圆弧，感悟圆的周长与半径。

（2）把百分数从数与代数移到统计，不再是单纯的数学意义上的加法和除法。适应大数据的要求，在大数据时代，很多事情都是以百分数的形式表现。百分数是统一单位的、倍数关系的表达；以前教学中相对稳定的表达为饮料中果汁的含量、税率、利息、折扣等；大数据时代，相对随机的表达为罚篮命中率、下雨概率、经济增长率等，同时利用百分数进行决策，如蓝天改造计划、省会城市空气质量优良天数的 80％ 等标准的确定。

（3）综合与实践内容。

除长度以外，其他人为规定的量，以主题活动形式放在"综合与实践"。

第一学段（一、二年级）：

主题活动 1　购物活动：认识人民币元、角、分。

主题活动2　时间在哪里：认识时、分、秒。

主题活动3　我的教室：会用上、下、左、右、前、后等描述相对位置；认识东、南、西、北四个方向。

主题活动4　身体上的尺子：用身体上的"长度"为单位进行测量。

主题活动5　数学连环画：用学过的数学知识记录自己一天的经历，或者述说一个含有数学知识的小故事。

第二学段（三、四年级）：

主题活动1　年、月、日的秘密：知道24小时，年、月、日，四季。

主题活动2　曹冲称象的故事：认识并感知克、千克、吨，等量及关系。

主题活动3　寻找宝藏：进一步认识东北、西北、东南、西南。

主题活动4　度量衡的故事。

第三学段（五、六年级）：

主题活动1　校园平面图：用比例尺绘制校园平面图，标明重要场所。

主题活动2　体育中的数学：搜集素材，包括体育赛事、比赛规则、运动员的表现等。

主题活动3　营养午餐：调查营养需求，分析学校或家庭食谱构成，提出建议。

主题活动4　水是生命之源：了解用水情况，中国水资源与人均水资源，制定节水方案。

3. 关注数学课程的整体性与一致性

《义务教育数学课程标准（2022年）》的出台，本身就突出了数学课程的整体性、一致性。"数与代数"主题主要学习"数与运算、数量关系"两大内容，把原来的"负数、方程、反比例"移至初中。

（1）数与运算。

自然数的认识：两匹马、两粒米→□□→2。

形式上：去掉数量的名词，用符号表示数。

实质上：去掉事物的背景，使得数具有了一般性。

层次：两匹马、两粒米→□□，感性具体→感性一般，简约阶段；□□→2，感性一般→理性具体，符号阶段。

素养：建立数感、符号意识。

感悟：数是一种符号的表达，是对数量的抽象。

基本原则一：不单纯介绍概念，新概念的引入要涉及概念的性质或者比较。负数移到初中的理由，过去小学只介绍负数，没有比较，没有计算。

基本原则二：不单纯介绍方法，新方法的引入要让学生感悟到它的必要性，不是为教而教。方程移到初中的理由：过去小学用字母表示数的内容很少，主要是未知数，没有代数思想，仍然是算数；没有让学生感悟学习方程的必要性。

认数的一致性：在同样的数位上才能比较大小。

运算的一致性：在同样的数位上才能进行加减运算。

运算的整体性：减法是加法的逆运算（算减法想加法），乘法是加法的简便运算（横式比竖式重要），除法是乘法的逆运算（算除法想乘法）。

横式比竖式重要：横式是算理，竖式是算法（分配律）

$$25 \times 12 = 25 \times (2 + 10)$$
$$= 25 \times 2 + 25 \times 10$$

在学生已经知道两位数乘以一位数、两位数以及三位数乘以一位数的基础上，让学生自己探索三位数乘以两位数的方法，感悟自己得到计算方法的乐趣。从而激发学习数学的兴趣，理解算理，培养运算能力，从未知到已知。

（2）数量关系。

用字母表示数：不讲方程的目的是为了加强用字母表示、得到代数式，增强符号意识。字母是数的最高形式的抽象，从理性具体到理性一般。普适阶段，字母可以像数一样进行运算，字母得到的结果具有一般性：$a+b=b+a$，高中由字母发展到集合，集合中的元素可以是数、式、图形。

用符号表示研究对象的性质、关系、规律。

性质：2n 是偶数，n 表示正整数。关系：b=a+30 小明的爸爸比小明大 30 岁，小明 a 岁时，爸爸 b 岁。

规律：s＝60t 一辆汽车每小时行驶 60 千米，t 小时行驶 s 千米。

4. 关注学生思维能力的培养

（1）关注概念＋性质的理解：直观＋规则的感悟。

依据三个基本事实：

①两点间直线最短；

②传递性：a＝b b＝c ⇒ a＝c；

③等式性质：a＝b ⇒ a＋c＝b＋c ⇒ a×c＝b×c a＞b ⇒ a＋c＞b＋c。

命题：三角形两边之和大于第三边。

说理：先直观操作，再用基本事实(1)总结，培养学生推理意识。

概念：三角形内角和等于180°。

性质理解：一个非直角三角形最多有几个钝角？一个非直角三角形最少有几个锐角？

结论与说理：最多一个钝角，最少两个锐角，因为两个钝角大于180°。

（2）尝试让学生自己得出结论。

建立两个原则：满意原则——自圆其说，理由和结论一致，加分原则——理由更深入细致，有数据或例证。

会用数学的眼光观察问题，如有一条道路连接两个居民小区，计划在路边建一个超市，你认为建在什么地方最合适，为什么？

会用数学的思维思考问题，如三位数与两位数的乘法，四边形内角和与边之间的关系。从已知推出未知，从正向推逆向。

会用数学的语言表达问题，如除法是乘法的逆运算，商是乘法的一个乘数，三角形两边之和大于第三边——讲的是边长，不仅表述现象，而是深入到量化（边长）表述。

（3）尝试让学生提出有意义的问题。

让学生学会思考的三种情况：一是老师把条件与结果给出，学生说其中的道理；二是老师给情况，学生自己得出结论；三是学生自己提出有数学意义的问题。提问题，得结论，论证过程都是让学生学会思考，并启发学生思维的良好方法与载体。如什么样的滑梯滑得最远？各学段综合与实践的主题。

正如有学者认为，学校管理者要努力淡化自身的行政权威，提升学术权威和专业影响力，致力于深化课程教学改革的创新行动，带领教师构建德、智、体、美、劳全面发展的育人体系。因此，学校管理者应该成为乐队里的领唱者：挺拔地站在队伍的前列，他既属于团队的一员，又是团队的一面旗帜，在关键时奏出重要声音，时而又压低自己让集体的声音更加突出，带领大家一起演奏出和谐美妙的旋律。

深以为然，笃志行之。

2022 年 3 月 26 日

三、读书日，话读书

今天是第 27 个世界读书日，一个人的阅读史就是一个人的精神发展史，阅读对于一个人的成长、社会的发展乃至国家的兴衰都具有重大而深远的意义。近几年的书香中国、书香城市、书香社会、书香家庭、书香校园等活动大家耳熟能详，全民阅读已成共识。

1. 个人阅读，从被动到主动

回忆我的阅读史，遗憾与庆幸并存。上学时基本是老师教什么学什么；工作后基本是需要什么学什么，直至 2017 年，针对"知行合一"教学理念，通过阅读，对陶行知、王阳明有了进一步认识，从内心深处熟谙身为教育工作者，特别是对想成为一名专家型、教育家型的教育人来说，阅读教育专著、经典名著是最便捷的路径。从那时起，"喜马拉雅""得到""微信读书""樊登读书" App 陆续成为密友，看名著、读专著、报社群、日打卡……开启自己身为教育人的阅读之旅，几年的坚持，越学习越觉得自己需要恶补的领域越多，越精进越发现比自己优秀的人比自己还努力。遗憾自己从小阅读量的狭隘，庆幸自己现在阅读成为生活的必需。读书，是投资自己、富养身心最好的方式。

2. 校园阅读，从理念到行动

办学伊始，学校定位发展的关键词"思维"之后便是"习惯"，"习惯"首选便是"阅读"，让老师用自己的阅读习惯影响家长，带动学生。于是和"钟书阁"签约，在钟书阁设立"玄小阅读天地"，学校的第一个"世界读书日"就请来了儿童作家"小酷哥哥"与慧智少年面对面对话零距离交流。每年寒暑假，举办绘本阅读记录打卡优秀慧读少年评选活动，旨在为学生种下阅读的种子，使其养成阅读的习惯，享受阅读的雅致，成就阅读的人生。今年的"阅读润童心，书香溢校园"读书月系列活动，赵丹老师精心策划，班主任与全体老师悉心跟进，开展主题班会、阅读分享、阅读小报、阅读卡、亲子共读、绘本人物 cosplay 以及慧淘图书 market 系列活动，可谓给慧智少年提供"自助式"阅读体验。不同孩子，不同家庭，不同时间，均可参与，可以满足个性化、多元化需求，特别是"慧淘图书 market"，前期班主任与家长做的大量工作，赵丹老师一改再改的方案，甚至周四下午还在不断解决问题与预设中纠结，怎一个"麻烦"了得。意想不到的是在全体师生的共同努力下，尤其是王娜老师结合学校办学理念创编的"慧淘图书阅读快板"与善思四班同学脱稿精彩表演，让启动仪式更富意义，让学生参与体验更为深刻。令人惊喜的是各班意蕴丰厚、设计精美的宣传海报；让人欣慰的是专注乐淘、精打细算的"购买者"川流不息，精心装扮、赠送书签的"销售员"吆喝不歇，协助买卖、统筹协调的"结对班主任"深度参与全程跟进，操场俨然成为人头攒动、热火朝天的"图书交易市场"。慧智少年自主布置、自主选择、自主交流、自主排队、自主还价、自主算账、自主交易……淘到自己喜爱的书立即席地而坐专注阅读、互相分享、尽情享受；看到慧智少年的沉浸体验，开心笑脸，陶醉阅读，可爱交易……看到学生人文素养、财经素养、交际素养等在潜移默化中的培植与积淀，老师们累而乐之、苦而爱之。

推动全民阅读是建设文化强国的重要载体，我们将继续贯彻习近平总书记对书香中国建设重要指示精神，加强阅读引领，涵育阅读风尚，让更多人爱读书、读好书、善读书，把书本上学到的知识转化为解决实际问题的能力，做到知行合一、以知促行，为奋进新征程、建功新时代提供智力支撑、注入精神力量。

阅读可以觉知自己、认知世界。只有我们自己才能体认书的价值，也只有我们自己才能把书本知识转化为自己的能力和价值，并呈现在我们的创造性工作的成果中。库法耶夫说："书不仅是生活，而且是现在、过去和未来文化生活的源泉。"当我们展开阅读的时候，我们也展开了现在、过去和未来文化生活的源泉，源远流长。

2022 年 4 月 23 日

四、聚焦核心概念，落实核心素养

——学习《义务教育数学课程标准（2022 年）》内容结构化

1.《标准》内容结构化的特征分析

为体现核心素养导向的课程目标，内容结构调整为"数与代数""图形与几何""统计与概率""综合与实践"四个领域。

（1）内容结构化体现学习内容的整体性。

"数与代数"，小学整合为"数与运算"和"数量关系"两个部分。义务教育阶段的"数与运算"和"数与式"构成了一个统整的主题；"数量关系"和"方程与不等式""函数"构成了一个统整的主题。

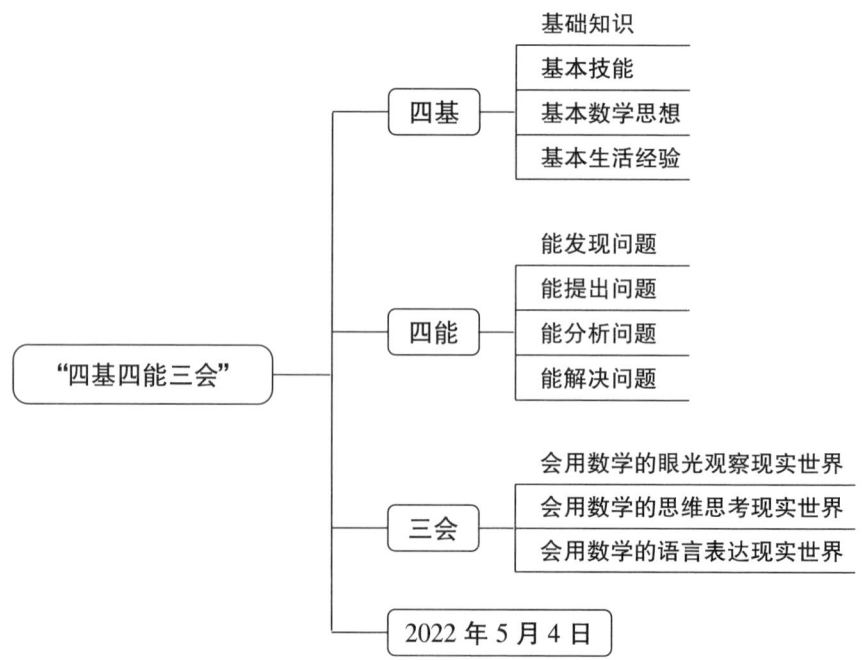

"图形与几何"，小学整合为"图形的认识与测量""图形的位置与运动"，初中的"图形的变化"和"图形与坐标"是小学阶段"图形的位置与运动"的延伸，学生要进一步学习图形在轴对称、旋转和平移时的变化规律和变化中的不变量，以及用代数的方法表达图形的特征，体现数形结合。义务教育阶段"图形与几何"的相关主题构成一个整体。

"统计与概率"，小学调整为"数据分类""数据的收集、整理与表达"和"随机现象发生的可能性"三个主题，初中主题"抽样与数据分析""随机事件的概率"是小学三个学段主题的延伸，五个主题构成一个整体。

"综合与实践"，强调解决实际问题和跨学科主题学习，以主题式学习和项目式学习的方式设计与组织。义务教育阶段对这一领域进行了整体设计，同样构成一个整体。

（2）内容结构化反映学科本质的一致性。

一致性以主题的核心概念为统领，以一个或几个核心概念贯穿整个主题，在不同学段表现的水平不同，但本质特征具有一致性，指向的核心素养也具有一致性。

以"数与代数"领域为例，对于"数与运算"主题，"数的意义与表达""加的意义""相等""运算律"等是核心概念（大概念、大观念或关键概念），最重要的概念是"数的意义与表达"，整数、小数、分数的认识与运算都与相应数的意义与表达密切相关。学生利用这些概念通过迁移解决新问题，相关的核心素养"数感""符号意识""推理意识""运算能力"不断得到发展。

（3）内容结构化表现学生学习的阶段性。

课程内容、学习主题呈螺旋式呈现，表现阶段性特征，体现不同学段的"内容要求""学业要求"和"学段目标"。

2. 课程内容结构化的现实意义

（1）有助于更好理解掌握学科基本原理。

课程内容的结构化，体现学习内容之间的关联，使学生更好理解一个学科基本原理，进而促进其对学习内容的掌握和能力的发展。形成适应学生理解和迁移的知识结构，在学习过程中建立结构体系，这是课程内容结构化的基本理念。学科结构化可以使学习者了解所学内容的关联，从内容的关联中体会核心概念（或基本观念），并在后期学习中反复运用并强化。

（2）有助于实现知识与方法的迁移。

内容结构化使零散内容通过核心概念建立关联。核心概念（关键概念、大概念、大观念）把零散内容联系起来，促进知识与方法的迁移。课程实施者在分析提炼学习主题核心概念的基础上，理解具体学习内容的学科本质，使学生深刻理解和掌握学习内容，实现知识与方法的迁移，从而促进学生核心素养的形成。

（3）有助于准确把握核心概念的进阶。

学习进阶的阶段性特征通过关键内容体现出来。课程内容的结构化是以核心概念为线索促进学习进阶的路径，透过关键内容的深度学习实现核心概念的理解与进阶。

3. 内容结构化带来的挑战与契机

教学要从体现核心概念的关键内容入手，促进学生对学科本质的理解，形成知识与方法的迁移，逐步发展学生的核心素养。

（1）内容编排以主题核心概念为线索。

首先，主题整合。如"数与代数"领域包括"数与运算""数量关系""数与式""方程与不等式""函数"五个主题。每个主题都构成一个整体，蕴含了反映主题学科本质的核心概念，这些核心概念在不同学段具有一致性和阶段性。"图形与几何"领域将"图形的认识"与"图形的测量"主题整合为"图形的认识与测量"主题，强调图形的认识与测量关联，从整体上认识图形与测量。不仅可以把周长和面积的测量整合起来分析理解，也将图形认识与测量问题整合起来进行教学设计。

其次，准确理解学科本质。如"用字母表示数"和"百分数"由原来"数的认识"主题下分别调整到"数量关系"和"数据的收集、整理与表达"主题下。"百分数"的内容移到"数据的收集、整理和表达"这个主题下，凸显了百分数的统计意义。

（2）凸显学科本质和整体特征。

单元分析从这个单元内容的本质及其不同内容之间的关系出发，确定单元内容重点和难点等，将本单元内容与前后相关的单元内容建立联系，对其本质有更清晰的认识和理解。

（3）突出关键内容的单元整体设计。

从关键内容入手的单元整体教学设计是实现核心素养导向目标的重要路径。结构化内容设计围绕主题、学科知识、核心素养三要素。纵向学科从整体上把握学习内容的发展脉络、学科本质的一致性及内容间的关联性，主题内容重点体现核心概念以及蕴含的核心素养。

首先，基于自然单元内容整体分析，以核心概念为线索反映该单元与前后相关单元之间相关内容的整体理解。

其次，确定单元关键内容，体现所学内容的学科本质和核心概念以及蕴含的相关核心素养。

再次，设计有效教学活动。基于学生基础和前概念，围绕关键内容展开学习活动，引发学生独立思考、质疑问难、合作交流，在解决问题过程中深度理解所学内容，形成和发展核心素养。

2022 年 5 月 4 日

五、研修笃志提格局，履践致远育新人

——未央区中小学党组织书记暨党务工作者专题高级研修班学习心得

浩荡江水，魅力山城，红色重庆，党建引领。2022 年 8 月 9—15 日，在未央区教育局王小龙副局长与王改燕科长的带领下，有幸参加未央区中小学党组织书记暨党务工作者专题高级研修班，专家们深邃的理论，鲜活的案例，新颖的党建，学校的考察与红色基地的参观，使我在认知、理论、实践等方面获益良多。

1. 认知层面

五天培训，六场报告，三处考察，参观三个革命教育基地，灵魂的涤荡，思想的冲击，理论的丰盈，智慧的碰撞，实践的启迪，我深深认识到外出研修的必要性与紧迫感，体会到局领导对提高未央教育质量的坚定信心。学习中共中央办公厅印发《关于建立中小学校党组织领导的校长负责制的意见（试行）》，使我更加明确了党组织把方向、管大局、作决策、抓班子、带队伍、保落实的领导职责，厘清了党组织领导的校长负责制的历史逻辑、理论逻辑、实践逻辑，深刻认识到党建与业务的深度融合是党组织成为学校教书育人坚强战斗堡垒作用的关键。

2. 理论层面

思想就是力量，旗帜就是方向，高度决定格局。《中国共产党的光辉历程与宝贵经验》《学校党支部工作方法与艺术》《赓续百年初心，担当育人使命》《党建项目引领下的"创新党建、幸福党建"》《抓好意识形态工作，加强思想政治建设》《党组织领导的校长负责制思考与实践》，一场场理论联系实际的报告，使我理解了"党建强，学校强；党建兴，学校兴"的道理；懂得了党支部书记必须具备坚强的政治素养、业务素养、管理素养、道德素养与心理素养。党组织领导的校长负责制，从构架看，实质是完善和发展现代学校制度、形成科学规范有效的治理体系；从运行看，关键是提高学校现代治理能力；从动力看，要运用创新思维和新技术手段治理学校；从愿景看，旨在构建学校共同体。

3. 实践层面

重庆市江北区新村实验小学和重庆市蜀都中学、字水中学的实地考察获益匪浅。江北区新村实验小学是重庆市首批示范小学，学校坚持"以美育美，各美其美"的办学理念，全面实施"新美教育"，学校成为学生健康快乐成长、教师幸福智慧工作、社会尊重信任称赞的美丽校园；蜀都中学是重庆市"红岩精神教育基地"，始终遵循"人品第一，能力至上，和谐发展"的办学宗旨，实施人和兴校、质量立校、科研强校的发展战略；字水中学具有深厚的文化底蕴和卓越的办学业绩，特别是王毅书记、校长在《党建引领综合改革，提升学校办学品质》报告中，谈到党建工作对学校发展、学校文化建设、教师队伍发展和教育教学改革的引领，给予我深刻的思考与启示。

4. 启示与收获

不闻不若闻之，闻之不若见之，见之不若知之，知之不若行之。学至于行之而止矣。

（1）党建引领。一是构建党政工团队一体化工作机制，把党组织工作与学校教育教学各项工作深度融合；二是全体党员日常佩戴党员徽章，亮明身份，承诺践诺，岗位建功；三是实施"双培养"工程，把党员教师培养成骨干，把骨干教师培养成党员；四是日常教育教学活动落实党建＋教研，党建＋课堂，党建＋课题，党建＋德育。

（2）校园文化。在已有的办学理念、育人目标、"一训三风"的基础上，创建学校的校徽、校旗、校歌，凝练学校的教育哲学、学校精神、教育信条、价值追求、学校愿景；以文化人，以事育人，使师生坚守文化自育，信守文化自信，持守文化自强。

（3）课程建设。课程是实现教育哲学的基本载体。课程开发是衡量一所学校教育水平的重要标志，也是学校教育质量的根本保障。校长的课程领导力是学校内涵发展与品质提升的关键，借鉴三所学校的课程建设体系与实施路径，基于"双减"，立足未央，放眼国际，结合校情，培根铸魂，启智润心，逐步建构玄武路小学"乘思维翅膀，助生命腾飞"课程建设体系。

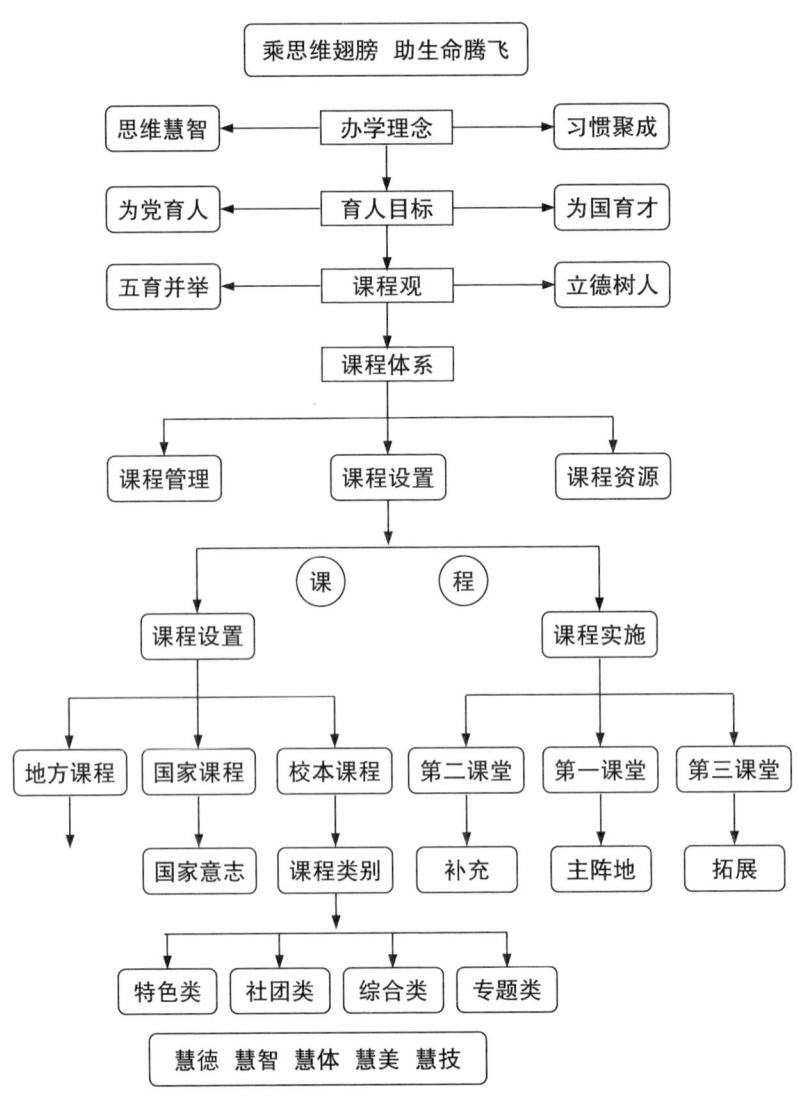

充实愉快的五天学习与生活，脚之所触的每一寸土地，目之所及的每一处建筑，无不蕴含重庆人民的勤劳与智慧，无不彰显"因地制宜"的玄妙诠释；不由引发对教育"因材施教"的深度思考，每个儿童的心灵深处都珍藏着生命中最宝贵的思维力、成长力、合作力、创造力、审美力……教育所要做的就是尊重、唤醒、发现、点燃、激励……因材施教，让每一个生命都绚烂地绽放。

最后，诚挚感谢未央区教育局党委悉心安排的这次"行千里，致广大"之旅，所学所得、所思所获将在今后的品牌创建中"路虽远，行则至"。

2022 年 8 月 21 日

六、易知易行话学校管理

——听取北京市朝阳区教师发展学院
党总支书记、副院长刘飞讲座有感

周末聆听北京市朝阳区教师发展学院党总支书记、副院长刘飞《易知易行话学校管理》的线上专题报告，内容颇丰，收获满满。

1. 管理的渊源

管，古代原意为锁钥，《周礼》"司门掌授管键，以启闭国门"，引申为"控制"，即约束行为，形成规范；理，即梳理、调理以求理顺，管与理，控制与协调，一刚一柔，一张一弛，对立统一相辅相成。

2. 管理的四个基本要素

（1）"清晰目标"。

①找准方向，方向永远比速度重要。

②计划推动，前瞻必须先定锚。

③明晰标准，标准导行更可靠。

④执两用中，凡事求合理。

（2）"知人善任"。

①重视人才，选拔任用人才要有标准但不能唯标准。

②合理授权，合理授权是关键。

③摒弃零和思维，零和思维不足取；得失相加等于零，习惯双赢思维。

（3）"谋事要实"。

①力求简易，不人为复杂化。

②重要非急宜着力。

③整体长远要重视。

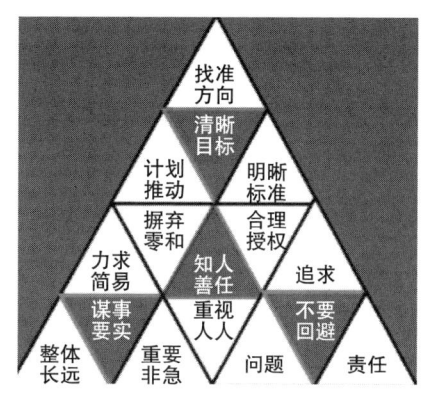

（4）不要回避"。

①不回避追求。

②不回避责任。

③不回避问题，知人长者智，知己短者明。

清晰目标——"往哪干"　知人善任——"谁来干"

谋事要实——"怎么干"　不可回避——"坚持干"

思想引领——"愿意干"　价值引领——"值得干"

作风引领——"带头干"　发动宣传——"一起干"

3. 学校管理的四个维度

（1）文化立校。

二分法：显性文化，隐性文化。

三分法：精神文化，物质文化，制度文化。

四分法：精神文化，物质文化，制度文化，行为文化。

学校文化：内隐是人，显性还是人，基于人，为了人，发展人。文化的本质是从"人化"到"化人"，用人的方式发展教育，谓之人化，尊重天性，培养习性；用教育改革的最新成果发展人，成就人，谓之化人。用人的方式发展教育，就是要尊重学生的天性，培养其习性；用教育改革的最新成果发展人，即致力于培养人的正确价值观、必备品格、关键能力，推进素质教育，培养全面而有个性的学生。教书育人在细微处，学生成长在活动中。借助互联网，实现"人人皆学、时时能学、处处可学"。

（2）课程兴校。

①忠实策略。学校课程要忠实于国家课程，国家课程校本化实施，扎根

中国，通融中外。

②整合策略。课程整合的基本依据是学生身心发展的整体性与生活世界的多样性。苏霍姆林斯基《给教师的100条建议》指出："拥有可以自由支配的时间，是个性发展的一个重要条件。孩子的素质和天资只有当他每天都有时间从事自行选择的喜爱的劳动时才能得到发挥。"课程不是一味做加法，一定要学会整合。

③拓展策略。拓展策略着眼于学生发展，学科发展，重在学生的兴趣培养，特长培养，重在对学科、课程本质精神的理解，努力实现社会资源教学化，为学生发展、学科发展提供更大平台。只有当学生用学科、热爱学科、掌握学科本质时，他才能真正的跨学科。《义务教育课程方案（2022年版）》指出：原则上各门课程用不少于10%的课时设计跨学科主题学习。

④创生四策略，课程创生是指课程构建和实施中，学校或教师根据本校实际情况、能力优势、学生兴趣爱好等，主动建构和创造的课程，充分体现主体性和创造性。

（3）队伍强校（教师核心素养）。

苏霍姆林斯基《给教师的100条建议》出现频率非常高的概念就是"学、教、课"，谈学生、学习、学科33条，加上关于儿童、孩子的表述近50条，谈教育、教学、教师24篇，谈备课、上课、课后辅导5篇，加上"带着孩子做环球旅行""阅读"等广义课程5篇，内容占比超过80%。基于此，教师最重要就是"学、教、课"，这也是教师行业本质所在。2018年全国教育大会上，习近平总书记强调：办好教育事业，家庭、学校、政府、社会都有责任，家庭是人生的第一所学校，家长是孩子的第一任老师，要给孩子讲好"人生第一课"，帮助扣好人生第一粒扣子。进一步明确了"家庭教育"的重要性。

A. 三学：学生、学习、学科。

学生——关注学生"天性"和"习性"。学生天生善良、敏于发现、惯于动手、乐于表达、向往自然、充满好奇……每个孩子都是独特的，我们要真正静下心来了解孩子，知道他们的性格特点、认知方式、想法需求，顺势而为，如果不能真正走进孩子的内心，因材施教就只是一句口号。

学习——《反思教育：向"全球共同利益"的理念转变》报告说："学会如何学习从来没有像今天这么重要。"学习的 6 个基本要素：知识——核心与基础；好奇心——伴随孩子一生，是内驱力；学习环境和学习方法——支持条件；合作——"独学而无友，则孤陋而寡闻"；思维、表达和实践——知行合一，学会学习的标志；成绩——结果，不仅仅指分数。

学科——"跨学科"，我们一定不要忽视学科课程研究，否则会东施效颦。学生的学习水平很大程度仍然在于各学科学习，通过教学，培养学生学科感觉，把握学科特点，运用学科所学解决实际问题。在建构学科知识体系、学生学科素养提升的背景下，学科与生活融合、跨学科学习才更有意义。

B. 三教：教师、教育、教学。

教师——没有高水平的教师，就没有高质量的教育。教师要累得有价值，研究真问题，不要无病呻吟。"重复啊重复，不在重复中升华，就在重复中消亡"，我们要让教师在重复中升华。

教育—　杜威"教育即生活"、陶行知"生活即教育"……生活是教育的核心话题，但教育与生活之间一直好像有一堵高墙。教育要源于生活、表达生活，回归生活，培养学生学会求知、学会做事、学会做人、学会共存。

教学——讲授法、问答法，合作式、探究式、启发式，传统与现代并重，中与西兼容。

C. 三课：课程、课堂、课余。

课程——两个坚持，一是坚持国家课程校本化实施；二是坚持执两用中；三是教材与世界，扎根中国，通融中外，中西合璧。

课堂——改革最终发生在课堂上，好课堂有四个特点：带班育人——培养良好习惯，构建人际关系，学科育人；思维发展——发现问题、提出问题、分析问题、解决问题，注重学生思维发展提升创新能力；语言运用——学科表达、学科语言、学科阅读等；综合实践——学科知识、技能的运用与实验、操作，跨学科主题综合实践，打破学科边界，重视学科与生活融合。

课余——《学记》讲："大学之教也，时教必有正业，退息必有居学。不学操缦，不能安弦；不学博依，不能安诗；不学杂服，不能安礼。不兴其艺，不能乐学。故君子之于学也，藏焉修焉，息焉游焉。"基于此，"基础性作业少而精，拓展性作业巧而活"，"少"要求控制时间、数量，"精"要求学习目标选择精当、作业语言精练、评价要点精确、展现精彩。巧而活做到：主题巧、运用巧、结合巧；主体活、形式活、评价活。

D. 三家：家长、家训、家务。

家长——习近平总书记在全国教育大会上就家庭教育提出"四个第一"，其中，家长居核心地位，第一任教师作用不到位，其他三个"第一"都会落空。孩子发展父母角色定位甚为重要，好的家庭教育是严慈相济。

家训——《钱氏家训》，宋代以来载入史册的钱氏名人就已逾千，到近代人才井喷，钱三强、钱学森、钱伟长、钱钟书、钱穆、钱玄同、钱其琛……一部好家训，能成就一个家族，为国家做出巨大贡献；同样，一句家训，优良家风，有助于传承价值观、人生观与道德观，达到家和万事兴。

家务——家务不等于家务活，家务是家庭日常生活事务，洗衣、做饭、读书、交流、孝敬老人、经济开支等，家庭中每个成员参与家务意识越强，家庭幸福感越高。对于孩子来讲，做好自己内务，洒扫铺叠洗擦的同时，学做力所能及的家务活，既减轻家长家务劳累，又增进亲子交流。

"三学、三教、三课、三家"是教师基本功，努力做到善解学情、善施教化、善为课业、善引家风。

（4）标准治校。

立足校情，与时俱进，形成"标准引领、管理规范、内涵发展、富有特色"良好局面。

4. "易知易行"

"易知易行"源于《易经》。《易经》为群经之首，"不易、变易、简易"是最深刻的原则，尤其是"易简"，所谓大道至简。《易传·系辞》中说："易则易知，简则易从。易知则有亲，易从则有功。有亲则可久，有功则可大。"

容易感知就使人好理解，容易使人有亲近感和依附感，容易遵从就容易施行，容易形成阶段性成果，"甚易知甚易行"。

（1）尊重规律，把握变数。

教育有两条基本规律：一是外部规律，即教育一定要适应和促进社会的发展；二是教育一定要适应和促进个体的发展。教育者要上心、用心、尽心，与新时代同行。学生核心素养：正确价值观、必备品格、关键能力。教师核心素养："学、教、课、家"，即善解学情、善施教化、善为课业、善引家风。

教育要适应和促进人的发展，遵循教育规律和人的身心发展规律，以不变应万变。只有真正以学生和学习为中心，教育才能行之有效。学生是一个独特的生命体，学习是一个变数，教师及其教育教学就要顺变。落实立德树人，做到五育并举；聚焦核心素养，培养关键能力；要推动"教育＋互联网"，推进教育国际化，培养时代新人。

（2）尊重计划，贵在执行。

"计"是会意字，从言，从十，计算、计意（考虑、计较）的意思；"划"也是会意；从刂、从戈，即用尖利物把东西割开，有分开、设计的意思。二字合在一起，有通盘考虑、化整为零、分步达标的意思。简言之，计划就是以文件的形式，将要做什么事、谁来做、在什么时间做、以怎样的形式去做、做的结果如何评价等要素用文字表述清楚。

世界著名作家、大思想家斯宾塞说："唯一不变的是变化本身。"如何写计划？开头、主体和结尾。开头写清：目前情况——现在所处位置；前进方向——做什么，向哪里前进；行动方式——需要做什么才能达到；人员责任——谁来做。主体部分，突出五个字：时——何时安排、何时完成；空——什么范围、需要什么条件；人——参与人、责任人；事——做什么事、预期效果；择（或策）——方法、措施。结尾部分："或突出重点，或强调有关事项，或提出简短号召。

（3）立足常态、立足特色。

毛泽东同志在《实践论》中指出："实践、认识、再实践、再认识，这种形式，循环往复以至无穷，而实践和认识之每一循环的内容，都比较地进到了高一级的程度。"

教育新常态是全面育人"一体两翼四个清晰"以育人目标为核心，突出带班育人和三课（课程、课堂、课业），做到四个清晰——清晰学情、清晰目标、清晰过程、清晰评价。教师全面育人突出"有、得、美"，做到四有：有观点，能自圆其说；有理论，能指导实践；有策略，具可操作性；有案例，具独立见解。做到"三得"：耐得住寂寞，明白为先；守得到云开，坚持为要；经得起流年，力行致远。努力做到六美：美在信念坚定，美在宽仁慈爱，美在专业扎实，美在智慧灵动，美在视野开阔，美在拥有大情怀。

新常态着力点：常规管理、团队建设、教育质量、流程管理。

常规管理——新常态重在常与长，这同样是常规管理的关键。

$90\% \times 90\% \times 90\% \times 90\% \times 90\% \approx 59\%$。

教学常规：备课90%×上课90%×作业90%×辅导90%×考试$90\% \approx 59\%$；带班育人：常规管理90%×主题活动90%×个别辅导90%×社团实践90%×家校沟通$90\% \approx 59\%$；学校行政工作：计划与执行90%×队伍建设90%×统筹与决策90%×突发事件处理90%×标准与评价$90\% \approx 59\%$……这些算式说明量变会产生质变，真正起决定作用的可能就是我们忽略的那个10%，所以合格是过程中每一步都做到优秀才可能达到的，教育永远是遗憾的艺术，期望过程中每个环节都100%不现实，但是90%是底线。

团队建设——共同愿景、顺畅沟通、尊重规则、群策群力、读书行路。共同愿景：聚焦发展目标（学生、教师、学校）。尊重规则：团队行事有底线，任何人不能突破。群策群力：协商民主，多维度、多层面探究，形成共识。读书行路：不能仅满足于"浅阅读"，把静下心读书当作常态。提倡共读共议共行共进，共同致力于终身学习。

教育质量——管理方式、课程领导力是否还需提高；教育教学方式是否单一，教育教学目标、策略与评价反馈是否一致、匹配；教科研意识和氛围是否还需进一步加强，教师队伍整体水平、专业能力是否有效支撑学校发展需要……以学生和学习为中心，真信、真研、真改。

流程管理——制度指向是如何把事情做得更顺畅。治理河流既要用管理制度的堤坝来导向，又要用流程来管理疏浚河道，二者相辅相成。流程基本要求：点、线、面相结合，时、空、人、事、择五要素齐全，突出整体性。

（4）舍得有法，整合为佳。

舍得来自佛家，舍得哲学也是历来被推崇的为人处世哲学。我们要学会"舍所当舍活当下"，知道"有一种舍叫奉献——得未来；洗尽铅华也从容——得本质"。我们要"珍惜拥有为明天"，做到"知足知止修其内，螺旋上升致高远"；我们要"举三反一重共性"，认识到"梳理整合是关键、临时工作需统筹"；我们要认识到"己之所欲慎施人"，为此"推出新措需三思，放下不等于放弃"。

做一个有"撕"想的管理者，所谓"撕"想，就是有想法就撕掉，再有，再撕，实在撕不掉了，就可能有点思想的味道了。

2022 年 10 月 23 日

七、这个思路有启发

——2023 年罗振宇跨年演讲摘要

"时间的朋友"跨年演讲来到第 8 年，随着 4 年的跟进学习；认同启发随年俱增，新年首日温故内化，微雕生命。

启发 1. 电动车与书店

面对困难有三种结果：一是打赢困难；二是被困难击败；三是被困难定义。什么叫被困难定义？如守株待兔，在树前侥幸得到一只兔子的那个人，就把自己定义成"可以靠运气活下去的人"，被锁死在一次成败之中。宁可被困难打败，

也不要被困难定义。让自己成为"易受启发体质"，学习在他人的处境中，看到自己问题的影子；能在他人的答案中，找到自己解题的线索。

启发 2.《螃蟹与红酒》

高境界的老实话，真实呈现自己对一段经历的珍爱，并保持对未来的期待。如极端天气导致葡萄大打折扣，葡萄酒广告文案："气候让葡萄略微酸涩，这一杯共敬这一年的不完美。"今年夏天高温，

大闸蟹个头小，这样设计大闸蟹广告文案"今年螃蟹虽小，亦是一期一会"。始终保持希望，坚持说老实话。

启发 3. 甘地与糖

真正有效的策略，是把思考的指针转向自己；只讲自己身在其中，正在践行的道理。什么是启发？杰罗姆·布鲁纳说："人类的精神生活中最独特的一件事情，是人们会不断地超越所给的信息。"

先以自己为道路，再为后来者开路。当道理穿过了身体，再传给别人的时候，它就变成了你的一部分。

启发 4. 60 秒与 10 年

萨根《宇宙》题记："在广袤的空间和无限的时间中，能与你共享同一颗行星和同一段时光，是我莫大的荣幸。"我学会了一件事：和这 60 秒"共存"；痛苦着痛苦着，也就习惯了。更如王阳明说："持志如心痛。"心里有做一件事的

志向，就像心里有个痛处，时刻提醒它的存在。那个心里的洞始终向世界张开，需要我们用全部精力去填满它，到处搜寻资源去完成它。长期坚持干一件事，有些念头可以像种子一样种下，然后等着它慢慢发芽。

启发 5. 建筑师与婚礼

有这么一类人，他们不被身份标签限制，边走边打包无数技能和个人特质，可以灵活变换工种，同时不会浪费任何一段经历。

启发 6. 天文学家与玫瑰

我们身上最有价值的东西，不是证书和技能，而是过去一切经历的总和。你受过的教育，经历过的职业背景，甚至犯过的错误，它们给你留下的遗产，都可以成为你当下价值的支撑点。博尔赫斯的诗："一朵玫瑰正马不停蹄地成为另一朵玫瑰。你是云、是海、是忘却，你也是你曾经失去的每一个你。"

启发 7. 露营与英雄归来

我们最珍贵的能力，是让自己永远保有从内核出发的能力。你的价值，只取决于你的内在到底包含了多少丰富性。请对自己灵魂拷问：回归内核，我到底是谁，我到底拥有什么？练乐器练一遍和练十遍就是不一样，自己的投入度是唯一的变量。我突然理解了自己，需要不是什么别的东西，就是"挑战—努力—成就"这个铁三角。

启发 8. "10 万 +" 与微雕

匠人精神？敬业精神？不，"以一般人的努力程度之低，根本轮不到拼天赋"。美是任何一个想要打开相机的时刻，美是电影院漆黑中他轻轻碰到了她的肩膀，美是清晨拉开窗帘所看到的红色朝阳，美是江水长流无尽时。"在别人下功夫的地方，你功夫下到了吗？在别人不下功夫的地方，你下功夫了没有？"在内卷

的尽头，请试试"微雕"。

启发 9. 听诊器与博尔塔拉

所有做成的事都建立在良好的关系上，所有的良好关系都建立在人和人之间的信任上，而所有的信任都建立在真实的触点上。当你做事没有突破口的时候，不妨从关系维度、信任维度，想有没有可以努力的空间？最简单的方法，就  是找到你的触点，找到你的"听诊器"，设计一个能推进深度关系的触点。深化关系而推广，推广而更好深化关系。

启发 10. 话剧与常识

当约束条件真的来了，当商业环境正在剧烈波动时，当我们只能"原地不动"时，易立明故事给我的最大启发：创新空间，就在脚下。微雕不仅是一项手艺，不仅是营销推广的方法，微雕的刀锋所向，甚至还可以是整个产业的结构  创新。刘润老师讲，商业演化的一个基本规律，是把更丰富的东西，以更便宜的价格，用更方便的方式，交到用户手中。微雕的故事、听诊器的故事、剧场的故事，都在提醒我们如果打算在一个行业深耕下去，我们不仅要在大家看得见的地方下手，还要尝试去大家看不见的地方下手。

启发 11. 故乡与魔法

保链护土：保链，就是保护产业链，保 GDP 数字增长，保国家产业结构的完整，保大国的竞争优势；而护土的"土"是乡土的"土"，是我们生于斯长于斯的家乡，是我们肉眼可见的身边人。中国就像一口大火锅，里面的元素越丰富，味道就越好，创造性就越足，里面没有任何一样东西是真正多余的。中国新能源的发展，马一峰叫"用魔法打败魔法"。产业链和乡土生计是纵向贯通的，新能源各个链条是横向咬合的，没有哪一个局部，可以轻言牺牲和

放弃，就像约翰·多恩的那句诗："没有人是一座孤岛，可以自全。"

启发 12. 快餐店与星辰大海

疫情期间，"依靠附近"逆势增长的"南城香"，上班族清早赶路有茶叶蛋和豆浆；中午退休大爷有便宜好吃安格斯肥牛饭；孩子下午放学回家有奶茶、鸡翅；晚上下班不想做饭的年轻人有虾仁

大馄饨；深夜朋友聚会有电炉烤串。一天五顿从早餐到宵夜，服务附近的人。南城香的故事告诉我，忽略附近，是忽略一种非常重要的资源，附近就是星辰大海。

启发 13. 绿道与眼前人

清华大学新雅书院的院长梅赐琪跟学生跑步也好、吃饭也好、面批也好，都是为了实现"全过程深度浸润"。全过程，就是一个也不能少，一刻也不能停；深度，就是不能流于表面、皮毛，深度浸

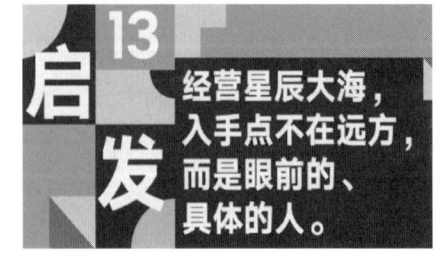

润，就是要用人和人之间的真实关系，多角度地润物无声、春风拂面。没想到中国最好的大学，正在往这个方向努力。不仅是教育家，所有经营星辰大海的人，其实入手点不在远方，而是每一个眼前的、具体的人。只要拆除一点围墙，只要增加一些连接，"星辰大海就在我的附近"。

启发 14. 投资家与小草

数字化正在改变中国商业的底层土壤。"滴灌通"不是投资人的创新，而是那些小草的命运。过去我们经常说做知识的游牧民族，哪里水草丰美，我们就向哪里迁徙。套用这个句式就是"哪里的数字化程度高，就往哪里迁徙"。滴灌

通故事提醒我们：数字化水平越高的地方，就越容易聚合资源。在资源越丰沛的地方，当然就越能做成自己的事。

启发 15. 奶茶店与女主播

在数字化系统中干活，每一个动作都被记录在案，每一次努力都被系统奖赏，这就像鞭子一样，抽得人根本就停不下来，称之为"数字化勤奋"。成角儿之后，还得接着"挨打"。得了再好的收成，也都是你的劳动所得，种豆得豆，种瓜得瓜。

启发 16. 何帆与麻雀战略

一直以来，我们都崇拜鸿鹄，看不起燕雀。2022 年，我们更需要学习麻雀战略，应该是"鸿鹄安知燕雀之志"。经济生态系统已经变了，旧的物种会消失，新的物种会崛起，未来的新物种很可能不是恐龙和鲸鱼这样的庞然大物，而是

像麻雀这样能迅速找到新的生态位的聪明物种。麻雀都能改变,人更能改变。

启发 17. 山与召集人

"月下发财树"放一个黄色的小圆片，花盆上写着"月亮与六便士"，借用英国作家毛姆小说《月亮与六便士》，月亮代表梦想，六便士代表现实，人是应该选择月亮，还是六便士？是应该追逐梦想，还是屈从现实？总会有人为美好的文案

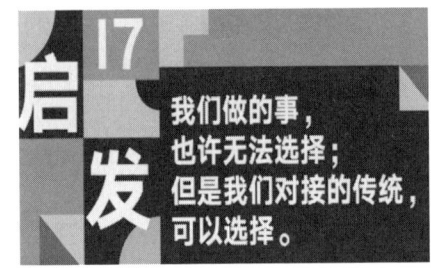

心念一动，这是不是成本最小、见效最快的创新？对这个世界进行重新编码，就是很好的创新资源。我们做的事也许无法选择，但是我们对接的传统可以选择。看得见多远的过去，就能看到多远的未来。

启发 18. 村庄与作品

黄家伦"作品"。什么是作品？是要像燕子衔泥、小鸟做窝一样，一根树枝、一根草，聚集我所有的资源、我的意志、我的创造力、我的独特表达，一点点搭出来的一个独一无二的东西。这是我对

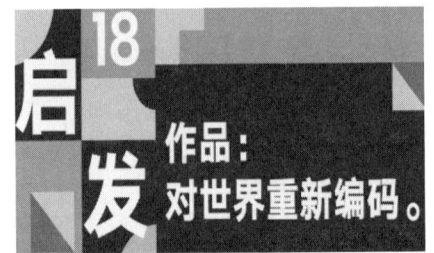

这个世界的编码，这个创作过程，就是做作品。人可以站在原地，但把世界的资源，都拿来完善自己的作品，让整个世界，都为我所用。我们每个人都可以成为这样的创作者。

启发 19. 舞蹈与典礼

在"奔跑"之外，还有"舞蹈"可选。奔跑，追求速度和胜利，但是它不会是新东西，不过是更快地走。越想跑得快，就越要遵循标准的跑步动作。而舞蹈，虽然看起来慢，但它有另一种内

在追求，追求过程好看，追求结果创新。在这个视角下，"快还是慢""大还是小""激进还是保守"，这些我们脑子里常见的标尺就不太适用了。一个舞蹈者，在意的是自己的轨迹和节奏，而不是把一切有效动作全来一遍。正如泰戈尔所说："美懂得说'够了'。而野蛮吵着闹着还要更多。"教育家李希贵在北京十一学校盟校搞开学典礼，必须符合以下六个要素：仪式感、参与感、教育主题突出、激动人心、出人意料和30分钟。如让每个一年级新入学的孩子选择一个音符，写上自己的名字，随机组成了一个谱子，然后请高年级的学生组成的学校乐团，现场演奏出一曲独一无二的"开学进行曲"。每个孩子都有参与感，每个人都是独一无二的音符，但合起来又可以谱出美好的乐章，教育主题也有了。乐曲奏响的瞬间，仪式感和出人意料的惊喜感就有了。所谓"舞蹈"，就是"法度谨严""变化出奇"，这样创新就会有根基和方向。

启发 20. 导演与群像

罗振宇："张艺谋——经营好自己的现在，等待未来向我飞奔而来。未来是什么？未来只是我们现在做的事情中某个因素的展开。从这个意义上说，现在就是未来。经营一个丰沛的、元气淋漓

的当下，而后等待未来的遴选。正如作家余世存老师所说："我们的职责是平整土地，而非焦虑时光。你做三四月的事，在八九月自有答案。"做好手头的事，到时自有答案。哲学家赵汀阳讲："要拒绝名词的诱惑，不要试图去成为一个名词，无论多好听的名词，而要去成为一个动词。"把自己活成一个"动词"，大胆地做事，勇敢地把这个世界据为己有，至于它的结果，曼德拉早已说过："我没有失败过。要么赢得胜利，要么学到东西。"

2023 年 1 月 1 日

八、北京之行，收获之旅

—— "第九届全国中小学校长论坛" 收获与启示

3月24—25日，北京圣陶教育研究院、北京市特级教师协会主办，北京一〇一中教育集团、北京大学附属小学承办的 "高水平实施因材施教，为学生的未来做准备" 第九届全国中小学校长论坛，我有幸与全国中小学校长、教育专家、教研员等1500多人共赴盛会。大咖云集、群贤毕至、精英荟萃，高屋建瓴的教育方向引领，高端专业的教育视野拓延，高深悠远的教育思想探析，高论深刻的教育未来分享，高见精辟的教育当下剖析，精妙生动的课堂案例展示……两天里高端报告20个、创新课堂展示2节，专家互动、高端对话等，真乃中国教育学术盛会、思想盛宴和精神大餐。大师领航，高师指引，强师示范；强度高，信息大，收获满；对教育的变革、高质量发展有了更加深刻、更加开阔、更加深远的认知与理解，以他山之石鉴自己之玉。

收获一 因材施教是教育高质量发展的助推器

因材施教是古代圣贤留下的弥足珍贵的教育财富，是中国传统教育理念的精髓。孔子认为，每个弟子擅长的领域各有不同，在德行、言语、做事、政事和文学等方面的能力各有差异；北宋理学家程颐将其概括为 "孔子教人，各因其材"；朱熹对其注解为 "圣贤施教，各因其材，小以小成，大以大成，无弃人也"。因材施教便由此产生。

今天，社会发展和时代变迁赋予因材施教新的内涵。因材施教超出了智育范围，强调充分尊重学生差异，让他们朝着全面、个性、自由、健康的方向发展，成长为德智体美劳全面发展的社会主义建设者和接班人。高水平因材施教是教育以人为本、尊重差异，追求高质量发展的时代脉搏，是把握信息技术迅猛发展为实现教育规模化和个性化培养相结合赋能的大好机遇。

正如北京圣陶教育研究院院长姚炜在开幕词中所言：因材施教是千年来教育的至高理想，因材施教是高水平教育公平的体现，因材施教是实现人的全面发展的重要途径。褚宏启教授的《把因材施教进行到底》主旨报告认为，有教无类与因材施教完美体现了人类社会对教育公平与教育质量的理想追求。有教无类是教育机会的平等，体现的是平等性公平；而因材施教是根据不同学生的不同发展水平与发展需要，施以差别化、个性化的教育教学，体现的是差异性公平，与有教无类相比，因材施教是一种更高层级的教育公平。不仅如此，因材施教还旨在最大限度发掘学生的潜力，实现学生发展的最大化，充分体现了教育高质量发展的要求。因材施教同时体现了人类对于"高公平"与"高质量"的双高追求。《中国教育现代化2035》提出："更加注重因材施教，面向学习者个体化、多样化的学习和发展需求，完善教育体系，创新体制机制，改进培养模式，努力使不同性格禀赋、不同兴趣特长、不同素质潜力的学生都能接受符合自己成长需要的教育，促进学习者主动学习、释放潜能，获得发展自身、奉献社会、造福人民的能力。"

收获二 因材施教在校园的多元路径

因材施教不仅是学校教风的因材施教，更涵盖师生的因材施学、学校对教师的因材施培、学校教育教学活动的因材施育。

（1）构建高质量课程教学体系。思维好课堂的本质内涵与常态落实，学生好奇心与求知欲的激发与保护，学习方式的坚持与突破，课堂看、听、讲、想、做、动、静转换多要素的有效使用，教学内容的多向度，课堂练习的多维度，作业设计的多层次，学业评价的多元化，都是高质量课程教学的有力保障。

（2）提供高质量课后服务。课后服务的实施，为学生发展自己的兴趣爱好、开发潜能提供了更多的时间与空间。学校周一阅读绘本日，周二思维绽放日（竖笛、绘画、手工等），周三户外活动日（武术操、健美操、护眼操、健体游戏等），周四缤纷社团日（21个专业社团），周五多彩艺体日，都是因材施教的最好体现。课后服务成为课后教育，课后服务成为落实五育并举的新载体，培育学生素养的新时空，打造学校特色的新品牌，发挥课后服务的育人价值。

（3）加快推进学校数字化转型。教师充分用好信息技术，提升教师队伍整体信息化素养。希沃交互白板5功能的深化使用，课件制作、手机投屏、拍照上传、学生评价、听课评课、教研活动……数据的生成、比对、分析，强调以教师数据分析为基础，人机交互体验为关键，建立学校教师教育教学教科研数据库。探索教研组课件动画，展示微课，游戏检测，精讲并补讲，深度教研，课件共享互备，备课互通，优质共享。充实教学评价助手——班级优化大师，针对学生课堂听课、发言、创新、质疑等给予精准化、个性化评价，合力推进学校整个教学样态的转变，体现因材施教，提高教学效率，促进数字校园信息化。

收获三　拔尖人才与高水平因材施教的特征

"宽容"是培养拔尖创新人才和高水平实施因材施教的最重要特征。人大附中周建华校长主持的"高端校长沙龙"，大咖们针对拔尖创新人才培养和高水平实施因材施教的独特理解与思考，直抵心灵，引人深思。唐江澎校长提出："我们的尖子生不能把主要精力耗散在科科优秀的追求上，而应专注于自己的特长方面，拔高它的最高点。"

北京一〇一中学陆云泉校长"办人民满意的教育，不是人人满意的教育，能代表人民的就是我们的党，我们办教育一定落实党的58字教育方针：教育必须为社会主义现代化建设服务，为人民服务，教育必须同社会实践与生产劳动相结合，培养德智体美劳全面发展的社会主义建设者和接班人"。平和宽容的心态，不折不扣地贯彻党的教育方针。

收获四　心怀教育情青春永不老

最敬仰的是 94 岁高龄的顾明远先生精神矍铄，仰之弥高的是顾老深邃的思想，针对我国高科技被"掐脖子"的现实，深刻剖析邓小平当年提出教育要"三个面向"（面向现代化，面向世界，面向未来）时代价值与深远意义。"三个面向"是邓小平 1983 年 10 月 1 日为北京景山

学校的题词。它是邓小平在新的历史时期对教育工作指导思想的精辟概括。认识和理解"面向高科技"的深刻内涵，"三个面向"今天仍然是指导教育高质量发展的重要思想。顾老同时提醒大家重视科学技术实行因材施教，当下信息化、大数据、互联网时代是个性化、开放性和互联互通，运用信息化了解每个学生，发现每个学生的潜能为因材施教赋能。杰出人才和创新人才是两个不同概念，杰出人才可能是很杰出的少数人，为国家、为人类做贡献，有发明、有创造，但是创新精神、创新能力是人人都应该有的，所有行业、所有人员都应该有创新精神、创新意识，我们的国家才能兴旺发达。

收获五　教育的本质是精神成长

特级航天员、中国首位太空教师王亚平在"与时代同频，和梦想共舞"的演讲中说"在追逐梦想的路上并不是一帆风顺，擦干眼泪、奋力拼搏，梦想会离自己越来越近"。"用一生的坚持、执着和热爱，坚守着这份飞天梦想"的事迹，深深感染和鼓舞所有与会者，使我不止一次热泪盈眶。我们对航天员了解甚少，以为身体机能的高强度训练，生理和心理极限挑战训练都是我们常人所不能承受的，但与之相比更难的是天文地理、数理化科等 10 多门高深课程，他们三年多时间没有一个休息日，没上过一次街，没有一天晚上 12 点前睡觉。因强化体能训练胳膊粗了，因做身体抗压能力试验脸部

变形，最铿锵朴素的回答：美并不是最重要，完成任务才是最重要的。1500 多人的会场那种静谧安宁与不时爆发的热烈掌声令人振奋，激动不已；中国人，中国梦，中国精神，中华民族伟大复兴，那一刻是那样的清新亲近，那样豪情满志，高山

之巅的大河奔涌，群峰之上的长风浩荡。

论坛不仅是学术盛会与思想盛宴，更是精神大餐。论坛的主办者安排如此高端报告是他们对教育本质的深刻理解：教育的本质是精神成长。教育者要始终保持学生精神成长处于高位发展状态，去影响、引领学生精神成长，塑造学生的高尚品格。各位专家的报告对因材施教思想形成了前所未有的高度共识：因材施教是教育高质量和教育高公平的重要体现，是实现人全面发展而有个性成长的重要途径。大家都充分认识到信息技术迅猛发展，大数据、互联网，ChatGPT 给教育规模化和个性化培养有机结合带来前所未有的挑战与机遇。有对因材施教意义的高度认同，有信息技术的强大支撑，学生的任何学习方式都被尊重，学生学习的任何课程都可以实现"私人定制"，实现因材施教的至高理想从来没有像今天距离我们这么近，像今天这样迫在眉睫。作为一线教育工作者，要让因材施教成为我们每天工作的指南与行动，细微落实、履践致远。

两天深度沉浸在北大、清华，它们代表着中国学府的最高圣地，第一天早上丹棱街—苏州街—颐和园路沿途寻找早餐无果，路遇北大学子询问后的爱心免费早餐，一〇一中学生态校园视角冲击，北大附小的自然厚重、自助式公寓的便捷高效，参会者学习的如饥似渴，教育人的责任与使命……感谢局领导的英明灼见！

2023 年 4 月 2 日

九、仰取俯拾提认知，左右采获增智慧

——2023 年未央区中小学校党组织书记工作能力素质提升专题培训心得体会

2023 年 8 月 4—11 日，由未央区教育局党委组织、党建科王改燕科长带队，我们一行 70 余人赴中国的政治中心、文化中心、国际交流中心——北京，参加未央区中小学党组织书记工作能力素质提升培训。8 位顶级专家的专题报告，2 所学校的现场教学，中国共产党党史馆与中国人民抗日战争纪念馆的实地参观，从宏观、中观、微观各层面使我们的认知得到提升，并引起思考，带来启示。

1. 宏观层面：做政策的明白人

北京师范大学马克思主义学院教授、法学博士、国家"万人计划"哲学社会科学领军人才赵超峰教授的《新时代新征程的政治宣言和行动纲领》专题报告，围绕新时代十年的伟大变革及里程碑意义、马克思主义中国化时代化的新境界、新时代新征程中国共产党的使命任务、新时代新征程中国共产党的战略部署，系统阐述了坚持党的全面领导是坚持和发展中国特色社会主义的必由之路，中国特色社会主义是实现中华民族伟大复兴的必由之路，团结奋斗是中国人民创造历史伟业的必由之路，贯彻新发展理念是新时代我国发展壮大的必由之路，全面从严治党是党永葆生机活力、走好新的赶考之路的必由之路，使我们进一步明确了"五个必由之路"的规律性认识。

中共中央党校（国家行政学院）习近平新时代中国特色社会主义思想研究中心办公室主任黄相怀教授的《牢牢把握党对意识形态工作领导权》专题讲座，从重要性来自何处、成就来自何处、风险来自何处、能力来自何处四方面，深刻阐述当下领导意识形态能力与素养的重要性、紧迫性、政治性、系统性、导向性，以及如何提升对意识形态的鉴别力、学习力、思考力，为国家立心、为民族立魂。

2. 中观层面：方法中的引路人

北京市特级教师、北京市西城区教育研修院研修员，北京小学原党总支书记、分校校长高玉丽老师的《今天，我们怎样做书记》专题报告借鉴易经思想，围绕"以'不易'的智慧做正位凝命的书记、以

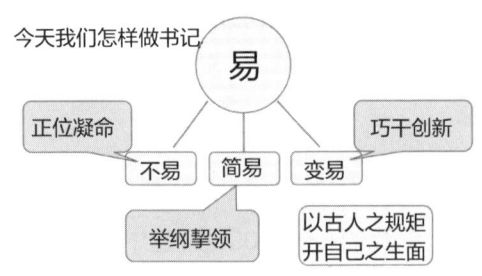

'简易'的智慧做举纲挈领的书记、以'变易'的智慧做巧干创新的书记"，从思想定位、理论认知、方法策略上给予党建引领的根与魂，并介绍了如何充分发挥党组织的领导作用、党支部的战斗堡垒作用、干部的示范带头作用、党员的先锋模范作用、教师的教书育人作用。

中国教育学会中小学专委会、北京市西城教育研修学院、北京市特级教师王建宗校长《怎样提高办学育人的思想领导力》报告直击教育本质与教育哲学，从教育的思想深刻性、语言艺术性、方法工具性、效果价值性出发，介绍诸多教育理念与思想的方法论，如一有想法找方法，根据方法定做法；知道是什么，才能干什么，不知道是什么，干的就不是什么；学生学会了教，才是真正学会了学；哲学是教育的一般理论，学校是心理学的实验室；教育的本质是个性社会化的实践活动，是儿童意志品质养成的过程；天命谓之性，率性谓之道，修道谓之教；新教育各学段教学特点：学前玩、小学慢、初中宽、高中活、大学专、终身学等。这些教育思想和方法如甘露润田，启智增慧，固本培元。

3. 微观层面：工作中的带头人

"天下难事，必作于易；天下大事，必作于细。"北京师范大学高等教育研究所常务副所长、教育学部教授、博导洪成文老师作《现代学校管理精细

《化》报告从理论、案例、操作等方面，围绕精神、精品、精通、精密等层面精细化指导；将复杂的事情简单化，简单的事情流程化，流程化事情定量化。一是构建学校文化体系，用文化育人；二是构建学校课程体系，发挥课程育人关键作用。

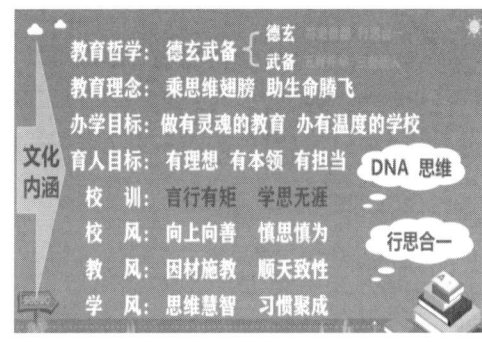

学校教育与家庭教育的根本区别就是课程育人，要以课程建设引领教师队伍专业化发展，使国家课程校本化，校本课程特色化。

在此，诚挚感谢未央区教育局党委悉心安排的高端培训，向外看，向内求，向前走：

葱茏季夏北京训，
专家课程规格高。
高屋建瓴党建擎，
把管做亦抓带保。
思想理论深邃涵，
现场考察实践强。
案例分享视域广，
学以增智启思维，
学以促干聚方法，
学以致用深融合，
能力素质齐提升。
学思践悟强认知，
正本清源守初心，
立德树人担使命，
首善未央教育人，
砥砺前行臻未央。

2023 年 8 月 25 日

十、用以致学研修蓄力，学以致用聚智赋能

10月20—30日有幸参加国培（2023）陕西省小学优秀校长深度研修。深邃的专题报告，经典的案例分析，学校现场考察，小组自主讨论，校长心得论坛，等等，仰取俯拾，受益匪浅。特别是梁朝阳、舒荣、吴积军等专家的报告，从管理哲学、心理学、艺术策略、课程引领、文化建设等方面，使自己对新时代校长的角色定位、领导方略、工作艺术有了更深刻的认识与定力，对学校内涵发展、品牌创建有了更坚定的信心。

1. 拓宽管理内涵视野，渐悟多维领导艺术

梁朝阳教授的《多维视野下的学校管理专题研究》报告，高屋建瓴，从17个维度阐述管理的不同内涵：起源学角度管理就是协调的学问；社会学角度管理就是服务的学问；人事学角度管理就是用人以治事的学问；法学角度管理就是建章立制，依法治理的学问；伦理学角度管理就是维护正义，追求公平和公正的学问；心理学角度管理就是沟通激励的学问；经济学角度管理就是认识、开发资源潜能，实现资源价值的学问；运筹学角度管理就是决策的学问；过程学角度管理就是多职能活动周期循环的学问；职能学角度管理就是具有多种职责任务和功能作用的社会分工学问；系统论角度管理就是优化组合，实现组织功能增值的学问（1+1＞2）；文化学角度管理就是价值引领和实现的学问；技术学角度管理就是建构和应用数学模型的学问；学习学角度管理就是组织成员学习交流、反思研讨和改进完善的学问；人力资源学角度管理就是以人为本，实现人力资源价值最大化的学问；计划学角度管理就是计划的学问（管理就是计划的研制、撰写和实施一体化的学问）；哲学角度管理就是解决矛盾，获得自由的学问。

学校发展在日常管理中每个维度都会用到，需要根据不同情况采取不同

管理方略，既要宏观把控，又要微观调控，让学校发展时刻遵循正确的方向与目标，达到高效有力的执行和落实。心向往之，努力行之。

2. 民族复兴伟大梦想，躬耕教坛教育强国

舒荣教授作《奋力实现中华民族伟大复兴》的专题报告，从实现中华民族伟大复兴、实现中华民族伟大复兴的战略安排、如何理解中国梦、以教育之强夯实国家富强之基等方面，深刻阐述了中华民族近代以来最伟大的梦想以及只有创造过辉煌的民族，才懂得复兴的意义；只有经历过困难的民族，才对复兴有深切的渴望；中国共产党的"四个时期"、"四个伟大"成就。真切的历史，生动的案例，感人的视频，使我们进一步明确了新时代教师不光要有高尚师德修养，还要有家国情怀，更要学习教育家精神，争做新时代筑梦人。广大教育工作者要做到：坚守一个灵魂，以马克思主义科学理论的最新成果——习近平新时代中国特色社会主义思想为指导，必须坚持社会主义意识形态，必须弘扬中华民族优秀文化；贯彻一个方针，教育必须全面贯彻党的教育方针，落实立德树人根本任务，培养德智体美劳全面发展的社会主义建设者和接班人；坚持一个宗旨，教育必须培养有理想、有本领、有担当的堪当民族复兴大任的时代新人。

3. "双减"提质国之战略，校长领航任重道远

陕西省教科院书记吴积军《"双减"背景下学校发展与理念创新》报告，针对即将发生深刻变革的教育，从课堂形态—电影院变成超市，课程形态—单一学科变成多学科、超学科，学习形态—工厂化变成农场化，教师形态—传经授课解题变成心灵塑造者等方面给予前瞻性的剖析，校长要经常问老师们四个问题：①你的梦想是什么？②你离你的梦想还有多远？③你现在准备为实现你的梦想做些什么？④校长能为实现你的梦想做些什么？

（1）校长要做超越者。学校要创建品牌，超越别的学校，就必须使自己的学校变得与众不同，坚定"能创第一创第一，不能创第一创唯一"的信念。

（2）校长要做闹钟。校长要通过敲打自己的方式去提醒别人；校长不要

埋怨教师无能，因为校长的工作就是让教师变得有能力。校长的价值就是激活师生——打动师生心灵的教育才有价值。

（3）校长要做导师。校长要有"放心"的诚意、"放权"的胆略和"放手"的措施。教师是种子，有自己的生命力，校长能做的就是"到地里转转，看看苗在地里是否快乐地成长"。校长虽然无法改变教育生存状态，无法改变家长对学生升学的过高期望，但可以改变学生的课堂，改变学生的课外活动，改变学生在学校里的生存状态，改变教师的行走方式，改变学校的发展模式，为学生终身发展负责。

（4）校长要做领航者。校长的最大任务是在思想生成的过程中构建学校文化。文化靠的是思想，而思想的核心是价值观。校长要做有思想的人，因为对人影响最大的是思想，要有向善和向上的态度，要有行动力。校长要当教师的思想导师、精神教练、人格楷模。真正强大的学校不在于"势"而在于"士"。"势"是漂亮的楼房，时尚的办学条件，超前的教学设施；"士"是师生强烈的使命感，统一的价值观，昂扬的精神状态，团结友爱的氛围，勇敢坚韧的意志所构成的内在核心战斗力。学校强大的"士"是核心文化，价值理念，精神状态，团队素养，教育智慧。

（5）校长的"四个角色"。一是引领前行的船长把舵定向，筑梦导航，引领学校科学发展。二是专业提升的师长搭台修路，指导引领，促进教师专业成长。三是包容扶持的团长凝心聚力，热心服务，致力团队和谐共处。四是循循善诱的家长精心呵护，真诚帮助，增强教师的战斗力。

为期 11 天的培训结束了，而所学所思、所悟所践以及管理"道、法、术、器、势"的科学实践才刚刚开始。舞台再大你不上台，你永远是观众，平台再好你不参与，你永远是旁观者，人生没有四季，努力了都是旺季，不努力都是淡季。

2023 年 11 月 5 日

十一、教育山海，齾齾以赴

——读王彬武《教育的理由》

关注"彬彬有悟"公众号四年多，教育哲思与体察人生的推文，总能增强自己对教育与人生的体悟。寒假有幸拜读了王彬武新著《教育的理由》，全书围绕教育、学习、改革、教师、反思、表达六大主题展开哲思阐述，引经据典，亘古通今，中西合璧，从教育方向到教育思考，从教育专家到教育思想，从教育理念到教育方法，从教育改革到教育策略，从教育故事到人生体悟……以历史视角，未来视角，世界视角，直击百年未有之大变局，直面当下教育困局，阅读共鸣随时生发，对学校管理诸多疑虑拨云见日、醍醐灌顶。

1. 概要启示

（1）教育——认知之钥与变革之源。

当今社会，教育的焦虑弥漫四方，家庭、学校、社会皆被其困扰。尽管教育变革的观念、理论、方法层出不穷，却似乎未能触及根本，难以解开困境之锁。许多人纵然受过优质教育，面对子女教育时仍感力不从心。此等困惑，非一人一地之特例，而是普遍存在于学生、家长、教师、管理者心中之共病。

作者以高屋建瓴之势，从国际国内、历史现在、理论实践、教育内外等多维视角，深入剖析教育规律、方式、发展、管理、技术、政策等层面。其哲学审视与思辨，为我们提供了深刻的洞见与启示。教育之巨大潜力与固有限制并存，这既是我们的挑战，也是我们的机遇。唯有认清这一点，我们才能从竞争的漩涡中挣脱，以更加理性、沉着的态度去探索适切的教育路径。

（2）学习——观念升华与方法革新。

学习乃教育之核心，优质教育必然对学习持包容态度，并致力于引导学生兴趣特长之发展。作者围绕学习观念、学习方式、学习危机等议题，引经据典，旁征博引，从表象到本质，从微观到宏观，进行了深入细致的探讨。其观点独到，论证有力，令人耳目一新。

特别值得一提的是，作者亲身体验并诠释了教师职业之"本钱"——学习。教师专业成长之路无捷径可走，唯有不断学习、积累，才能使教师的专业素养和教学能力得到提升。作者所倡导的"四两"日常学习金方（两份专业杂志、两本经典专著、两门网络慕课、两个听书网站），不仅为教师提供了切实可行的学习路径，也为每一位教育工作者树立了榜样。在快速变化的时代背景下，持续学习、终身学习已经成为每个人不可或缺的能力。只有不断学习、不断进步，我们才能跟上时代的步伐，成为更好的自己。

正如书中所言："经典之所以为经典，不在于人们初读时的惊艳，而在于重读时的发现与领悟。"经典之作历经岁月沉淀，魅力依旧，《教育的理由》便是其中之一。

（3）改革——社会进步与品质提升。

评价改革的新理念、新方法为教学质量提质增效，达标性的结果评价、策略性的过程评价、发展性的增值评价、整体性的增值评价，是教学的"指挥棒"与"风向标"。课堂教学改革，既要有理论支撑，又要有实践成效；更重要的是学校文化的支撑与全体教师的价值认同。改革永远在路上，我们仍需在理论与实践的深度融合中，不断迭代升级，以推动教育教学的持续发展。

（4）教师——生命意义与职业情怀。

《教育的理由》第四章的导语出自《学记》："君子既知教之所由兴，又知教之所由废，然后可以为师也。故君子之教喻也，道而弗牵，强而弗抑，开而弗达。道而弗牵则和，强而弗抑则易，开而弗达则思。和易以思，可谓善喻矣。"本章围绕教师的爱、新任教师成长的"快车道"、教育惩戒的能与不能、校本研修如何促进教师专业发展、让教师挺直腰杆"管"学生、唤醒教师生命意识、教育家型教师的样子等 16 个议题论述教师的生命意义与职业情怀，特别是有关新时代教师的"时代意识、育人意识、学习意识、未来意识、修德意识"五个关键意识，不仅有助于教师更好地理解和落实教育政策、新课标精神，更能使他们在教育教学中明确方向、坚定信念，为学生的全面发展贡献智慧和力量。玄小一直致力于学习型、实践性、研究型、教育家型教师的培养，教育家型教师的样子与评价导向恰好为学校的实践提供了有力的价值引领与理论指导。

（5）反思——文化意蕴与精神浸润。

本书从全新的视角深入挖掘了夸美纽斯、卢梭、科扎克这三位卓越的教育家、思想家、哲学家和画家的教育智慧与贡献。其中，夸美纽斯在教育领域的九大创新之举令人瞩目，而卢梭的思想则影响了众多文学与哲学巨匠，如康德、雪莱、穆勒、雨果、福楼拜、乔治桑、裴斯泰洛奇、福禄贝尔等，他们的点赞无疑是对卢梭教育理念的极高认可。科扎克的《如何爱孩子》更是为我们提供了关于教育的微观审视与深刻洞见。重温《放牛班的春天》与韩国电影《我们的世界》等影视作品，将教育细节与思考融入其中，以融会贯通的旁征博引，带领我们从宏观与微观的双重角度洞察教育的本质，既能领略教育如春风化雨般滋养心灵的魅力，又能深刻体会教育实践中如履薄冰的谨慎与挑战。这样的反思使我们得以平息内心的浮躁与焦虑，以静水流深的态度探索真正契合时代与个体的教育方法，这不仅是对教育家智慧的借鉴与传承，更是一次对教育真谛的深刻探寻与感悟。

（6）表达——意识唤醒与意义显现。

最后一章分别以教育者思考的心路、理解教育唯有读书、教育是一项写作的艺术、阅读对学生思维的"塑形"、教育表达的情怀、美术不是"术"的教育为题铺展开来，不仅是作者从 2017 年到 2023 年对教育、生活、生命、人生及社会的真切记录与深刻思考，更像是一次全面的觉醒和意义的探寻。这些文字如同洞察者锐利的目光，穿透表象直达本质，又像是感悟者深沉的叹息，诉说着对世间万物的理解与共鸣；信心与方向在字里行间逐渐明晰，力量与阳光透过每一个字词，温暖并照亮读者内心。作者的笔触，是一次意识的觉醒、生命的洞察、情怀的流露、方向的明晰、力量的汇聚和心灵阳光的完美融合。它引领着我们继续在教育与生活的道路上坚定前行，探索更加美好的未来。

2. 思考收获

阅读本书的每一章，时不时联想到学校的点点滴滴，一些日常工作中遇到的困惑，在书页间仿佛找到解答的钥匙；一些实践中的做法也在文字里寻得思想理论的坚实支撑；一些困扰学校发展的问题，在书中找到了富有哲学深度的思考路径。这一切，更加坚定了我们将玄小的"行思教育"深入推进的决心与信心。

未央区玄武路小学位于汉城湖畔、朱宏桥旁，以"思维"为学校教育DNA，以"德玄武备"为核心价值观，以"乘思维翅膀，助生命腾飞"为核心教育理念，以培养"有理想、有本领、有担当"的时代新人为育人目标，以"做有灵魂的教育，办有温度的学校"为办学目标。笃守"言行有矩、学思无涯，向上向善、慎思慎为，因材施教、顺天致性，思维慧智、习惯聚成"的"一训三风"。行思教育在全体师生的实践中不断迭代升级，从1.0到3.0的"习惯＋思维"为双驱，以"数智"赋能为特色的"三驾马车"。

在数智化时代背景下，玄武路小学将继续用新技术为教育赋能，为学生提供更加个性化、多元化的教育服务。以更加开放的心态和务实的作风，从宏观上把握，致广大而尽精微；从微观上切入，尽精微而致广大。探索教育的本质和未来发展的方向，立精神之光，树价值之魂，育时代新人，共同推动基础教育创新与改革，行思并举心怀丘壑，立德树人目蕴山河。

2024 年 2 月 13 日

十二、教育的朝向自我

——读李政涛《重建精神宇宙，走向"生命自觉"》有感

自我教育为本源，他向教育建其巅。

若无自我修身意，何能教化众人贤？

教育者应常自省，莫将他教作全篇。

自我如镜照他者，共同成长方为真。

生命能量互转化，教育真谛缘于此。

周一下午，李建新局长以 13 张读书照片在校长群分享《教师的勇气：重建精神宇宙，走向"生命自觉"》这篇文章；该文对教育、对教师高阶精神层次的认知诠释，突破教师思维定式，文字之精、语言之新、认知之深，反复品鉴略其真意，内化至心、至真笃行。文中"圣雄甘地劝孩子少吃糖"的故事让我深刻地认识到"自我教育"的重要性，它既是教育的起点又是教育的归宿。

第一次听到这个故事，是去年罗振宇《时间的朋友》跨年演讲，当时有触动、有思考，但没有这次感悟之深刻。故事如下：

有一位母亲带着孩子去拜见印度圣雄甘地。

她对甘地说："求您一件事，我儿子太爱吃糖，医生说这样不好，但我说服不了他。我儿子非常崇拜您，您能劝劝他吗？"甘地说："你下个月再来吧。"这位母亲说："我们走了三天才到这儿，您就开开金口劝劝吧。"甘地还是坚持说："不行，你们下个月再

来。"一个月后，那对母子又来了。甘地就对那个小男孩说："小朋友，你不要再吃太多糖了。"小男孩点点头。这位母亲就问："这么简单的一句话，您上个月怎么就不肯说呢？"甘地说："因为那时候我也有吃太多糖的习惯。"

当时，罗振宇用这个故事告知我们，张嘴说话很容易，但是只说自己相信和能做到的事，却不容易。做事情唯一真正有效的策略，就是把思考的指针转向自己。

教育心理学家杰罗姆·布鲁纳说："人类的精神生活中最独特的一件事情，是人们会不断地超越所给的信息。"人类的知识传承，不是这桶水倒给下一桶水，下一桶又倒入另一桶水，而是我们每一个有灵性的人，都有能力在原来信息的基础上，再添自己的东西，不断地超越过去，带给世界更多的东西。添加的东西就是自己的身体力行。

圣雄甘地其实不需要身体力行之后，才知道吃糖不好。但当甘地加入了自己戒糖的行动之后，这句话听在小男孩耳朵里，才更有说服力。这是说话的更高境界：先以自己为道路，再为后来者开路。

而这次读李建新局长分享李政涛《教师的勇气》一文中"圣雄甘地劝孩子少吃糖"的故事与"我向教育"昭示的道理，隐含的教育，给予教师精神宇宙的重建，这恰好是我们当下教育最欠缺的灵魂。自古都有言传身教，身教重于言教。回顾开学两周学校集会升旗、跑操拉伸，积极向上、沉静有序，教师的率先垂范、身体力行的场域力量至关重要，正如《论语》的"先行其言而后从之"。

朝向自我的教育，是"他向教育"的前提与根基，是人生修身的必然，也是教育的起点与归宿。正如文中所言：所有的教育，应从自我教育开始。我们无法想象：一个缺乏自我教育意识和能力之人，有能力去教育他人；一个从不努力完善自我之人，何能促进他人的完善。正如古人所言的"修身齐家治国平天下"，修身乃是一切之本，教育亦是如此。朝向自我的教育是一种生命的态度，需要我们在日常生活中不断实践、不断反思、不断总结。每一次的尝试与努力，都是对自我的一次挑战与超越。教育不仅仅是传授知识与技能的过程，更是生命与生命之间的交流与碰撞；它不仅仅是培养人的过程，更是发现人、理解人、尊重人的过程。

身为教育者，要把每一次面向他人的教育转化为朝向自我的教育，因为他人始终是呈现并照亮自身的镜子，也要把朝向自我的教育转化为面向他人的教育，对于自我更新生长的体验和经验，可以由己推人，与他人共同分享。这种螺旋式上升的转化过程，正是教育的真谛——教育是他人和自我的生命能量彼此转化生成的过程。

2024 年 3 月 10 日

十三、赋能"三个课堂",实现"双减提质"

"双减"政策主旨是构建高质量教育体系与良好教育生态,强化学校教育主阵地,促进学生全面发展、健康成长。要求广大教育工作者静心思考课堂改革"新生态",潜心研究学校教育"新内涵",有效统筹国家课程、课后服务、校外研修、"五项管理",实现学校教育多领域、深层次、跨学科深度融合。"双减"一年多来,学校作为政策最终的执行者、实践者、探索者,致力深耕"三个课堂",厚植学生"核心素养",努力实现"轻负高质",扎实落实"立德树人"。

1. 深耕"第一课堂",因材施教为"双减提质"夯基

学校是教育主阵地,课堂是教育主渠道。提高课堂效率,是"双减"的治本之策,因材施教是提高课堂效率的有效保障。

(1)"因材施教"教育理念。

人有生而知之者,学而知之者,困而知之者,亦有困而不学者。针对不同个性特点的学生,教学目标要有的放矢,因人而异。

(2)"因材施教"教学目标。

《义务教育课程方案》(2022年)指出:"坚持全面发展,育人为本;面向全体学生,因材施教。"教学目标体现基础性与开放性,下要保底、上不封顶,让每一个学生可学、爱学,学好、学足。

(3)"因材施教"教学策略。

教学要充分发挥学生主观能动性,采用"主动+互动+能动",实现"教知识技能"与"教方法能力"、"教解答习题"与"教解决问题"、"学会知识"与"运用知识"、"被动接受"与"主动探究"、"个人学习"与"合作互动"的相辅相成与多元融合。

（4）"因材施教"教学评价。

课堂落实"教、学、评"一体，从学生思想品德、思维品质、学习态度、努力程度等方面给予评价。如你真是个善于观察、善于思考的孩子，你每天听成语故事，这个习惯真好，一直坚持下去，你一定能成为我们班的"成语王"！教师激励性、引导性、发展性评价，对学生兴趣培养、习惯养成、思维品质等影响深远。课堂检测根据学生个性特点分类分层，满足学生个性化需求与发展。如英语检测有抄写单词、听写单词、抄写语句、书写语句、情景对话、创编故事等，数学检测有计算题、应用题、画图题、创编题、讲题、说题、找题、魔方、魔尺、手工制作等。让课堂绽放思维之花，闪耀智慧之光，滋养灵动之魂。

2. 拓展"第二课堂"，"五育课程"为"双减提质"固本

"第二课堂"深化学生"第一课堂"所学间接认知，开发个性化、差异化校本课程，丰富课后服务。

（1）顶层设计，团队研发，构建"五育课程"。

校长课程领导力与教师课程研发力是学校内涵发展与品质提升的核心竞争力，玄武路小学基于"思维 DNA"与"乘思维翅膀，助生命腾飞"核心教育理念，形成"154"课程体系。"1"是国家课程全学科，"5"是校本课程 5 大领域（慧德、慧智、慧体、慧美、慧技），"4"是校本课程 4 种类别（特色类、

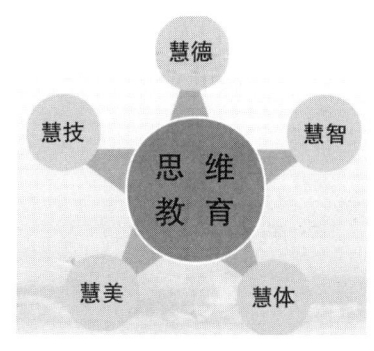

社团类、活动类、专题类）。特色类课程有学思维、绘本阅读、思维训练营、思维阅读卡、思维日记等，社团类课程有航模、围棋、情商口才、硬笔书法、科学实验、轮滑、绘画、舞蹈、合唱、跳绳、古筝、足球、篮球等，活动类课程有自己事情自己做、晨诵经典、多变大课间、趣味运动、节日欢歌、思维文化节、三跳一拔、争章达标、多彩语文、益智数学、灵动英语、研学旅行、假期实践等，专题类课程有爱国主义、安全教育、经典文化、传统节

日、环保教育、健康教育、慧智阅读、慧淘 Market 等。

（2）分类实施，课后服务，落实"五育融合"。

在"154"课程统筹下，开齐开足国家课程，构建"教、学、评"场域，学生在课堂习得知识与能力，培养思维与习惯，厚植素养与情怀，以课堂"提质增效"确保课后"轻负高质"。课后服务、大课间操、专项活动、班会队会、节日假日、自主实践、社团活动、基地共建等多元化落实其他课程，一年多良

性优化，学校课后服务形成五大主题日（周一阅读绘本日，周二思维绽放日，周三户外活动日，周四缤纷社团日，周五多彩艺体日），深受学生与家长的喜爱，好评不断，既解决了家长的后顾之忧，又助力学生兴趣培养，促进学生健康、全面成长。

（3）课题研究，教研相长，支撑"五育融合"。

课题研究是引领教师专业成长的重要途径，更是促进学校课程构建的研发路径。2019 年市级小课题"小学数学教学中学生思维能力的培养"（立项号：2019XKT-XXSX167），2019 年市级规划课题"小学思维型课堂模式构建实践研究"（立项号：2019XAGH251），2020 年省级规划课题"小学数学教学中学生思维品质培养的实践研究"（立项号：SGH20Y0244）均已结题。数学团队结合学生生活实际，研发"思维训练营""思维绽放日"课程，深受学生喜爱。语文团队研发"绘本阅读"课程，结合国家新闻出版署出版融合发展（外研社）重点实验室重大课题"绘本阅读与小学语文课堂融合的教学研究"子课题"通过绘本阅读促进小学低年级学生口语交际能力的研究"（立项号：NKF2021AF01-21）。

3. 深耕"第三课堂"，实践育人为"双减提质"培源

"第三课堂"是以爱国主义教育基地、劳动教育基地、文化馆等校外教育服务设施、志愿者服务、社区服务为活动载体的课堂。

（1）走进生活，义务劳动，实践育人。

每逢节假日，学校都引导学生融入生活、走向社会，发挥实践育人的作用。学雷锋纪念日，学生捡拾道路、花园、社区垃圾，擦洗公共设施，协助警察叔叔维护交通秩序，体验各行各业工作的辛劳，感受雷锋精神与新时代的文明风尚，从而敬畏劳动、热爱劳动，体会幸福是奋斗出来的。

植树节开展"春风十里'植'得有你"红领巾讲绿、植绿、添绿、护绿主题活动。慧智少年积极参加社区、学校的护绿活动，和家人共植一盆绿，观察植物的生长变化，感受种植的喜悦与生命的力量。播种理念，播种绿色，播种文明，播种习惯，播种精神，播种希望，增强环境保护意识，积极践行绿色生态文明理念，让天更蓝、草更绿、水更清，让我们的生活更美好！

推普周（即全国推广普通话宣传周，每年 9 月份的第 3 周）开展"小小啄木鸟"活动，慧智少年利用周日或课余时间，化身"火眼金睛"的"啄木鸟"穿梭大街小巷，对店铺的招牌和店内外的广告牌中的繁体字、错别字、异体字、字形不全等不规范用字情况进行调查、监测，并积极劝导店家更改错别字，这既锻炼了同学们敏锐的观察力与实践能力，也为推广和规范使用国家通用语言文字，全面提高全社会语言文化素养和语言文字水平贡献慧智少年的力量。国庆节开展"我向国旗敬个礼""祖国河山我来画""我和国旗有个约会"等活动，感受祖国的繁荣富强，培养学生的爱国主义情感，树立为建设美丽、富强、文明的祖国而读书的理想信念。

（2）学科融合，综合实践，提质增效。

为进一步落实"双减"，通过家庭教育反哺学校，家校共同发展、共同"促进"，构建"家校社一体化"同向共育的新关系场域。从学生的真实生活和发展需要出发，从生活情境中发现问题，转化为活动主题，通过探究、服务、制作、体验等方式，开设培养学生综合素质的跨学科实践性课程。如二年级《测量》让学生深刻认识长度单位米和厘米，设置实践作业。结合 2022年版新课程标准，立足学科核心素养，厚植学生成长根基，精心安排暑期实践活动，钟书阁打卡厚素养、超市购物学数学、博物馆里看中华……减负不减质，多元促成长，将社会变成第三课堂，以丰富的暑期实践活动让学生得到锻炼和成长，度过充满阳光、积极向上、收获满满的暑假。

"思维慧智 market 培根筑魂 quality"综合实践活动，融合语文、数学、音乐、体育、美术五大学科，构建课程关联，形成知识体系，落实教学内容，为学生提供大型综合实践场地。"慧智阅读分享"有数学绘本阅读记录、语文阅读记录和读后感、绘本人物 cosplay 等，绘本阅读和绘本人物 cosplay 培养学生阅读习惯，发展学生提取信息、发现问题、分析问题和解决问题的能力，同时提升学生思维的深刻性和灵活性，感受知识与生活的密切联系，培养学生自主学习能力，增强学生人文情怀和审美情趣。通过班级摊位布置、摆放宣传海报（美术）、快板表演（音乐）、啦啦操表演（体育）、绘本阅读（语文）、购买统计（数学），以及设计、推介、挑选、购买、记账、分享交流感悟等，不仅让学生体会读书与购买的快乐，体会学科之美，更让学生发现自身潜力，学会适应环境、处理突发事件、综合创新等能力，极大丰富学生社会活动经验，增强学生团结协作的团队精神。

第三课堂帮助学生走进自然、走向社会，感受不同劳动工作特点，尊重不同劳动的意义与价值；让学生在真实、丰富、复杂的社会情境中体验、实践、学习，实现综合育人、实践育人、合作育人，落实"双减"任务，培养学生核心素养，切实提升学生的社会参与、责任担当意识。

求木之长者，必固其根本；欲流之远者，必浚其泉源。"三个课堂"在落实"双减"与"立德树人"过程中构建了"大课堂"概念，各有侧重、相互融合、异曲同工，使课内与课外，校内与校外，学校教育、家庭教育与社会实践有效融合，培养学生道德品质和学习能力，深化学生学习内容，促进学生身心健康，熏陶学生艺术审美，提升学生劳动技能。赋能"三个课堂"，实现"双减提质"，为党育人、为国育才，我们一直在路上。

2022 年 11 月 10 日

十四、努力做一名好校长

近日，阅读华东师大基教所研究中心主任方华公众号——让教育理想在当下发生《方话》"好的校长"推文，内心不由得比照自己，深入思忖，心向往之。

1. 好的校长，心中有人

校长心中有人不仅是工作对象以人为中心，更因工作目标是教书育人，工作任务是立德村人，工作效果是助人成人。心中有人表现为喜爱学生，关心教师、联系家长、关注校外等。

好的校长喜爱学生，看到学生眼中有光；和学生在一起没有距离，没有违和感，可以在各种场合交流；好的校长能叫出好多学生名字，了解好多学生情况；好的校长愿意走近学生，观察学生，了解学生；好的校长对学生的喜爱是出于关心、发自内心，是一种自我成就的情怀。

好的校长关心教师，与教师的心与情相通；是教师工作的伙伴，是教师事业的同行者，与教师共赴事业美好之路；好的校长是教师值得信赖的人，是值得教师学习的人，能成为教师在前行与困惑时的标杆；好的校长是值得教师敬佩的人，能成为终身学习的榜样；好的校长与教师是亦师亦友。

好的校长联系家长。深知如何与家长构建利于学生健康成长的合作关系，会创设场景与机会发挥家长的优势与资源，与家长形成可操作、多维度、可持续、有效果的深度协同。

好的校长关注校外。教育即生活、学校即社会，是近代美国著名教育家、哲学家杜威的学生陶行知结合当时中国实际状况，提出的教育观点。好的校长会关注校外的群体，与之发生有效的联系，与之产生有益的关联，让校外的教育内容、教育样态、教育思考、教育资源、教育评价与学校有机融合、产生合力。

2. 好的校长，愿意学习

校长是学校的灵魂，校长是教师的教师，还是学生学习的引领者，校长本身就是一名学习者。好的校长有强烈的学习意识，在工作、生活、交流和闲暇中都有学习动机和学习状态，学习意识就是成长意识，就是思考意识，就是获取意识，就是链接意识，就是转化意识，就是融合意识，等等。好的校长有良好的学习习惯，其良好的学习习惯常常在校园里、在工作中、在交往中、在言行举止中得以体现，会让学生、同事、学生家长都感受得到，这本身就是一种教育。好的校长喜欢阅读，喜欢思考，喜欢倾听，喜欢追问，喜欢观察，喜欢分享……

好校长的基础有三：一是遵守基本规范；二是实践有成绩；三是学术有成果，也就是对教育教学，对办学治校有研究、有观点。

好的校长是一名学习者，一名愿意且优秀的学习者，并且能引领、带领、影响、辐射更多人，让更多的人成为一名学习者，一名愿意且优秀的学习者，并且能引领、带领、影响、辐射更多人。

3. 好的校长，善于合作

合作是校长的重要工作流程与样态，合作是校长的重要工作能力与素养。校长的合作，实则是与不同教育主体构建教育合伙人关系。校长需要理解"教育合伙人"，需要寻找"教育合伙人"，需要发挥"教育合伙人"作用，等等。

好的校长要理解"教育合伙人"的重要作用。教育合伙人是以共塑愿景、共担职责、共商策略、共享资源、共建平台为原则的合作关系。共塑愿景基于价值、目标与定位的相似；共担职责基于职能、责任的相近，并且有道义上、能力上与渠道上的协同；共商策略基于不同理念、不同条件、不同能力、不同资源多主体的多方考量；共享资源基于对教育有影响的各类因素进行统筹与重组；共建平台基于各主体方为孩子成长提供各类平台，让孩子被发现、被认可、被重视。

4. 好的校长，接受挑战

学校是多人组成的复杂组织，好的校长能正视各种挑战，面对各种挑战，不是焦虑，不是情绪急躁，不是无端抗拒，不是无奈逃避，而是正视挑战，面对挑战。有人们常说的"抗压能力"，还有对岗位正确理解，对工作全面了解，对问题产生提前预测，以及对问题解决的基本思考。好的校长能正视各种挑战，基于对工作责任之心、对工作热爱之意、对工作敬畏之情。

5. 好的校长，面向未来

学校的根本任务是"立德树人"，一是培养完整的人，使之一生快乐、健康、幸福；二是培养能适应社会、服务社会、引领社会的人，使之能帮助自己，帮助别人，帮助社会。而这些，都会不约而同地指向"未来"。

好的校长一定会"知未来"。好的校长一定会站在不同维度思考未来。只有知未来，才会对当下负责；只有知未来，才不会在当下迷茫。

好的校长一定会"迎未来"。好的校长面对未来的不确定性与挑战性，一定会以积极心态去拥抱未来，去直面未来的一切。迎接未来就是学习，不断调试与调适自己，以一个"新生儿"的状态，去迎接变化的世界。

好的校长一定会"应未来"。好的校长会适应未来，适应就是成长。年轻人喜欢外出，对陌生人、陌生事、陌生地方、陌生文化都有极强的适应性，正是这种适应性，彰显着年轻人的学习力、冲击力、抗挫力与生命力。适应还是改变，好的校长具有年轻人除生理性身体机能外的特质外，还具有成长型、改变型的特质。

是学习，是方向，是目标，履践致远，笃行臻美。

2024 年 11 月 17 日

十五、问道湘江行思悟，蓄力玄德志破穹

连续两周的培训使脑子满载负荷，欣喜的是学校井然有序，顺利通过各种检查与周四的 2024 年陕西省优秀校长深度研修的参访交流。学校文化、行思课堂、学生表演、管理微讲座等让学校内涵品质给参访校长留下深刻印象。

2024 年 12 月 8—13 日，未央区小学校长领导力提升高级研修班在湖南长沙进行，沉浸式跟岗实践有理论讲座、案例解读、课堂观察、参观校园、校本研修、互动交流、结业分享……王细芳局长、陈兴宇科长全程参与，"五多一少"的高强度研修，使我从认知层面、理论层面、实践层面对校长领导力有了更深刻的思考，为玄小行思教育实践提供了更丰富的路径与策略。

1. 认知层面：思想为基，理念先行

（1）做有思想的校长。

深刻理解苏霍姆林斯基的观点，校长对学校的领导首先是思想的领导。校长是学校发展的掌舵者，对学校办学思想的引领起着至关重要的作用，决定着学校前行的方向与轨迹。走访了四所学校，校长有思想、有目标、有实践、有创新、有特色。东方红小学周大战校长将国家教育方针政策精准地融入学校教育教学实践中，锚定课堂，深化课堂改革，引领教师不断探索课堂教学的真谛，成为教育改革创新的先行者；传承经典、缔造学校文化，以《学记》教育思想构建学校文化，智慧育人，育智慧人。

（2）办有文化的学校。

学校价值文化是学校教育的灵魂，无声滋养着校园每个生命体，塑造独特的校园气质。桂花坪小学"桂花树下，文化张扬；根深叶茂，向阳生长；精细管理，以人为本；教育生态，绩效导向"的文化特色令人印象深刻。价

值文化不仅仅是挂在墙上的标语，更是深入骨髓的教育信仰。以生为本的精细管理，积极向上的教育生态，让每一个孩子在充满关爱的环境中茁壮成长，让每一位教师都在尊重与激励中实现自我价值。这种浓厚的文化底蕴如同肥沃的土壤，孕育着教育之花。

（3）筑数智赋能的教育。

仰天湖实验小学与湘府英才益清小学将先进的教育思想、办学理念与智慧 AI 有机结合，推动学校教育走向智能化高层次，使学校短短几年都成为全国名校。

校长必须要有深刻的思想内涵、明确的教育思想与独特的办学理念，在脑海中勾勒出理想教育的模样。唯其如此，才能在纷繁复杂的教育环境中找准方向，带领学校走向更高更远的未来。

2. 理论层面：学思结合，实践为要

（1）理论与实践相结合。

理论与实践如鸟之双翼、车之两轮。学校的教育教学要在政策理论指导下开展实践探索，既要避免没有政策依据、理论指导的"盲动"实践，又要避免没有实践的"空洞"理论。一切教育教学活动都要用理论指导实践，用实践反哺理论，实践—复盘—改进，知行合一，做有灵魂的教育，办有温度的学校。

（2）有模式但不能唯模式。

课堂教学改革是课程改革的核心，也是减负增效和教育创新的关键。构建课堂教学模式，有助于规范教学流程，改变学习方式与教学方式，落实国家课堂改革行动方案，但绝不能陷入模式化的桎梏。遵循从理论到模式，到制度化、有序化，最终实现去模式化、风格化的科学路径。

3. 实践层面：守正创新，笃行不怠

（1）深化行思课堂。

玄小行思课堂以学习目标为导向，自主学习为根基，多元互动为根本，

质疑释疑为主旨，学思单支撑为根脉，师生评价为引擎，当堂检测为策略的"5+2"模式，全体教师不同程度常态实施。下一步需要内化深化。一是将行思课堂"5+2"名称优化为"五步双线深度学习"。二是开展一次11个教研组全学科教师参与的"双线集体备课"，线下以"共读共研《学记》，探寻教学真谛"为主题，线上以行思课堂"五步双线深度学习与《学记》渊源之我见"为主题，教师在教研组内畅所欲言、各抒己见，让教师们进一步明确"五步双线深度学习"的理论支撑与价值意义，通过问题线与思维线的双线交织，引导学生深度参与课堂教学，培养高阶思维能力与核心素养。三是各学科在深入实践的基础上，探究学科行思课堂异同点，鼓励教师创新教学方法，优化课堂互动，增强课堂参与感、体验感、表达感、互动感、胜任感，让灵动课堂成为师生喜欢、向往、成长的主阵地。

（2）深耕数智赋能。

坚定数智赋能行思教育，与希沃深度合作，从数智管理、数智课堂、数智教研、数智评价、数智研修、AI 课堂观察等方面深耕细作。一是数智管理。充分利用希沃掌上看班功能，通过应用数据看板及时反馈，助力学校管理的精细化与科学化，提升管理效率与决策质量。二是数智课堂。充分依托拍照上传和手机投屏功能，对学生的课堂生成现场采集、即时讲解，使学生思维可视共享、游戏互动、班优评价，实现为互动而教，助力行思课堂"五步双线深度学习"，提高学生兴趣，实现提高课堂效率，落实轻赋高质。三是数智教研。破解"双减"、课后服务教师集体教研时间不足困境，利用希沃集体备课系统和听评课系统，实现线上线下混合式"双线"教研和"双轨"听评课。教师线下确定主题，线上深度教研，线下听课、线上评课。教师通过电脑或手机端完成听评课实时评论，大幅提升听评课沟通效率。学校根据教研高频词云，每位教师发言内容、字数，听评课的节数，在以学促教、以研提质的基础上，有效促进教师的深度交流与专业成长。四是数智评价。利用希沃综合评价系统实施学生评价和班级评价。学生评价五育融合，依据 5 个一级指标、15 个二级指标、80+N（各学科教师 N 个指标）个三级指标；班级评价根据文明入校、文明礼仪、文明用餐、文明课间、文明集会等 5 个维度评价。通过教师看板能清楚看到每位教师对学生的每一项评价，每位家长都能及时看到各学科教师对学生有针对性的评价。班级评价，值周教师红领巾监督岗的加分减分，每个班主任都能够及时查收到加分和减分的原因，有效发挥过程性评价的评价牵引功能，落实五育融合、立德树人。五是数智研修。最有效的管理是自主管理，最有效的学习是学以致用。依托希沃学院教师自主研修，根据重点学校集体研修。今年学校集体参与"AI 驱动教学教研创新实战训练营" AI 专题研修，学校全员参与并 100% 完成研修任务，被评为优秀组织单位。六是 AI 课堂观察。精准记录师生课堂提问、互动、思维、学习样态，让数据为行思课堂分析诊断，为个性化教学提供精准支持，教师根据学生的学习数据和特点，优化课堂，启智润心，立德树人。

识短而奋，望峰而进。我以感恩心化作使命感提升学习力，以幸运感化作生命力提升改革力，把个人成长与学校发展相链接，提升领导力；务本求新，履践致远，构建新时代行思教育新样态，为未央基础教育高质量发展贡献玄小智慧与力量。

　　　　　　学思践悟志如磬，
　　　　　　思想引航校路宽。
　　　　　　理实相偕齐向前，
　　　　　　创新行思育英翰。

　　　　　　　　　　　2024 年 12 月 22 日

十六、凡墙皆是门

在加倍充实中跨入 2025 年，琳琅缤纷的跨年寄语不仅是对过去的总结，更是对未来的期许和展望。

与往年一样，我依旧与罗振宇的《时间的朋友》一起跨年，今年的主题是"来自未来的好消息"，罗振宇团队以其独特的视角和深刻的思考，带来关于未来趋势的洞见和启示。特别是"凡墙皆是门、教育学就是关系学"等对于学校管理带来诸多启发与思考。

互联网 AI 智能于教育信息化浪潮汹涌，智能教育教学设备、工具层出不穷，看似一道新技术、新教育的"高墙"，但实则是通往教育现代化、个性化的大门。几年来，学校依托希沃平台设备，努力进行了一系列数智赋能行思教育，"逼迫"老师们参加信息技术、AI 助力教学能力提升培训，教研、备课、课堂、学生管理运用信息化手段与多媒体资源丰富了教育教学方法和途径。未来，学生评价在过程性评价的基础上，继续增加阶段性学业评价，教师评语、自我评价、体质健康评价，不断丰富评价内容，竭力让数智赋能的高"墙"变为行思教育品牌创建突破的"门"。

精准解读教材、深入研读课标、精细教学设计是决定课堂效率提升之"墙"。如果每位教师掌握备课方法策略的关键与本质，发挥集体智慧和团队资源，用集体备课之"门"突破课标、教材、教学设计三道课堂效率之墙。开启自主学习—个人备

课—集体交流—修改完善—二次备课路径；在探寻破"墙"之"门"中提升解决问题能力，提升教师教学能力与专业价值。

"处于困境中的人往往只关注自己的问题，而解决问题的途径通常在于如何解决别人的问题"，"凡墙皆是门"，师生成长路上的困境之"墙"恰是开启深度教育互动之门。面对学生学业困境之"墙"，就要摒弃单一关注学习成绩，让教师走进学生内心，剖析学生家庭背景、兴趣爱好；让学生亲其师信其道，实现师生共进，将学业困境转化为因材施教的切入口，让每一道困难之"墙"都成为师生成长之"门"。

人生如逆旅，日夜兼程；星辰不灭，真理永恒。理想虽高远，却因日常的阅读而变得真实可触；书籍犹如星辰，引领心灵驶向理想的彼岸。

2025年，继续用坚持和努力体验生命的真谛。进一步，有一步的欢喜；上一层，看一层的风光。

2025 年 1 月 5 日

第五章
个人年终成长报告

个人年终成长报告不仅是教育者自我反思与总结的重要工具，更是推动个人专业发展与成长的关键环节。从 2018 年起，笔者开始细致回顾过去一年的工作与学习历程，明确成长轨迹，包括取得成绩、遭遇挑战及亟须改进之处，促进自身对教育理念与实践的深刻理解，为来年自我教育的精准调整与持续研究增添更多思考与动力，或许很零散，或许很肤浅，或许很平庸，或许很不足挂齿，但是，这是一个教育人的思想梳理，是一个教育人的工作复盘，更是一个教育人的真实写照。

一、遇见更好的自己（2018 年）

2018 年，似乎和以往的年份一样，春夏秋冬，四季更替，又是一年过去了。似乎又和以往不同，好像超常的快，非凡的忙，以至于年休假还未休，好多工作只能继续在 2019 年完成；比以往任何一年似乎更加清晰、充实、有力量、有意义。看到秋天老师的"万字年终报告"，激励我以"学习、培训、陪伴、健身、思考"5 个关键词完成自己的年度报告。

学习——这个世界正在残酷惩罚不改变的人，悄悄犒赏会学习的人。

学习决定视野，学习决定格局，学习是当今的生活方式，这是我一直秉承的生活观念。静心回眸今年与以往学习的不同，学习无处不在，无时不在，对互联网不熟悉的我，今年深深感到时代巨变的极速，向书本学、向互联网学、向新技术学、向身边人学、走出去学……

2018 年，阅读的书只有《陶行知教育名篇》《美学原理》《习近平的七年知青岁月》《高效能人士的七个习惯》《做幸福的教师》《中国教育发展史》6 本，后两本还正在读，着实汗颜。好在 2018 年年初，走进了"喜马拉雅"，开始了喜马拉雅听书学习。陆续听了《中外教育家简介》《先秦诸子百家争鸣》《朗读者第二季》《经典咏流传》《庄子心得》《老子道德经》《五百年来王阳明》《蒙曼品唐诗》《于丹论语心得》《女皇武则天》《陈果的幸福哲学课》等，更值得庆幸的是在喜马拉雅认识了秋天老师，认真聆听了秋天老师的《思维精进》《一本正经的胡说八道》《赚钱思维一百讲》《局势专班》，深刻理解跨界的趋势，思维的要义，学习的重点与方向。2018 年，去了河南濮阳、河北鸡泽、浙江杭州，EEPO 的专项学习与"互联网＋"领导力提升学习，更是觉得自己需要急起直追，要学的太多，要做的太多，忽然有一天顿悟了"发愤忘食，乐而忘忧，不知老之将至"。

培训——精研业务，培训他人，提升自己。

美国缅因州的学习研究实验室专家研究的学习成效金字塔（24 小时后学习平均留存率）：源于最高的学习效率，把学到的知识讲给他人，我就自己业务上的习得、感悟，不断更新充实自己的 EEPO 实践与思考。今年分别到文景小学、大明宫小学、马旗寨小学、夏家堡小学、枣园小学、太元路学校、南康小学、和平小学、西航三校、陕西师范大学在职硕士研究生班等进行 15 期培训。每一期培训因需选材，因人定训。同样的课堂改革主题，不同的内容与方法。使自己在积累、体悟、培训、提升的过程中，不知不觉中被老师们称为未央课改资深专家或者首席专家。

陪伴——父母之年，不可不知也，一则以喜，一则以惧。

孔子的此番话让我感受颇深，尤其是在今年，父亲继 2016 年 7 月 25 日因脑梗首次住院后，2018 年 4 月 15 日因身体不适第三次住院，我深深感受到，曾经在我心中琴棋书画无所不能的父亲竟一度是那样的脆弱，甚至不能独立行走；那样无助，吃饭颤颤巍巍；那样消沉，沉默寡言；那样不可思议，觉得他无用连累了我们……我内心的五味杂陈痛到了冰点，好在我们姊妹都尽自己最大的努力伺候、安慰、照顾、引导，加上医生的细心呵护，父亲走出了困境。在父亲出院康复的时候，我用甘特图提示父亲每天完成走路、写字、唱歌、按摩、泡脚、朗诵等作业，督促父亲多锻炼早恢复。在家人的鼓励与关爱中，在父亲的坚持与转变中，感谢上苍，父亲能自理生活，出门活动。每周六看父母，是我们姊妹多年的生活习惯。以前的我以"提一篮春光看父母"为己任，从 2017 年开始，父母的身体真的日渐趋弱，我告诉自己，能做的就是每个周六陪父母外出用餐，尽最大可能让父母在能行走之年多亲眼看见、多感受体验丰富的生活与现代的都市。特别是今年下半年，每周和父亲一起唱歌、一起习字，每每父亲弹琴我放声高歌时，那种幸福感、满足感、力量感无以言表，似乎这样，第二周的工作格外顺利，心情格外轻松。父亲是我的定海神针，是我生活工作源源不断的创新力量。

健身——要么读书，要么健身，身体与灵魂必须有一个在路上。

对于健身与读书的这句心灵鸡汤大家都喝过，然而真正从骨子里改变我、影响我的，还是看了《高效能人士的七个习惯》中的时间管理矩阵：真正理解了要事第一的分量，读书健身都是不紧急但重要的事，经常做不紧急重要的事，久而久之，紧急重要的事就迎刃而解。今年在保持每天健走万步的基础上，坚持每周至少两节瑜伽课，使自己养成了不上课难受、上课爽快，睡眠充足、精力充沛的生活习惯。

思考——博学之，审问之，慎思之，明辨之，笃行之。

2018 年值得铭记的很多，自己的，家庭的，生活的，工作的……

令我欣慰的是应用实践五年的"MS-EEPO 课堂改革"实践录《教育从裂变到聚变》由陕西人民教育出版社正式出版，被孟照彬教授给予"真实性、文学性、技术性"兼具的评价。让我幸福的是爱人与我生活工作的同频共振，他用自己的努力工作和辛勤付出，进入 2018 年陕西省第十一批特级教师行列，我们既是夫妻又是朋友，有时还是同事。使我高兴的是女儿顺利完成了从出纳到会计的工作转变，能适应单位召之即来的工作挑战。给我力量的亲戚朋友团队，外甥女（戚晗）人生观的极速成长，心爱宝贝（小兆兆）如期而至，其他人应对困难的屡战屡胜，面对挑战的愈挫愈奋。

拥抱 2019，恰如"船到中流浪更急，人到半山路更陡"。多读书，跨学科学习，不能仅仅停留在看过、听过，要落实秋天老师的学习方法：及时记载收集，形成自己的金句库、案例库、观点库、名人名言库、故事库、经典PPT 库。同时，从现在开始，每周坚持健身锻炼 4 次以上，在健康的生活方式中学习，在学习的生活方式中健身。

站在 2019 年新起点回望，不是为了留恋，也不是为了陶醉，而是为了在反思中接纳自己，在梳理中激励自己，在调适与校正中能够看到踩过岁月所留下的一串串温暖而又坚实的足迹。

正如罗振宇在跨年演讲中所言：对未来的真正慷慨，是把一切都献给现在。新的一年，新的征程，加油，期待遇见更好的自己。

2019 年 1 月 6 日

二、天道酬勤，力耕不欺（2019年）

苏格拉底说，不经反省的人生，是不完美的。反省总结是为了更好地启程。听了秋天老师2019年的两份年终报告，静心梳理自己的2019，似乎可以用"天道酬勤，力耕不欺"来诠释。

1. 进化营——精进思维

2019年年初，抱着试试看的心态加入了秋天老师的"进化营"学习，这是工作之余集听课、讨论、练习、打卡为一体的线上线下融合学习。从不同寻常的"开营典礼"到"八种观念""课前必读"；从练习体验的"内心自洽"到概念内核的"思维模型"；从刷新认知的"阅读能力"到破除执念的"年终报告"……秋天老师的言传身教、现身说法潜移默化地影响着我、熏陶着我。尤其是"内心自洽"与"阅读能力"模块，在听课、交流、读书、打卡的过程中，不知不觉在价值观的重塑中、心智模式的改变中、思维能力的提升中不断进阶。2019年"进化营"打卡173天，2020年"进化营"已然报名。

2. 读经典——涵养底蕴

越学习越觉得自己无知，越读书越发现自己需要读的书太多。在日积月累的读书中，深信读书是提升自我价值最有效的手段。

阅读今何在的《悟空传》，留给我最深刻的印象是：人生最有价值的时刻，不是最后的功成名就，而是对未来充满期待与不安之时，做好自己想做的事，最后你能说，这个世界我来过，我爱过，我战斗过，我不后悔。

阅读美国作家安德斯·艾利克森与罗伯特·普尔合著的《刻意练习：如何从新手到大师》，让我深信：人的潜力是无限的，自己可以不断挖掘自己的潜力。把自己日常生活逼出舒适区、进入学习区、突破恐慌区，学习一项自己有兴趣的技能，在科学指导下刻意练习，就有可能从新手变为大师，即便成不了大师，也会在该项技能的练习中积淀人生的智慧、吸纳岁月的精华，从而提高自身的价值、提升生命的质量。

阅读顾明远的《国际教育新理念》，使自己对加德纳的"多元智能理论"、皮亚杰的"建构主义理论"、赞科夫的"发展性教学理论"、维果茨基的"最近发展区"、巴班斯基的"教学过程最优化"等理论有了进一步的明晰与理解，特别是在听评课时，教师在日常教学中应用的时机、程度、效果等都要心中有数，有理有据。

2019 年，特意复读了杜威的《民主主义与教育》、苏霍姆林斯基的《给教师的 100 条建议》、史蒂芬·柯维的《高效能人士的七个习惯》，再读时理解与感悟与首次阅读截然不同，似乎与作者更贴近，发现书中的价值点更多，引发思考与共鸣的更多，改善自己工作生活值得借鉴、值得学习的更多。源于 2019 年 5 月份 EEPO 首批省级专家的成功考核后的要求，作为省级专家读教育专著、中外名著、经典名著成为生活工作的必需，6 月 26 日，组建了 12 人的"文化底蕴精进群"，和一群志同道合的教育人读书打卡，自己打卡 191 天，群内总打卡 2300 多篇。

3. 基本盘——铭记颇多

无论是我还是家庭，2019 年都是值得盘点铭记的一年。工作的变动、爱人的"特级"、女儿的完婚、改善住房的落实，辛勤付出终获成功让人欣喜万分，每件事实施过程的酸甜苦辣至今历历在目。

不知是日常工作的主动积极，还是学习为人处世的改进，源于多种机缘，8 月份，组织启动了提拔考察我的程序，其间的复杂与微妙、变化与规范着实锻炼了一个人的政治素养与心理素质。历经一个月的推荐与考察，于 2019 年的 9 月 6 日宣布了我"未央进校＋书记＋副校长＋负责人"的任命书。快速的角色转换、冷静的思考辨析，在"听＋看＋想＋做"的交替中，较好地完成了一学期的工作。尽力在"思出其位"中做事，努力在自省中进步。

爱人的"陕西省级特级教师"在一年的遴选与培养中实至名归。不仅是待遇落实,更重要的是激起他更加奋进的目标与动力,每每听到他听课、看到他看书,内心莫名的窃喜涌上心头。

女儿的终身大事尊重她的选择,更相信她的选择。从大学的交友到择偶的确定,从 2019 年 2 月 19 日的"领证"到 11 月 17 日的隆重婚礼,尊重女儿的安排与决定。在欣喜女儿自理能力的同时,看到当下幸福的生活,尤为欣慰,满心祝福。

2019 年 7 月萌生了改善住房念头,在看中"万科澜岸"的限购楼盘后,立即出手了十年前浐灞半岛的投资房,卖房交易的复杂过程在限购摇号的阴差阳错中,幸运地以女儿的名义在"万科澜岸"如愿以偿。

4. 慎思之——责躬省过

纵然可圈可点收获颇丰,但是困惑与问题依然:在单位的管理工作中,如何更好地改善人际关系?如何更好地发挥团队建设的作用,提升团队的整体素养?如何面对调整区域后的领导与学校结构,更好地深化推进全区的 EEPO 改革?如何更好地调剂好工作与学习的关系,保障 2020 年"进化营"的学习效率?如何更好落实"秋天学习法",及时记载并收集形成自己的金句库、案例库、观点库、名人名言库、故事库、经典 PPT 库?

2019 年深刻明白:哲学是生活的基础,任何人与事都有其两面性,这个世界没有极端的"对"与"错"。在人生路上,根据自己的修为,选择适合自己的修行方式。

回眸 2019,在反思中接纳自己,在梳理中激励自己,正如习近平总书记的新年寄语所言:天道酬勤,力耕不欺。

拥抱 2020,以健康的生活方式学习,以学习的方式思考,以思考的方式引发新的思考与方向。直面挑战,躬身入局,栉风沐雨,朝乾夕惕。

2019 年 1 月 26 日

三、成长，人生最美的姿态（2020 年）

极不平凡而又极具挑战的 2020 年，是个人成长最多、单位发展颇快的一年，使自己的工作、生活、心智、意志都获得了长足的进步。岁月不居，时节如流，用心回眸，潜心省思。

1. 工作——艰难磨砺得玉成

2020 年年初，突如其来的新冠疫情，因居家办公、网上教研、延迟返校、抗击疫情等打破原有工作模式，对于履职半年的我，依然努力在听、看、想、做的过程中熟悉工作业务、了解人际关系，尽力逐渐改变教职员工的状态。直播网课审核、下学校指导、理化生实验考试、课题研究管理、全区教师培训、信息化创建与应用……各类工作在彼此接纳与认可中循序渐进，就在这渐入佳境的工作中，开未央教育之先河的决定——为缓解二环内朱宏路地区就学压力，在进校内创办小学。使原本稍有头绪的工作计划又一次全方位改变。从 5 月 18 日政府采购到 6 月 15 日施工队进场，与大兴办交接、校舍改造、进校搬迁、办公室调配、施工监督、天然气接通、设备采购、招生招教、接待家长等一系列工作，开启了两个多月 "5+2" "白＋黑" 的工作模式，疲惫的身躯，憔悴的面容，五花八门的问题挑战前所未有的心态与理性的极限，透支的体力与心智在国庆的 7 天假期中缓缓恢复。吉人自有天佑，在局领导的坚强领导下，在家长的期盼中，焕然一新的进校与玄武路小学如期开学，两所学校的法人，两份沉甸甸的责任，两种截然不同的管理模式，在平稳与创新的步履中完成了第一学期的心路历程，同时赢得了家长、领导及社会的普遍好评。当时的艰难困苦、爬坡过坎、险象环生，着实为生命的成长烙上苍劲的张力，那些应对的尴尬、承受的煎熬、突破的极限、蜕变的自我，都沉淀为生命年轮厚重的财富。感恩一起走过的刘芳、王林斌以及进校所有同仁。

2. 生活——越是艰难越修心

王阳明说：人须在事上磨，方能立得住，方能静亦定、动亦定。艰难困苦正是对心性的最好磨砺。

为了保持足够的精力与体力应对超常规与超负荷的工作，确保休息与加强锻炼是最好的调和剂。2020年那段生活的关键词只有工作＋吃饭＋健身＋休息，无论是校建的繁杂与困顿，还是人际关系的矛盾与障碍，每天下班满脑子的烦恼与愤慨全部删除，晚上7点到碳原子运动场的操课房，或瑜伽，或体能，或搏击，或舞蹈……专注地训练、淋漓地出汗、彻底地发泄，成为自己最适合的解压与放松。每周3～5次的刻意练习，晚上睡眠质量好，白天精神气质佳，塑形提高增肌率，事上磨炼是真谛。

3. 心智——阅读铺就成长阶梯

从2018年开始，阅读便成为工作生活的刚需，正如苏霍姆林斯基所言，无限相信书籍的力量，是我的教育信仰真谛之一。深以为然，一个人的精神发育史就是他的阅读史，心花香自阅读来。2020年，泛读了《人类简史》《一个人的朝圣》《爱弥儿》《成长思维》《核心素养与课堂教学》5本书，精读（读了2遍，写了3张思维导图）了林高明的《教育家如何评课》，深刻而理性地领悟了蒙台梭利、杜威、叶圣陶、陈鹤琴、赞科夫、苏霍姆林斯基、阿莫纳什维利、斯滕伯格、马克斯·范梅南、佐藤学10位中外教育家的教育思想观点、课堂评议要点，作者深刻隽永而又贴近现实的教育思考与感悟，如切如磋、如琢如磨，越看越沉醉，边看边领悟。教育的真谛与关键词跃然纸上：阅读、思维、倾听、尊重、质疑、主动、沉静、评价……在三年的经典名著与教育专著阅读中，深刻体会到自身的匮乏与阅读的回馈。唯有阅读，才能形成独立思考，才会有自己的思想，才能提高自己的理解力与洞察力，才能具备成长的能量与力量，才能享受腹有诗书气自华的美丽与魅力。

4. 意志——坚持夯实成长基石

坚持、坚信、坚定、坚守是进行教学改革时自己奉行与感染教师的意志品质，特别是学习《刻意练习：如何从新手到大师》之后，更加笃信坚持的力量。坚持晨练，坚持瑜伽，坚持阅读，坚持 Keep，坚持每周一思，坚持早睡早起，坚持周六看父母，坚持遇到困难、矛盾自我减压，坚持遇到障碍学习水性，在柔软与包容的利万物而不争的心态中沉潜与静修。2020 年，论文《基于核心素养的学生互动学习策略》发表在《陕西教育科研》第 4 期首篇，申报省级、市级规划课题并分别立项。

省思 2020 年，突出问题：一是课题虽然立项，但是没有深入细致研究，开题、中期研究均未进行；二是学校管理的人际关系不是很融洽，需要更精准深刻的学习，实现进一步提升。

拥抱 2021 年，在教育技术传媒的"大变动、大颠覆、大激荡"时势中，做好迷茫时代的明白人，回到教育家的智慧深处探寻浸染——用历史照亮现在，让历史启示未来，唯有与智者同行，与大师对话，持续不断地修持与引渡，健身＋阅读＋做事，聆听生命拔节的声音，让生命每天努力成长，享受成长！

2021 年 2 月 13 日

四、怀柔绥靖的 2021 年

2021 年岁末，肆虐的新冠疫情让繁华厚重的千年古都按下暂停键，给繁杂多绪的工作踩下了刹车。静静地思索，深深地思考，不平凡的 2021，变化颇多的 2021，预料之外而又情理之中的 2021，生命在得失中体悟，生活在福祸中成长，人生在年轮中丰盈，无论旦夕祸福、酸甜苦辣、悲欢离合，已然走过的 2021，值得总结，值得铭记，值得珍藏。

1. 教育科研——研究实践中沉淀

工欲善其事，必先利其器。自己深谙专业发展与深耕的迫切与重要，阅读写作、专题讲座、课题研究便是自我持修专业的自设通道。

苏霍姆林斯基说："一个教师如不经常置身于书的世界，他的使命是不可想象的。"持久的阅读是教师思想和精神力量的源泉。2021 年，阅读了《智力发展与数学学习》《人脑如何学数学》《"551"思维课堂教学实践》《叩响教育的灵魂》《论语说什么》《人生才是最重要的作品》《自卑与超越》《心》《掌控习惯》《一年顶十年》，重读了《核心素养与课堂教学》。坚持"学习强国"打卡学习，不间断听取"樊登读书""得到头条""启发俱乐部"等，博观约取，积淀学养。为了高效便捷地管理好小学，促进小学教师自主成长、专业发展，我与小学老师一起坚持写"一周一思"，针对工作中的亮点、启示、问题、思考……上半年手写、下半年电子稿，累计书写 40 余篇。论文《聚焦课堂深度学习，发展学生核心素养》荣获陕西省第二届中小学、学前教育和特殊教育教学成果评选一等奖；发表在《陕西教育科研》2021 年第 5 期。《"双减"之下教研如何赋能"三个课堂"》发表在《陕西教育》综合版 2022 年 1—2 期合刊强教论坛栏目。教研室被评为陕西省教科研机构先进单位，我被评为陕西省教科研机构先进个人。

培训他人提高自己，今年成功完成 4 期讲座：在蓝田县 2020 年"骨干、卓越、教育家"型教师培训中与大荔县 2020 年小学教师继续教育集中培训暨小学校长培训中做《基于核心素养构建深度学习》专题讲座。在六村堡小学大思政育人论坛中，做《学科德育——教学本质的回归》专题讲座，强调知识为基、能力为本、价值观为上。在第四届"种子杯"班主任风采大赛中进行《生命教育班会设计》专题讲座。

在今年的课改研究中，最突出的特点和亮点为"问题即课题，教学即研究，成长即成果"。从 4 月邀请马俊华老师的开题论证会到 9 月份邀请李霞老师的"学思维"培训；从课题组成员日常的教研活动到每周的"一周一得"；从课题组成员日常的实践研究到 12 月的结题论证会。课题的申请、开题报告、中期报告、结题申请、结题论述答辩等工作顺利完成。

2019 年市级小课题"小学数学教学中学生思维能力的培养"（立项号：2019XKT-XXSX167）已结题。2019 年市级规划课题"小学思维型课堂模式构建实践研究"（立项号：2019XAGH251）已结题。2020 年省级规划课题"小学数学教学中学生思维品质培养的实践研究"（立项号：SGH20Y0244）开题报告、中期报告已完成。

这　年，教育科研是自我突破成长的　年。

2. 双重工作——稳中求进中发展

对于定位"思维端、赋能站、智慧库、思想源"的进校，涵养专业精神、精湛专业知识、淬炼专业能力、提升专业素养，一直是进校发展的宗旨。每月定时间、定人员，有主题、有创新，党员分组开展当日活动；"未央好课堂"的方案制订、启动实施、推进大赛；理化生实验考试与教育综合评价测试的高质量进行；全体教研员《教育家如何评课》共读分享；教工大会前有品质内涵的经典诵读……在推进中改进，在改进中完善，在完善中发展，在发展中创新。

对于运转一学期的小学，今年办学目标、教育理念、发展思路、课程构建更加明朗与清晰，集教师们"一周一得"心血与智慧的《做有灵魂的教育》付梓；"学思维"课程的启动，"西安市新优质学校"的成功创建；人员矛盾与变动的平稳着陆；"双减"政策的有力落实；课后服务的有效实施……在高位开局中发展，在发展创新中突破，在内涵突破中创立品牌。

3. 变化突围——坦然应对中成长

上半年末，小学执行校长郭娟的调离，着实让我们在措手不及中寻找突围，其间的纷纷扰扰、爱恨情仇都是管理水平的试金石，应对变化的最佳策略便是成人之美，积极应对。王安荣的立即补台，李凡的意外接替，管理团队与教育理念的磨合与延续逼迫自己在暑期与开学投入更多的精力思考与管理，欣慰的是宾妍琰在教学上的高效承接，才使得小学重新步入品质内涵发展之道。

11 月初，进校管理团队在多种因素催生下，以意想不到的既成事实摆在了自己的眼前，从意外到思考，从追忆到好笑，从义愤填膺到淡然坦荡，从思绪万千到期待解脱，从福祸相依到欣然接受，从居家抗疫到学习曾仕强的《易经》……一切都是命中注定，已然就是"无友不如己者，过则勿惮改"。感谢大姐的悉心疏导，感谢爱人的鼎力相助。调整后的目标或许更适合自己，依然要用聚沙成塔的执着"发愤忘食，乐而忘忧，不知老之将至"。

山阻石隔大河依然东流，雪压霜欺梅花依旧怒放。2022，不被外界信息洪流影响，不再自我消耗和纠结，继续读书＋健身＋写作＋工作，保持内心平和安静，从容淡定潜心钻研专业，用简单而坚定的行动，蓄能事业的浩瀚，无问西东。

2022 年 1 月 1 日

五、持志如心痛（2022 年）

2022 年最后一个月，新冠病毒变异株"奥密克戎"让每个人都成为三年兜转反复疫情的主角，抗阳康复成为岁末跨年的主旋律。凡是过往，皆为序章；所有未来，皆为可期。痛定静思，2022 年，赋能、健身、修养三个关键词以致虚极，守静笃。

1. 赋能——听讲读写

"让自己变得更好是解决一切问题的关键。"起于毫末的听、说、读、写，续航合抱之木为学习赋能。

听——网络时代的快节奏，知识服务信手拈来。网络大咖聊书的直播偶遇，得到每日头条的启发，微信阅读有声聆听，喜马拉雅的间断补给，樊登读书会员的坚持，铺天盖地的听书萦绕 2022 年每一天。樊登读书记录的年度阅读报告："你相信，阅读是一种积累，日计则不足，岁计则有余。2022 年共收听了 96 本书，最爱听人文历史，兼听了社科知识、健康生活、商业财经、个人成长、亲子家庭等，在与名人大家的心灵交互中追寻真我，体悟人生的真谛。"然而美中不足的是听得多，但书写感悟与分享交流极度欠缺。新的一年，争取每听一本书，上传一条心得感悟。

讲——深入课堂是去年年终报告的痛点之一，今年开春就接手学思四班的思维课，从听课、评课到备课、上课，从熟悉讲台到阅读教材，从走进学生到制作课件，从关注内容到注重教法，从组织教学到互动合作，从春季的学思四班到秋季的善思四班……学生课堂的百转千回与课下的纯真灿烂，对思维课的喜欢期待与对自己的喜爱依恋，教师节的贺卡，课间操的手工花，滋润日渐发黄的面容，按摩日益增长的岁月，涵养日趋宁静的灵魂。

读——晨读经典，涵养正气。《论语》与《道德经》都是华夏国学的经典，是人类文化圣典之作。今年报名学习樊登讲论语四期，韩鹏杰讲道德经一期，学习期间，与修友们一起每日晨读《论语》与《道德经》，滋养心灵。让师生共读论语，自己先熟读成诵。半部《论语》治天下，一句《论语》益终生。《道德经》的伟大思想与深刻智慧以及灵智中蕴含的"道"绝非读一读、看一看能领悟，需此生反复吟诵，经常修习。

写——马克思说："人的才干增长依赖于实践和学习，但并不是在实践和学习中自然而然地增长的，必须加上不断地认真总结反思经验教训。"今年坚持每周工作复盘，小学办学伊始，所有教师每周撰写"每周一得"坚持至今；而自己由于事务会务政务的时常干扰，第一年用本子撰写没有与教师分享，也就随心所欲地写作；去年下半年渐渐和老师们一起在"向上向善精进群"分享，今年撰写分享"每周一思"35 篇，悉数盘点有 3 万余字，一篇篇写真、感悟、心得、规划、设想镶嵌工作的美好记忆，镌刻生活的真切哲思，雕琢人生曼妙的风景。知其所来，才能明其将往。来年继续将"一周得思"看作一种责任、当成一种习惯、化为一种能力。

2. 健身——肩、腹、俯、腿

柏拉图说，人生有三大财富，第三财富是财产，第二财富是美丽，第一财富是健康。运动，是保持健康的最好方式；健身，是对抗岁月最好的武器，也是保持健康最好的秘籍。

肩——肩颈训练，小红书 12 分钟的"改善圆肩驼背，日积月累直角肩"。一整年的练习坚持，圆肩驼背有效改善，直角肩初见端倪。

腹——腹部训练，跟随 keep 断断续续 13 分钟"马甲线养成"训练，今年增加了训练频率，截至 12 月 10 日累计训练 245 次。

俯——俯卧撑训练，从去年五一脚扭伤之后，不能户外运动开始每日训练俯卧撑，从开始的每日 5 个，逐步增加，到 12 月初的每日 45 个。因"阳过"的影响，只能停留于此，期待完全康复后重启再续。

腿——臀腿瑜伽，跟随 keep 坚持 28 分钟的"臀腿塑形进阶"，今年累计训练 125 次。

奥密克戎的突然侵袭，目前身体还在恢复中，训练的强度与频率均已改变，在八段锦、五禽戏、艾灸理疗中日渐恢复。期待完全康复后重新开启整体健身，持续微习惯的力量。

3. 修养——黄、论、道、综

梁实秋认为，对于一般人而言，读书是最简便的修养方法。

今年有意识走进经典，专注经典，让经典流进血液，浸润思想，涵养生命，修养人生。

黄——《黄帝内经》，跟着"徐梁学岐黄"成为现代修养身心的时尚，先后反复聆听徐文斌、梁冬从"上古天真论""天匮真言论""四气调神论""异法方宜论"等对黄帝内经通俗而深刻的讲解。法于阴阳、和于术数、饮食有节、起居有常、不妄作劳，五谷为养、五果为助、五畜为益、五菜为充，心向往之，履践行之。

论——《论语》，对传统文化经典《论语》再次细读，王翼成的《论语说什么》，樊登讲《论语》的 4 期每日打卡"返现"跟学，对《论语》"求仁而得仁，又何怨？""为政以德，譬如北辰，居其所而众星共之""古之学者为己，今之学者为人"等做人、做事、做学问的不断修正与进阶。

道——《道德经》，从吃力的断句读到樊登听书理解，从聆听韩鹏杰讲《道德经》到韩鹏杰《道德经说什么》文本阅读，从《道德经》逐篇的阅读打卡到曾仕强《道德经》的逐章讲解，从似懂非懂到只可意会不可言传，从自得其乐到独享奇妙。"反者道之动，弱者道之用""生而不有，为而不恃，长而不宰""尊道贵德""慎终如始""虚极守静""见素抱朴""被褐怀玉"……

综——综合阅读精进。在文化经典阅读的基础上，阅读 6 本教育专著、2 本商业管理名著。

从唐江澎《好的教育》强化理解教育就是成全人，发展人，全人全员全面全程；让学生成为终身运动者、责任担当者、问题解决者、生活优雅者。

从特伦斯·谢诺夫斯基《深度学习》中再次认识互联网学习的重要性，信息积累成知识，知识深化成理解，理解演变为智慧。

从罗伯特·阿多特的《因材施教：个性化教学的灵感与艺术》中认识到教学不仅仅是教课，就如医生不仅仅是开药方一样。基于学生现有水平起步，肢体语言法（少讲）；5S 系统：将无形变为有形（土壤，种子，浸种，太阳，坐享丰收）。

从鲍锟山《好的教育》深化对教育的理解。"兴、观、群、怨"这四种精神，就是人的主体性。孔子说："诗可以兴，可以观，可以群，可以怨。"兴——激发生命力，唤醒内驱力，理想抱负，家国情怀，有情怀。观——提高人的判断力，博览群书，提升阅读量与理解能力。群——培养人的责任心，社会责任感、群体意识。怨——培养人的独立思考能力与批判性思维。

从樊登《可复制的领导力②》学会了高效管理，个别员工给单位可以 10 倍创造效益，对团队的管理与迭代成长要因人而异。

从唐纳德·米勒的《商业至简》中看到了价值驱动型人才的至简思维运作与管理。

从杨霞的《不抢跑也能成功》中学会尊重孩子生长发育规律与心理成长规律，以及孩子培养的巨大潜力。

再次阅读苏霍姆林斯基的《给教师的 100 条建议》，与 5 年前感觉不同，全面个性发展，实践性、综合性与 2022 版课标高度吻合。

总结的过程是一个深入思考、探求规律的过程，也是一个慎思明辨、反思警醒的过程。

2023 年，努力经营好自己的当下，泰戈尔曾说："你今天受的苦，吃的亏，担的责，扛的罪，忍的痛，到最后都会变成光，照亮你前行的路。"丘吉尔的名言："你能看得清多远的历史，就能看清多远的未来。"

2023 年 1 月 3 日

六、满怀热忱，奔赴山海（2023 年）

岁序更替，时光倏忽，2023 年忙碌而欣喜，心怀热忱，毅然奔赴那片广袤的教育山海，每一步踏实而坚定，每一程充实而有意义。每一天都稀缺而珍贵，每一日都过得飞快。工作学习、家庭生活、自我提升、认知拓展等方方面面，自己都未曾懈怠，始终保持积极向上的热情与决心，构成了 2023 年丰富多彩的生活画卷。

1. 工作——学校品牌，硕果初绽

随着学校规模的不断扩大，如今已增至 24 个教学班，学校的品牌影响力也日益凸显。年初"德玄武备"文化石的镌刻，不仅为学校增添了浓厚的文化底蕴，也标志着学校文化从宏观到中观的立体构建迈出了坚实的一步。学校的教育教学从思维 DNA

的 1.0 迭代升级至 3.0 的"习惯＋思维"双轮驱动，以"数智"赋能的"三驾马车"行思教育。行思文化、行思课程、行思课堂、行思德育等系列文化与课程构建，不仅催生了学校的特色与品牌，更赢得了社会各界的广泛赞誉与家长的普遍认可。特别是首届"行思教育"学术论坛的成功举办，不仅汇聚了众多教育同仁的智慧与力量，更为学校的教育教学发展注入了新的活力与灵感。

2. 阅读——经典之光，智慧之源

每日清晨，阅读几页纸质书并感受文字中蕴含的智慧依旧是我迎接新一天的仪式。2023 年，沉浸于 8 部经典著作中，感受着文化的滋养与心灵的升华。

王翼成的《周易说什么》引领我探寻群经之首的奥秘，洞察世间万象的规律与缘分。而王阳明的《传习录》则通过问答式的传授，让我深刻领悟格物致知、诚心正意、知行合一的哲学精髓。其中，阳明四句教"无善无恶心之体，有善有恶意之动，知善知恶是良知，为善去恶是格物"更是成为我修身的座右铭。在哲学经典《问道思辨》中，我跨越时空与儒家、道家、法家、兵家、佛家等思想巨匠对话，探讨这些思想的时代价值与现代意义。而《中庸》的开篇更是让我领悟到天命、率性、修道的深刻内涵。《酌水知源》引领我追溯中华文化的源流，感受民族精神的璀璨与力量。其中所蕴含的启发式教学方法与岳麓书院的处世之道，更是让我对古代教育与智慧产生了新的认识。鲍鹏山的《先秦诸子十二讲》则让我穿越时空，与老子、孔子、墨子、孟子、庄子等先哲对话，体悟他们那永恒的东方智慧。而《诗书礼乐》则让我领略到中国数千年诗书礼乐文化的魅力，体悟到古典文学之美对修身从政的巨大影响。在《义务教育 2022 年数学课程标准解读》中，我深刻领会到素养导向的目标确定、学业评价以及学科素养与课堂教学的紧密对接。这让我更加坚信学习中心、体验为主、育人为先的教育理念的重要性。最后，张其成的《活出中国人的精气神》让我领略到《黄帝内经》的智慧风光。这部中医学的经典、养生学的宝典、生命的百科全书不仅解开了生命的密码，更为我打开了中华文明宝库的大门。

经典文化的阅读与学习，不仅修身固基、丰富了内心世界，更汲取了前人的智慧与力量，为未来的探索与前行奠定了坚实的基础。

3. 听书——广泛涉猎，博学深思

2023 年，主要通过"喜马拉雅""得到""帆书""学习强国"这四个 App 进行听书学习。每个周末，都会聆听樊登讲书，感受知识的魅力；每天到校用餐时，我会打开"得到"App，了解每日的头条新闻和资讯；其他碎片时间，则通过"喜马拉雅"和希沃学院进行专项补给，不断提升自己的认知水平和专业技能；而每日早晚，"学习强国"则是我必不可少的学习伙伴。

这一年，"得到"App 年度报告赋予我的关键词是"创新"，这激励着我不断探索新知识新领域。在"帆书"共听 75 本书，涉猎广泛，博学深思，不仅丰富了知识储备，更拓宽了我的视野和思维方式。

4. 研修——拓宽视野，仰高笃行

2023 年，我自主参加了北京圣陶创新研究与发展学院举办的两次高端专业培训，拓宽了教育视野，对教育的未来充满了信心和期待。3 月 24 日至 25 日在北京一〇一中举办的"高水平实施因材施教，为学生的未来做准备"第九届全国中小学校长论坛，汇聚了全国 1500 多名中小学校长、教育专家、教研员等教育领域的精英。在这里，聆听了大咖们高屋建瓴的教育方向引领，感受了高端专业教育视野的拓延，深入探讨了高深悠远的教育思想，分享了高论深刻的教育未来，剖析了高见精辟的教育当下，观赏了精妙生动的课堂案例展示，让我对教育的变革和高质量发展有了更加深刻、开阔和深远的认识。2024 年 1 月 16 日至 30 日在西安高新实验小学举办的"成长中的教育家"寒假高级研修班，以"践行教育家精神，做新时代的'大先生'"为主题，让我领略了前沿的教育思想、权威的政策解读、生动的实践案例以及智慧的教育方法。深刻领悟到教育家精神的内涵，决心更加坚定地践行这种精神，立志成为新时代的"大先生"，为学生的成长和基础教育贡献自己的绵薄之力。

5. 健身——持之以恒，重塑自我

2022 年年末，新冠疫情防控措施进行重大调整，集体"阳过"后，体力、耐力、记忆力在很长时间内难以恢复，曾经每日 45 个俯卧撑的锻炼量，虽一度减至每日 20 个，但我从未停止过努力。逐步调整，循序渐进地增加锻炼强度，到年底时已经恢复至每日 40 个俯卧撑。一段时间跟随徐文彬的站桩导引口令进行练习，同时结合间断的肩颈拉伸操和臀腿拉伸操，通过小红书和 Keep 等平台寻找适合自己的健身方法。过程虽漫长而艰辛，但我深知只有持之以恒的锻炼，才能实现自我健康的重塑。年末体检结果给

予努力最好的回报，各项指标均显示健康。阅读、锻炼和养生已经成为生活中不可或缺的部分，将继续伴我 2024 年每一天，为工作和生活注入源源不断的活力。

6. 收获——工作生活，皆得所愿

2023 年是我如凤凰涅槃般的重生之年。历经 2022 年的低潮与挫折后，我选择以更为积极、坚韧的姿态重新站起，面对生活的每一个未知。我深深地沉浸在工作中，找寻那份属于职业的荣耀与满足；我沉醉于书海，让知识的力量浸润我的每一寸灵魂；我在健身中释放身体的力量，也在养生中寻找生命的平衡与和谐。自己心心念念的高级职称评审顺利通过，荣获西安市"三八红旗手"、未央区"优秀校长"称号，被陕西师范大学聘为"校外硕士生导师"。爱人也在这一年里取得了正高级职称和陕西省基础教育教学名师的双重荣誉，这既是家庭共同的荣耀，也是对我们彼此支持与鼓励的最好回报。而最让我们全家感到幸福和期待的，莫过于外孙女赵钦一宝贝的平安降生，为我们的生活增添了无尽的欢乐和新的希望。

2024 年已启程，目标笃定，行动坚定，带着对未来的憧憬与对现实的思考再出发，目标不仅仅是远方的灯塔，更是脚下坚实的道路。

2024 年 2 月 14 日

七、研精覃思，心流致远（2024 年）

新岁开启，万象更新。2024 年的每一帧记忆，都如珍珠般熠熠生辉，串联成生命的璀璨长卷。这一年，我以匠心雕琢教育细节，以热忱拥抱知识力量，以感恩守护生活温度。彩虹与风雨共生，机遇与挑战并存，在行与思的交织中，书写了属于教育人的诗意篇章。

1. 精锐工作：行思教育，数智领航

学校发展迈入新阶段，29 个教学班、1300 余名学生共同构筑起"习惯＋思维＋数智"三位一体的行思教育体系。依托"数智五维"（管理、课堂、教研、评价、研修），实现了从点状变革到系统重构的跨越。

教研深耕：全年开展网络集体备课 450 次，听评课 2000 次，教研活动 6600 次，教师云课件使用超 15500 次，辐射全国 230 余城。

课堂革新：以"数智课堂"为核心，打造行思德育与行思课程双引擎，12 月 25 日《希沃赋能行思教育数智领航》全区经验分享，获广泛赞誉。

未来愿景：锚定"一键晓学情，一屏观校园"，深化"行思教育"玄武品牌，以智慧育人，育智慧人。

教育是一场静待花开的守望，五年的积淀终成蓬勃气象。我们坚信：唯有扎根当下，方能致远未来。

2. 精进学习：博观约取，深思笃行

阅读是心灵的远行，学习是生命的沉淀。2024 年，我精读了王彬武的新著《教育的理由》，全书围绕"教育、学习、改革、教师、反思、表达"六大主题进行哲思阐述，引经据典，亘古通今，中西合璧，从教育方向到教育思考，从教育专家到教育思想，从教育理念到教育方法，从教育改革到教

育策略，从教育故事到人生体悟……以历史视角，未来视角，世界视角，直击百年未有之大变局，直面当下教育困局，对学校管理诸多疑虑拨云见日、醍醐灌顶。华应龙的《我就是数学》，李烈、肖川、叶澜、张梅玲和作者的五个序言读起来过瘾，课前慎思、课中求索、课后反思、听课随想、评课心语、生活感悟六部分内容；生动真切，富于哲理，是数学，是教育，是智慧，是人生，是哲思，是大道……化错教育的灵魂真谛，华老师对教材、对学生、对课堂的以文化人、文以载道处处皆可闻。卡罗尔·德韦克的《终身成长》，对成长型思维与固定型思维的深刻剖析，从对待智力的看法，遇到挑战，遇到阻碍，对待努力、批评的看法，对待他人成功的看法等截然不同的态度、观点、见解。成长型思维认为智力可以提高，要积极迎接挑战，所以玄小教师队伍发展的理论基础就是基于成长型思维。复读老子《道德经》，樊登《可复制的领导力②》。第三次读《教育家如何评课》，读的时候每一页都充满共鸣，理解、尊重、阅读、倾听、沉潜、沉静、实践，教育学就是如何使人成长的科学。在书中寻觅真理的星光，汲取奔赴远方的力量，领悟人生的哲理，在经典中探寻管理之道与文化根基。同时在"得到"学习 249 天、83 小时累积；在"帆书"聆听 286 天、3422 分钟思想碰撞，所以关键词"持之以恒的定力"成为年度注脚。

3. 进阶研修：拓宽视野，高位跃升

走出去，方知天地广阔。2024 年的研修之旅，是视野的拓宽，更是认知的跃升。

上海交大研修：6 月深度参访静教院附校，专家型领导的治校智慧让我震撼——轻负高质的课堂改革，需以尊重规律为根基。管理团队的精彩报告与两校区的实地参观，让我亲眼见证了什么是真正的专家型、研究型、教育家型领导。他们不仅比我们优秀，更比我们努力。我深刻体会到，学校要实现轻负高质的发展，课堂教学改革是必由之路。只有尊重教育规律、尊重学生成长规律，持之以恒地深耕细作，才能收获教育的硕果。

长沙跟岗实践：8 月与 12 月，从课程建设到教师发展，理论与实践深

度融合，从学校发展规划到课程建设，从课堂改革到教师培训，从学生发展到全方位的理论与实践深度结合，让我领悟"生态组织"的真谛：让优秀教师自然生长，让教育焕发生命力。

国培计划参访：2024年陕西省小学优秀校长研修班12月19日来到玄小参访交流，行思文化、行思课程、行思课堂、行思德育、行思评价、行思教育的理念与实践，赢得全省校长赞誉，更坚定了我的信念——教育需要深耕细作，更需要系统化、科学化的专业支撑。

4. 精湛健身——驰而不息，淬炼自我

健康是生命之本，2024年，谨遵"起居有常，饮食有节，和于术数，法于阴阳"，以"动静相宜"践行养生之道。每日坚持靠墙拉伸3分钟、俯卧撑50个，肩颈与臀腿操提升核心力量。在学校与师生共练武术操、打羽毛球、跳绳，在运动中传递阳光能量。真正体悟孔子"乐以忘忧"之境，以积极姿态平衡工作与生活。身体是灵魂的容器，唯有强健体魄，方能承载教育的重量。

5. 自然之成——耕耘有时，收获满径

2024年，沉浸在工作福流中，找寻职业的荣耀与满足；沉潜于书海心流中，汲取知识的营养与力量；沉醉于健身锻炼中，释放身体的潜能，在养生中寻找生命的平衡与和谐。我荣获西安市"最美女性"、未央区"优秀校长"称号，被陕西科技大学聘为"校外硕士生导师"。撰写的《以思政教育培育时代新人》在三秦都市报刊登。学校荣获"陕西教育扶智平台"应用第四批试点学校、西安市智慧校园、西安市三八红旗集体等22项荣誉，成为区域教育高质量发展的特色学校。

家庭的温馨与幸福，是我2024年努力工作和充实生活的不竭动力。孙女赵钦一从蹒跚学步到机敏灵动的健康成长，为我们生活增添无尽的欢乐与力量。地铁8号线的便捷通行，为忙碌生活注入温馨底色。

6. 心向未来，定力启航

最深的幸福，莫过于为热爱倾注心血。熬夜伏案的星光、挥汗如雨的坚持、委屈与包容的沉淀，皆为教育理想的注解。2025 年，我将从"学校管理"转向"教育实践"，坚守教育情怀，以学生成长为本，化理念为行动；坚守专业深耕，以数智为翼，推动行思教育迭代升级；坚守生命温度，以健康为基，传递积极能量。教育是助推他人成长的学问，而我愿永远做那个点燃火种的人。

2025 年 1 月 15 日

后　记：以行证道，向光而生

36 年前那个蝉鸣声声的盛夏，当我背着行囊走出西安师范学校的大门时，未曾想到自己的人生轨迹会与教育革新如此紧密地交织。从粉笔灰飞扬的讲台到教育改革的指挥台，从青涩的数学教师到掌舵新校的创建者，这条浸润着墨香与汗水的教育长征路上，始终跳动着两个炽热的字——"行""思"。

回望来时路，每一步都镌刻着时代的印记：在三尺讲台执教的 8 年，是用粉笔书写青春的启蒙期；担任学校大队辅导员时，那些飘扬的红领巾教会我教育不仅是知识的传递，更是生命的对话；主政车张小学的岁月，让我在管理实践中淬炼出"制度＋温度"的办学智慧。直至 2020 年那个桂花飘香的 8 月，当我站在玄武路那片尚未平整的土地上，看着图纸上跃动的校园蓝图，突然明白：所有过往，皆为序章；心之所向，未来可期。

创建玄武路小学的 5 年，是教育理想照进现实的 5 年。我们像培育一株幼苗般经营着这所新校——黎明即起、洒扫校舍的晨光里，全体教师围坐复盘的教学研讨中，深夜办公室的孤灯下，逐渐建构起"习惯筑基、思维赋能、数智融合"的三维育人体系。我清晰地记得，每年开学迎新时，全体老师精心护佑、百般启迪的一幕幕情景，我忽然懂得：真正的教育，从来都是生命与生命的相互照亮。

本书呈现的不仅是新校成长的年轮，更是一群教育人躬身实践的思维图谱。那些看似平凡的日常——教师手把手的悉心指导、走廊里随时发生的"微教研"、不断修改优化的育人策略——恰是教育变革最真实的注脚。在"行思教育"的探索中，我们逐渐领悟：教育的真谛不在于塑造标准件，而在于唤醒每个生命的独特光谱。

在此，要特别感谢玄小教师团队——这些闪耀着理想光芒的同行者，用爱心与责任日复一日躬耕杏坛，用300余期专业研讨编织行思教育的经纬；用团队智慧构建数智校园；用孩子的视角走进学生，静待花开，顺天致性；用行动诠释着"行胜于言"的教育家精神。

感谢西北大学出版社曹劲刚编辑以出版人的专业眼光，对本稿进行爬梳、加工、完善，感谢美编郭学工老师对本书精美的装帧设计；感谢家人数十年如一日的守候，书房深夜的灯光总有一盏温暖的陪伴；更要感谢这个伟大的时代，让基层教育工作者能在改革的浪潮中勇立潮头。

教育是面向未来的事业，而我们都是栽树人。每当看到玄小学子在"思维广场"上碰撞出的智慧火花，在"数智工坊"里创造的奇思妙想，我知道，那些深埋在教育土壤里的理想种子，终将在某个春天破土而出，长成属于他们自己的风景。

这，便是教育者最幸福的抵达。

郑巧贤

2025 年 4 月 10 日